때로 많은 대화나 활동보다 혼자만의 고요한 쉼과 묵상이 신앙에 더 큰 유익을 준다. 그런데도 우리는 흔히 신앙적 순종을 외향적 행동에서만 찾곤 한다. 종교 활동에 대한 참여도가 신앙의 바로미터처럼 여겨지기 때문이다. 하나님을 사랑하는 마음이 있어도 그것이 외향적인 방식으로 표현되지 않으면 오해받기가 쉽다는 것은 참 안타까운 현실이다. 이 책은 교회 활동의 울타리를 넘어 우리의 내면과 삶의 자리에서 이루어지는 순종의 풍성함에 대해 말해 준다. 내향적인 그리스도인들에게 임하는 하나님의 부요하심과 은사를 분명하게 소개하고 그 길을 친절하게 안내한다. 특히 외향성을 지향하는 문화에서 내향적인 성격 때문에 신앙적 압박과 죄책감에까지 시달리는 영혼들에게 이 책을 적극적으로 권하고 싶다. 분명히 큰 위로와 격려가 되리라 확신한다.

김관성   낮은담침례교회 담임 목사, 『본질이 이긴다』 저자

이 책을 읽는 동안 큰 위로를 받았다. 한 사람의 신앙인으로서 그리고 교회를 섬기는 목회자로서 내가 겪어 온 어려움들이 나의 내향성으로 인한 것이었다는 사실을 확인했기 때문이다. 전체 인구로는 내향적인 사람들이 절반이라는데, 신앙인들 사이에는 내향적인 사람들이 훨씬 더 많은 것 같다. 내향적일수록 영적 갈망이 강하고 그것에 더 예민하기 때문이다. 그런데 교회의 속성은 그와는 반대로 외향적인 요소가 강하다. 심지어 목회자에게 요구되는 교회 사역의 7할은 외향성이 필요한 일이다. 그로 인해 교회 문화에 적응하지 못하는 이들이 많고, 목회자들도 탈진을 호소하는 경우가 적지 않다. 내향적인 사람들은 자신의 성향에 맞는 영적 생활을 찾기 위해, 외향적인 사람들은 교회 내의 소수자들을 이해하고 품기 위해 이 책을 꼭 읽어야 한다. 특히 목회자라면 교회에 잘 적응하지 못하는 내향적인 사람들을 이해하고 자신의 성향에 맞는 목회 방식을 찾기 위해 더욱 이 책을 정독할 필요가 있다.

김영봉   와싱톤사귐의교회 담임 목사, 『가만히 위로하는 마음으로』 저자

나도 MBTI 유형이 'I'로 시작하는 내향적인 사람이다. 나는 하고 싶은 일들을 조용하게 하나씩 해내는 것을 좋아한다. 관심 받고 싶지만, 너무 튀고 싶지도 않다. 누군가에게 도움을 주는 사람이 되고 싶지만, 적극적으로 손발 벗고 나서는 것을 어려워한다. 복음을 아는 그리스도인이지만, 예배 시간에 뛰거나 역동적으로 찬양하는 걸 어려워한다.

이 책은 나처럼 내향적인 사람이어도 '괜찮다'고, 정상이라고 말해 준다. 내향적인 것이 고쳐야 할 성격이나 습관이 아니라, 하나님이 우리를 만드신 존재 방식이라는 말이 위로가 되었다. 또한 내향적인 사람이 가지고 있는 장점을 알려 주고 그 장점을 더 잘 발휘할 수 있는 좋은 방법도 제안해 주어서 좋다. 주 안에서 조용히 꾸준히 야무지게, 세상에서 하고 싶은 일들을 하고, 세상에 도움이 되는 일을 하고 싶은 마음이 들게 해 주는 책이다.

이진아　싱어송라이터

작가이자 컨설턴트로서, 나는 외향적인 사람들을 위해 만들어진 사회에서 내향적인 사람들이 직면하는 어려움을 직접 목격하고 경험했다. 그러나 나는 또한 내향적인 사람들이 고요하고 사려 깊은 자신의 기질을 수용할 때 얼마나 강력한 능력을 발휘할 수 있는지도 보았다. 이 책은 교회 안의 내향적인 사람들을 위한 깊은 공감과 훌륭한 연구를 담아낸 안내서로, 내향적 그리스도인들이 자기 자신과 공동체 안에서 평안을 찾을 길을 보여 준다.

수전 케인　「콰이어트」 저자

내향적인 사람들이여, 용기를 가지라! 『내향적인 그리스도인을 위한 교회 사용 설명서』는 저자가 우리 내향적인 사람들이 교회에 가져다줄 수 있는 은사를 사려 깊게 탐색하고, 어떻게 하면 우리가 교회에서 잘 지낼 수 있으며 교회가 우리를 더 반갑게 맞을 수 있을지를 깊이 고민한 결과물이다.

로렌 위너   듀크 신학교, 『머드하우스 안식』 저자

이 책은 사려 깊고 타당하며 매력적이다. 이는 목회자가 "몸을 돌려 세 사람과 인사를 나누세요"라고 말할 때마다 앉아 있던 의자 속으로 사라져 버리고 싶은 모든 성도를 위한 책이다.

젠 그렌맨   IntrovertDear.com 창시자, 『세상의 잡담에 적당히 참여하는 방법』 저자

이 책을 읽고 나서야 비로소 사회적 기대의 무게가 나의 내향적 영혼에 얼마나 묵직하게 느껴졌는지 온전히 인식할 수 있었다. 수년 전 이 책이 처음 나왔을 때는 아이들이 어렸지만, 이제는 아이들 가운데 둘이 나처럼 내향적이라는 사실을 알게 되었다. 시대를 초월하여 중요한 이 책에 담긴 애덤 맥휴의 멋진 작업 덕분에, 다음 세대에는 내향적인 사람들의 은사가 존중과 축하를 받으리라는 희망 어린 비전을 가져 본다.

에밀리 프리먼   『나를 일으키는 백만 가지 방법』 저자

형광펜을 준비하라. 당신은 애덤의 글을 읽는 동안 웃을 것이고, 눈물 흘릴 것이며, 이상한 사람처럼 씨익 웃을 것이다. 내가 그랬으니까 잘 안다. 내향적인 동료들이여, 우리는 결코 영적 부적응자가 아니다. 우리는 정상이다.

마이컬린 스미스   The Nesting Place 저자

7년 전 처음 읽은 뒤로 이 책은 내 삶을 바꿔 버렸다. 내향성을 주제로 한 애덤의 목소리는 나 같은 사람, 다시 말해 외향적 역할을 수행하며 외향적 문화를 살아가는 내향적인 사람의 마음을 울렸다. 여러 면에서 이 책을 통해 나는 나답게 될 자유를 얻었고, 매주 개인적으로 고객들과 더불어 이 작업을 계속해 왔다. 내향적인 사람과 외향적인 사람 모두에게 추천하는 책이다.

렛 스미스   결혼과 가족 관련 공인 치료사, *The Anxious Christian* 저자

하나님은 내향적인 사람들을 사랑하시는 것이 틀림없다. 그 많은 우리를 만드셨으니 말이다. 이 멋진 책에서 애덤 맥휴는 신앙 공동체 안에 우리를 위한 자리가 있음을 보도록 도와준다. 그의 현명한 관찰은 경험과 깊은 연구에 기반하며, 그의 충고는 실제적이고도 심오하다. 그러니 주님 앞에서 즐거운 침묵의 시간을 가져 보자!

존 피트니 주니어   클레어몬트 매케나 대학의 정치학 로이 크로커 석좌 교수, *The Politics of Autism* 저자

아주 오랫동안 나는 글쓰기가 내향적인 사람인 나에게 가시와 같은 것이라고 여겼다. 다른 이들과 함께 시간을 보내고 나면 나는 매우 공허하고 짓눌린 느낌…외로운 느낌이 들었다. 대중 앞에서 말하고 그들을 상담해야 하는 작가이자 목회자로서의 소명을 두고 생각하다 보면, 나는 내가 이 세상에서 나의 자리를 잘못 알고 있는 것이 아닌지 의아했다. 이 책에서 애덤은 불편한 일을 피하고자 입을 다무는 우리 같은 사람들을 대변한다. 이 책은 내향적인 사람만을 위한 것이 아니다. 지도자라면 모두 내향적인 사람이 어떻게 지도자 역할을 할 수 있는지, 그들이 어떻게 지도자들을 따르는지, 그들이 어떻게 새 힘을 얻는지 더 잘 이해하기 위해 이 책을 읽어야 한다.

앤 마리 밀러   목사, 블로거, *Mad Church Disease* 저자

내향성의 강점과 약점 모두를 경험한 내향적인 사람으로서 나는 탁상공론만 펼치는 심리학자들의 안이한 고정관념과 결론을 제대로 넘어서는 맥휴의 방식에 대해 감사한다. 자신이 사교적 그리스도인이 아니라서 막연하게 죄책감을 느낀 적이 있다면, 이 책을 펼쳐 들고 뜻깊은 시간을 보내길 제안한다.

돈 에버츠 체스터필드 본햄 장로교회의 지원 활동 사역자, 『희망의 이웃』 저자

내향적인 사람으로, 나는 강단에서 설교하는 일과 사람들과 함께하는 일이 주요하고도 필수적인 부분인 전임 사역에 종사하는 데서 오는 긴장, 역설, 더 나아가 모순에 대해 잘 안다. 이 책은 우리가 누구인지 더 잘 이해하는 데 크게 도움이 될 의견과, 외향적 세상에서 리더십을 발휘하는 내향적인 사람으로서 길을 찾고 우리의 내향성을 기뻐할 수 있는 방법을 하나로 엮어 준다.

댄 킴벌 『그들이 꿈꾸는 교회』 저자

마침내 사역에 종사하는 내향적인 사람을 위한, 그들에 관한 책이 나왔다. 정말이지 멋진 책이다! 맥휴는 외향적인 사람들을 위해 고안된 사역 세계에서 일하는 내향적 지도자의 과제와 특성을 풀어놓았다. 그는 복음을 전하고 공동체에 참여하며 설교하고 그리스도 안에서 영적 성숙을 이루는 지도자로서 발전하기 위한 실질적 안내를 제공한다. 이 책은 내향적인 사람에게 도움이 될 뿐 아니라, 그들을 이끌고 지도하며 멘토로서 인도하거나 그들과 관계하는 외향적 지도자들에게도 훌륭한 자료가 될 것이다.

메리케이트 모스 *A Guidebook to Prayer* 저자

교회 지도자라면 모두 이 책을 읽어야 한다! 이 책은 내가 받아들이지 못했거나 간과한 통찰과 기여를 했던 모든 내향적인 사람들에게 내가 사과해야 함을 깨우쳐 준다. 맥휴의 통찰은 극단적으로 외향적인 사회 가운데 있는 교회들에 중요하다. 우리는 그리스도의 몸 된 교회를 위한 하나님의 최고의 보물을 일부 놓치고 있다. 성령께서 성격과 은사의 다양성을 창조하셨음을 더 온전히 이해하기를 바라는 모든 사람에게 이 책을 추천한다.

마르바 던 전 밴쿠버 리젠트 칼리지 영성신학 교수, 『안식』 저자

절실히 필요했던, 시의적절한 책이다! 이 책은 자신이 이 세상에 잘 어울리지 않는 것 같다고 느끼는 수많은 그리스도인에게 용기를 줄 것이다. 이 책은 그들이 기독교 공동체에서 올바른 자리를 찾도록 도와서, 그들의 은사가 하나님 나라 사역에서 제대로 사용되게 할 것이다. 이 책은 또한 교회가 모든 사람이 예수 그리스도의 제자로서 성장할 수 있는 장소가 되도록 도울 것이다. 애덤 맥휴의 개방성, 신학적 건전함, 거룩한 지혜가 우리에게 준 귀한 선물이다.

마크 로버츠 풀러 신학교의 맥스 드프리 리더십 센터 전무이사

내향적인
그리스도인을 위한
교회 사용 설명서

IVP(InterVarsity Press)는
캠퍼스와 세상 속의 하나님 나라 운동을 지향하는
IVF(InterVarsity Christian Fellowship)의 출판부로
생각하는 그리스도인을 위한 문서 운동을 실천합니다.

Originally published by InterVarsity Press
as *Introverts in the Church* (Revised and Expanded) by Adam S. McHugh.
Second edition © 2017 by Adam S. McHugh.
Translated and printed by permission of InterVarsity Press,
P.O. Box 1400, Downers Grove, IL 60515, USA. www.ivpress.com.

Korean edition © 2022 by Korea InterVarsity Press
156-10 Donggyo-ro, Mapo-gu, Seoul 04031, Republic of Korea.

내향적인 그리스도인을 위한 교회 사용 설명서

외향적 교회 문화에서 나다운 모습으로 존재하기

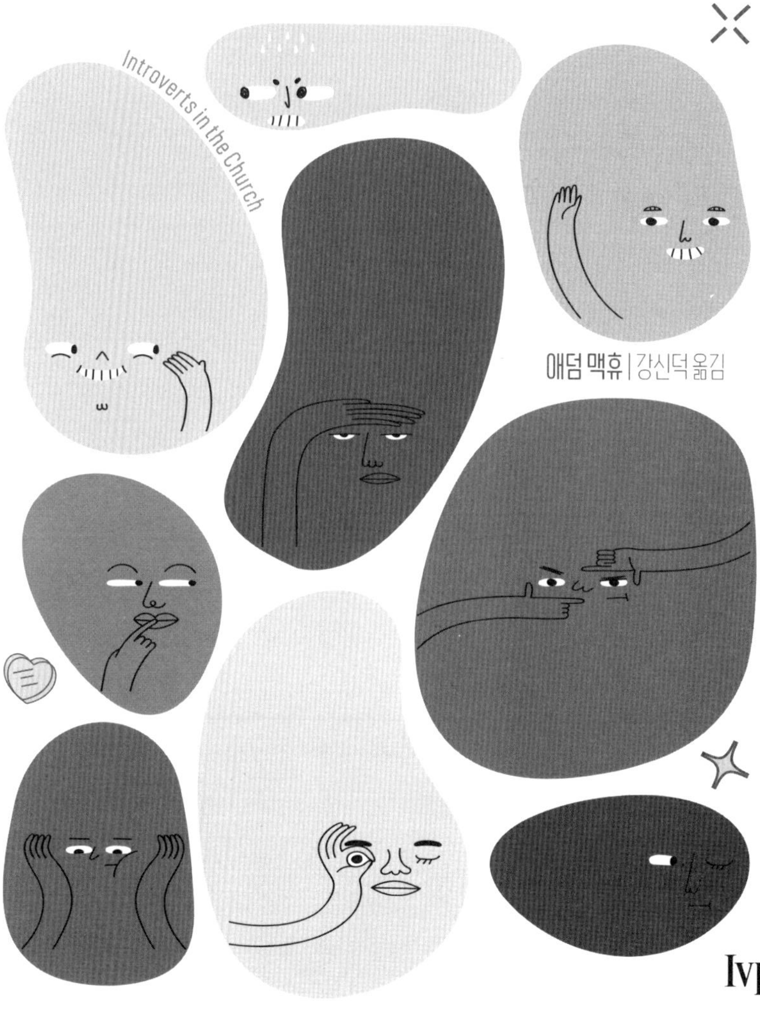

Introverts in the Church

애덤 맥휴 | 강신덕 옮김

IVP

이 책에 영감을 준
모든 내향적인 그리스도인에게

당신들은 선물입니다.

차례

추천의 글 (스캇 맥나이트)	14
확대개정판 서문	18
들어가며 – 내향적인 사람은 교회 생활을 잘할 수 있을까?	24

chapter
1	외향적 교회	31
2	내향성의 차이	57
3	치유를 찾아서	83
4	내향적 영성	109
5	내향적 공동체와 관계	137
6	내향적인 사람이 지도자가 될 수 있을까?	173
7	본래 모습으로 지도자 되기	205
8	내향적인 사람의 복음 전도	251
9	교회 안의 내향적인 사람들	275

나가며 – 우리의 자리를 찾기	298
성찰과 토론을 위한 질문	300
주	312

추천의 글

모든 교회에 애덤 같은 사람이 필요하다
스캇 맥나이트

가장 크고 '성공적인' 교회는 외향적인 사람들에 의해 설계되고 그들의 마음에 부합한다. 가장 작고 '성공적이지' 못한 교회는 내향적인 사람들에 의해 설계되고 그들의 마음에 부합한다. 이 주장을 뒷받침할 통계 수치는 없다. 어쨌든 나는 신학자이지 통계 전문가는 아니니 말이다. 하지만 만일 이 이야기가 여러분의 주의를 끌었다면 나의 과도한 주장은 그만한 가치가 있었다. 그리고 내 주장이 애덤 맥휴의 중요하고도 교회를 소란하게 만드는 책 『내향적인 그리스도인을 위한 교회 사용 설명서』에서 다루는 명백한 진리에 유의미하게 근접했으리라 예상한다. 이 책의 초판은 뛰어났다. 그리고 이 개정판은 초판보다 최소한 절반 혹은 그 이상 더 나은 책이 되었다.

예를 들어 보자. 교회의 전통인 [주위에 있는 사람의 손을 잡고 인사하는] '평안을 전하기' Pass the Peace 시간은 누가 구상했는가? 당연히 내향적인 사람은 아니다. 그렇다면 누가 찬양 중에 자리에서 일어나 손을 들고 목소리를 높이라고 제안했는가? 가장 중요하게는, 누가 우리더러 온통 낯선 사람들 앞에서 이런 일을 하라고 결정했단 말인가? 도대체 누가 하나님이 지으신 이 초록별에서 우리로 하여금 일요일 아침 예배를 멈추고 서너 명이 모여 함께 기도해야 한다고 생각하게 했는가? 그 누구도 이런 것들이 언제 실제로 만들어졌는지 알지 못한다. 그러나 책임 있는 위치에 있는 사람이 그렇게 했으리라는 것은 안다. 교회의 예배를 담당하는 사람은 목회자들이다. 그리고 그들 가운데 이런 식의 길을 여는 사람들은 대체로 외향적인 사람이다. 나는 이런 일에 대해 잘 안다. 나야말로 목회자이자 외향적인 사람이기 때문이다. 내가 이런 일에 대해 알고 있는 또 다른 이유는 나의 아내 크리스Kris가 바로 내향적인 사람이기 때문이다. 대부분 교회와 관련된 일을 해 온 40년이 넘는 결혼 생활 동안, 아내는 종종 교회 안에서 정말로 무슨 일이 일어나고 있는지 내가 알게 해 주었다. 내가 종종 언급하는 것처럼, 심리의 전문가들은 사안을 보기는 하되 그것을 늘 말하지는 않는다.

우리의 교회 생활에서 가장 어려운 부분은 새로운 교회에 가는 일이었다. 교회는 오랜 시간에 걸쳐 세워진 문화다. 그리고 대개 그 문화는 내향적인 사람보다는 외향적인 사람에 의해 모양새를 갖추었다. 여기 우리 이야기가 있다. 우리는 우리가 다니고 있는 성공회 소속의 리디머 교회Church of the Redeemer를 편안하게 여기고 사랑한다. 그 교회에 출석한 지도 4년 정도 되었다. 이따금 예배 시간 중에 교회의 목회자/사제인 제이 그리너Jay Greener가 우리에게 '교제 시간'에 함께 하라고 권한다. 그러면 크리스는 이런 일이 자기 같은 사람들에게 얼마나 어려운 일이 될 수 있는지 내게 털어놓곤 한다. 이 책의 저자 애덤처럼 크리스도 날씨 등등에 대해 떠들어 대는 일에는 관심이 없다. 내향적인 사람은 피상적인 이야기에 쏟을 에너지가 없다. 그런 대화는 그들의 에너지를 소진시킨다. 피상적 대화를 넘어서는 일은 내향적인 사람에게 매우 어려운 일이다. 내향적인 사람에게는 자신이 과연 그 사람과 대화를 이어 가기를 원하는지 알아내기 위한 일종의 마중물 검사 같은 것이 필요하다. 예배가 끝나면 나는 교수이자 작가이며 외향적인 사람이기에 사람들에게 질문을 받는다. 때로 우리는 스포츠에 관해(대부분 시카고 컵스에 관해) 이야기하고 신학에서 다루는 쟁점 몇 가지를 논의한다. 내가 한바탕 요란한 대화를 나눈 후 차에 올라타면, 이어서 아내 크리스가 자신과 이야기한 한두 사람 혹은 세 사람의 삶에 관해 이야기한다. 그렇게 시간이 흐르면 크리스는 리디머 교회를 목회적 관점에서 파악하게 된다. 나는 그것이 몹시 부럽다.

나의 경우에, 애덤 맥휴의 『내향적인 그리스도인을 위한 교회 사용 설명서』는 외향성 중심으로 형성된 교회의 실체를 보여 주었기에, 이 책을 읽음으로써 나는 내향적 감수성의 교회가 사역을 행하는 방식의 가능성에 눈뜨게 되었다. 리디머 교회에는 적당한 수의 내향적인 사람들이 함께하고 있어서 우리는 서로에 대해 잘 알게 되었다. 그렇다고 외향적인 사람들이 시끄럽고 요란한 예배자 무리는 아니다. 유치원에 다니는 손녀 핀리Finley가 한 분기 내내 통로에 서서 음악에 맞추어 춤을 추었을 때, 사람들은 그 모습을 사랑스러워했다. 각자의 자리에 편안하게 앉은 채 말이다. 우리 교회가 내향적인 사람에게 민감한 이유는 우리의 지도자들이 애덤의 이 책이 가져다주는 통찰을 받아들여서, 이 교회가 내향적인 사람과 외향적인 사람 모두에게 은혜를 끼치는 장소가 되었기 때문이다. 최근에 친구이자 동료인 데이비드 핏치David Fitch가 가장 위대한 설교자들이 강단에서 타오르는 내향적인 사람들이라고 말한 적이 있다. 물론 나는 거기에 속하지 않는다. 그러나 우리 교회에는 그런 설교자들과 교사들이 있다. 그들은 리디머 교회를 두 배, 아니 아마 그 이상 더 멋진 곳이 되도록 만들어 가고 있다. 어쨌든 나는 통계학자가 아니기에 이를 뒷받침할 통계 수치는 없다.

확대개정판

서문

이 책의 초판이 출간되었을 때 절친한 친구이자 멘토인 사람이 첫 서평을 썼다. 글은 이렇게 시작된다. "'교회 안의 내향적인 사람들'Introverts in the Church이라니, 아니, 이거 농담이 아니잖아." 내 생각에 책에 붙은 이 제목은 내가 고려했던 다음의 다른 제목들에 비해 재미가 없었다.

1 외향적인 하나님의 손안에 있는 내향적인 사람들
2 소녀, 내향적인 사람을 만나다Girl Meets Introvert, 그저 바라만 보다
3 뒤에 남겨져Left Behind, 그에 만족하다

놀랍게도 출판사는 이 제목들을 거부했다앞의 세 제목들은 각각 유명한 책 제목을 패러디한 것이다—편집자. 우리는 다소 뻔하지만 내용을 효과적으로 설명하는 '교회 안의 내향적인 사람들'이라는 제목으로 타협했지만, 이 제목도 나름대로 펀치라인punch line이 될 수 있을 것 같았다. 이 제

목은 마치 미국과 소련 간 냉전 시대의 공습 대비 훈련처럼 회중석 아래로 뛰어드는 사람들의 모습을 떠올리게 한다.

그러나 내향성은 이 책의 초판이 출판된 이래 훨씬 더 주목받는 주제가 되었다. 처음에 출판사 영업부장은 동료들이 내 아이디어를 받아들이도록 설득해야 했다. 그때 그는 나에게 이렇게 말했다. "이건 그다지 매력적인 주제가 아니에요. 그러나 우리는 이런 논의가 필요하다는 점에 집중하려 합니다." 그러나 7년이 지난 후 나의 두 번째 책 『경청, 영혼의 치료제』The Listening Life, 도서출판CUP의 원고를 넘겼을 때 그들은 이렇게 말했다. "좋아요, 경청은 중요한 주제지요. 그런데 이 제목은 당신이 쓴 첫 번째 책보다는 매력적이지 않군요."

그렇게 어느 시점부터 내향적인 사람들은 매력적인 존재가 되었다. 당신이 학교에서 알았던 조용하고 어색해 보였던 작은 아이는 자라서 얼마간 자신감을 키웠으며, 「스트롱 앤 사일런트」Strong & Silent의 표지를 장식하기에 이르렀다. 그는 지금 여러 이유로 당신의 전화를 받지 않을 것이다.

지금 우리는 수전 케인Susan Cain의 초대형 베스트셀러 『콰이어트』Quiet, 알에이치코리아가 발간된 이래, 그리고 수백만 명의 시청자를 자랑하는 수전의 테드TED 강연이 방영된 이래로 시작된 "조용한 혁명"Quiet Revolution의 시대를 살고 있다. 많은 독자가 『콰이어트』를 읽고 나서 나의 책 『내향적인 그리스도인을 위한 교회 사용 설명서』를 발견했다. 그래서 수전의 책이 출판된 이후에 내 책이 나왔다고 생각했다. 말하자면 내가 『콰이어트』에 대한 기독교식 모조품을 출간해서 내향성이 전체 공동체에도 안전하다는 점을 입증하려 했다는 것이다. 하지만 그렇지 않다. 내 책은 수전의 책보다 3년이나 앞서 출판되었다. 많은 이들이 『내향적인 그리스도인을 위한 교회 사용 설명서』야말로 내향성의 불을 댕긴 진정한 도화선이라고 말했다(누구도 정확히 이렇게 말하지는 않았다).

나는 거의 11년 동안 내향성에 대해 글을 써 왔다. 조용한 것에 관하여 늘어놓은 놀랄 만한 숫자의 말잔치다. 나를 인터넷으로만 아는 이들이 믿는 바와 달리 나는 성격 유형 말고도 다른 것들에 대해 생각한다. 그러나 내향성은 나의 일상 사고에 살금살금 숨어들곤 한다. 아침에 시리얼을 그릇에 부으면서 나는 궁금해한다. "내향적인 사람은 어떤 종류의 시리얼을 선호할까? 가장 기본인 슈레디드위트 Shredded Wheat는 본질과 깊이가 있어. 하지만 알록달록 럭키참스Lucky Charms는 다층적 의미가 있어서 더 많이 먹을수록 더 많이 알 수 있지." 곧이어 나는 대답을 하다가 시리얼에 대해서마저 정신 분석을 하고 있음을 깨닫는다. 그리고 녹색이 되어 버린 우유를 머리에 부어 버릴까 생각한다. 우유가 녹색이 된 것은 내가 알록달록한 럭키참스를 택했기 때문이다. 내향적인 사람들은 상징을 즐긴다.

수많은 내향적 친구들이 그들의 언어를 찾고 있다. 우리 가운데 많은 이들이 자신의 성향에 대해 방어하기 위해 키보드 자판을 두드리고 있는 것처럼 말이다. 이 논의가 얼마나 넓게 퍼져 나갔는지를 보면 놀랍다. 집에서 머무는 것이 새로운 유흥이 된 것 같다. 한편으로 그 진보를 축하하면서도, 나는 내향성에 관한 대화가 특정한 방향으로 흘러가고 있으며 그것이 우리가 아닌 바를 가리킨다는 점 때문에 괴로웠다. "내향적인 사람은 왜 사람들과의 한담을 싫어하는가"

라는 주제로 쓴 글들을 볼 때마다 움츠러드는 느낌이 든다. 혹은 더 좋지 않은 주제도 있다. "나는 내향적인 사람이에요. 나를 좀 내버려 두세요!" 같은 것이다. 묻고 싶다. 왜 초인종이 울려서 우리 집 고양이가 쏜살같이 침대 밑으로 달려가면 '귀엽다'고 하는데 내가 똑같은 행동을 하면 사람들은 '걱정된다'거나 '도움이 필요하다'고 말하는 걸까? 아마 내가 이런 식으로 행동하면 우리가 염세적인 괴짜라는 인상을 강화하게 될 것이다.

내가 가장 우려하는 것은, 우리의 성향이 우리에게 결핍된 것에 따라 규정된 것 같다는 점이다. 우리는 사교적이지 않고 격하지도 않으며 카리스마적이지도 않다. 군중이나 시끄러운 자극도 좋아하지 않는다. 우리는 상대적으로 에너지가 부족하다. 때로 그러한 면은 우리가 사람들을 좋아하지 않거나 기독교 공동체를 중요하게 여기지 않는다는 의미가 되기도 한다. 외향성은 긍정형 문장으로 서술될 수 있지만 내향성은 부정형 문장으로 서술되곤 하는 것 같다.

나는 외향적 사회 안의 내향적 기질에 대한 혼란을 잘 안다. 나는 왜 내향적인 사람들이 자신의 대인 관계 방식에 대해 스스로를 방어하려는 느낌을 받는지 잘 이해한다. 내향적인 사람들은 기독교 문화에서도 계속 분투하며 살 것이다. 그러나 우리의 기질은 이제 더 넓은 문화적 담론의 일부가 되었다. 나는 우리가 방어적 태도에서 벗어나 더 건설적인 태도로 나아갈 수 있기를 소망한다. 인구의 절반이 내향적 성향을 띤다는 것이 잘 알려졌으므로, 이제 우리는 더 이상 구석에 몰린 것처럼 싸울 필요가 없다.[1] 이것이야말로 내가 이 책의 개정판에서 이룬 주요 변화 가운데 하나다. 나는 우리의 기질을 기뻐하는 일과 사회와 교회를 위해 사용할 수 있는 은사를 품는 일에 더 초점을 맞추려고 노력했다. 그러니 우리의 **본래** 모습을 기뻐하고 즐거워하자.

    책을 쓰는 일에서 감동적이면서도 절망스러운 것은 그 책이 출판되는 순간 하나의 독립적 산물이 된다는 것이다. 책은 출판되면서 바로 과거 생각의 상징이자 앞선 경험의 상징이 되어 버린다. 저자는 변하지만 책은 변하지 않는다. 내가 수년 전에 쓴 내용에 대해 대체로 동의하지만 나는 개인으로, 신자로, 작가로 성장했다. 내향성이 신경학, 그리고 자극에 대한 민감성과 어떤 관련이 있는지에 대해 수전 케인과 다른 사람들이 이룬 새로운 연구에 감사한다. 이 개정판에 그들의 연구 일부를 담을 수 있어서 기쁘다. 나는 복음주의의 예배 방식뿐만 아니라 교회 문화의 더 큰 영역들을 다루기 위해 전체 주제를 넓혔다. 그와 더불어 7장에서는 내향적 청소년들에 대한 사역 내용을 포함했다. 지난 수년 동안 내향적 교인들과 대화하면 할수록 외향적인 관념이 얼마나 강력하게 교회의 예전 전통 전반을 휩쓸고 있는지를 깨닫게 되었다. 가장 다행스러운 것은 초판에서 발견된 불필요한 장황함 몇 개를 없애 버린 것이다. 내향적인 사람이 그렇게 말이 많을 줄 누가 알았겠는가?

    성격 유형에 대한 논의는 항상 반발을 사곤 한다. 그런 식의 유형 분류에 저항하거나 그것이 지나친 단순화라고 생각하는 사람들로부터 오는 반발도 있지만, 내향성이나 외향성 같은 유형들이 성경에 존재하지 않는다고 생각하는 교회 안의 사람들에게서 오는 반발도 있다. 문화적 현상들이 교계에 받아들여지는 것 혹은 받아들여지지 않는 것을 관찰하는 일은 언제나 흥미롭다. 그리고 확신하건대, 성격 유형이 갖는 한계에 대해서 그것에 대해 글을 쓰는 우리보다 잘 아는 사람은 없다. 인간은 미친 듯이 격렬하게 범주화에 저항한다. 그러나 나는 내향성에 대한 글쓰기를 계속하려 한다. 왜냐하면 수많은 사람이 그 개념에서 도움과 깨달음과 자유를 얻기 때문이다. 내게 내향성이란 복음이나 핵심 정체성이 아니다. 그러나 스스로 계속해서 여전히 때때로 내향성과 씨름하면서도, 이 시점에서 분명히 말할 수 있는 것은 나는 다른 방식으로 존재하지 않으리라는 것이다. 어떤 이들이 우리가 몽상에 빠져 있고 너무 자주 '생각 속에서 길을 잃는다'고 조롱할지라도, 나는 생각하는 가운데 나 자신을 발견했다고 확고하게 믿는다.

늦었지만 출판사 사람들에게 감사 인사를 전한다. 특별히 이 책 작업이 시작될 때부터 지지해 준 제프 크로스비Jeff Crosby와, 가면 증후군imposter syndrome을 수습하고 있는 초짜 작가의 불안 증세를 잘 참아 준 앨 쉬Al Hsu에게 감사한다. 마케팅부, 그중에서도 나의 유머 감각을 인정해 준 크리스타 클레이턴Krista Clayton에게도 감사하고 싶다. 나는 나에게 인사성 좋고 외향적이며 정열 넘치는 쌍둥이 형제가 있어서 그가 책이 나오는 과정에서 마케팅을 담당해 주면 좋겠다고 생각했지만, 내 편에서 마케팅부 모두의 재능에 도움을 받을 수 있어서 기쁘다.

들어가며

내향적인 사람은 교회 생활을
잘할 수 있을까?

내향적인 사람은 교회 생활을 잘할 수 있을까?

나에게 이 질문은 추상적인 것도 아니고 학문적인 것도 아니다. 이 질문은 나의 개인적 측면을 먼저 깊숙이 건드린다. 나는 내향적인 사람이다. 그리고 이 질문은 교회의 일원으로서 그리고 목회자로서 나를 기독교 공동체 여기저기로 이끌어 온 굽이굽이 거친 여정에 연료를 공급해 왔다. 그것은 한편으로 자기 발견의 여행이었다. 나는 내 성격과 맞서는 대신 조화를 이루는 방법을 배웠다. 그리고 그것은 하나님을 발견하는 여정이었다. 나는 나의 내향적 삶과 사역 가운데 하나님의 손길을 경험하는 나만의 능력을 키웠다. 이 여정 내내 나는 주기적으로 실망 그리고 소망과 동행했다. 이 둘은 내가 계속 그 길을 가도록 함께 나를 밀어 준 동반자들이다.

* * *

이야기는 뉴저지, 프린스턴의 길모퉁이에 있는 우체통에서 시작한다. 나는 차가워 보이는 파란색 우체통을 바라보고 서 있다. 한쪽 손에는 장갑을 끼고, 다른 손은 장갑을 벗은 상태로 봉투 하나를 꽉 쥐고 있다. 분주한 오후다. 늦겨울의 거센 바람이 오후 햇살을 밀어내고 있다. 지름길이 있기를 바라며 신학교 주변 동네를 가로지르는 뉴저지의 통근자들은 어리둥절한 눈길을 보내며 곁을 지나간다.

오늘은 교회에서 리더십을 발휘할 나의 잠재적 가능성에 종말을 고하는 날이다. 사실 그 리더십은 시작되지도 않았다. 잔뜩 빨개진 손에 쥐고 있는 것은 교단의 목사 안수 절차를 그만두겠다는 의사를 밝히는 편지였다. 사실 지난 4년 동안 이 과정을 이수하기 위해 고군분투해 왔지만, 바로 한 시간 전에 내가 안수받은 목회 사역에 부르심받지 않았다는 결론에 도달했다.

신학교에 처음 입학했을 때, 나는 신약학 분야에서 박사 과정을 밟겠다는 꿈을 꾸었고 상아탑에 대해 낭만적 생각을 품었다. 꿈속에서 나는 프렌치 로스트 커피를 마시며, 그리스어 신약성경을 골똘히 들여다보고, 고상해 보이는 칵테일파티에 참석하며, 가죽 패치를 덧댄 트위드 재킷을 입은 채 열정적인 학생들을 가르치고 있었다. 그러나 그 꿈은 봄기운 따뜻한 4월의 첫날에 깨졌다. 내가 다시 깨어나는 봄을 만끽하며 야외에 서 있을 때 모든 박사 과정 학생들은 여느 날처럼 도서관 열람실의 자기 자리에 앉아 먼지 낀 책을 들여다보고 있었다. 그때 그 햇볕 아래에서 나는 학문의 길이 내가 갈 길이 아님을 알았다. 나는 그 청명한 날들에 퀴퀴한 냄새 나는 도서관에서 모호한 책들에 관한 서평이나 쓰며 삶을 허비할 수 없었다.

그래서 대비책으로 안수받은 목회자로서의 사역을 고려했다. 그 사역이 내게 어울릴지 의심스럽기는 했지만, 신학생에게 무슨 대안이 있을지 알 수 없었다. 나는 결혼과 가정에 관한 수업, 목회 상담 수업, 공동체와 소그룹 수업이 불편했다. 왜냐하면 목회 사역이란 위기 상황에서 재빨리 움직이고, 한 모임에서 다음 모임으로 옮겨 가야 하고, 서로 대립하는 성격을 가진 사람들을 움직이도록 하는 것이기 때문이었다. 달리 말하자면, 나는 안수받은 목회 사역이란 대인 관계 기술을 필요로 한다는 점을 알고 있었고, 내가 과연 그런 기술을 가지고 있는지 확신할 수 없었다. 사람들과 관계하기 위해 에너지나 내면의 따스함을 끌어모을 때조차 나는 금세 진이 빠지고 지쳐서 낮잠에 빠져들 상태가 되었다.

목회 사역에 대한 나의 한 가지 소망은 가르치고 설교하는 내 능력이 미흡한 대인 관계 기술을 상쇄하리라는 것이었다. 하지만 오늘 오후 우체통 앞에 서기 전에 벌어진 사건들은 그 환상을 깨 버렸다. 한 블록 떨어진 내 방 현관 앞 쓰레기통에서는 파란색 시험 책자의 잔해가 타들어 가고, 성경 주석 시험지와 안수 준비자들을 위한 엄격한 규칙서를 태운 재도 그 안에 있었다. 정확히 한 달 전, 나는 마태복음의 한 단락에 관한 주석과 설교 개요를 작성했다. 그러나 이 은혜롭지 못한 날에 나는 신약학 석사 과정 학생인 내가 성경 주석 시험을 통과하지 못했다는 사실을 알게 되었다…. 이번이 처음도 아니었다. 이제 우체통으로 가야 할 시간이 된 것이다.

결정타를 받아 든 후 나는 소명 계획의 무덤이 될 그 차가운 우체통으로 걸어간다. 장갑을 벗고, 외투 속주머니에서 공부를 중단하겠다고 적은 편지를 꺼내서, 죽음의 아가리를 벌리고 있는 우체통으로 손을 뻗는다. 그러나 거기서 멈춘다. 어머니의 가장 현명한 충고에 반하여 나는 차가운 겨울 공기에 맨손을 드러낸 채 서 있다. 그사이 편지 봉투가 바람에 팔랑거린다. 질문들이 마음속으로 밀려 들어온다. '이것이 과연 가치 있는 일인가? 나는 진정 이런 마지막 비인격적 저항 행동으로 나의 사역의 미래를 날려 버리기를 원하는가? 이런 공허한 승리를 평생 후회하지 않을까? 이것은 직업에 관한 갈등이 아니라 자기 정체성에 관한 갈등일까? 나는 낙제나 부적응에서 기인한 나의 느낌이 앞장서서 나를 목회 사역에 부적절한 존재라고 낙인찍도록 둘 것인가?' 차가 서른 대가량 지나간 후, 나는 편지 봉투를 주머니 속에 다시 넣고 장갑을 끼고 돌아서서 집으로 온다.

무엇이 나로 하여금 내 사역의 미래에 대한 우체통 입구를 거칠게 닫지 못하도록 막아섰는가? 나는 확신할 수 없다. 그러나 이 이야기가 끝나지 않았음은 잘 알고 있다.

* * *

몇 년 후, 나는 그날 나의 내면에서 일어난 죽음의 경주들이 그 자체로 **소명에 관련된** 것이 아니라 주로 **기질에 관련된** 것임을 알게 되었다. 나는 목회 사역을 시작하기도 전에 나의 성격이 나를 목회로부터 밀어냈음을 확신했다. 나와 같은 기질을 가진 사람에게는 사역의 여지가 없었다. 내가 생각하기에는 그랬다.

그때 내가 생각하기에 이상적 목회자는 말을 잘하고 별 어려움 없이 군중 사이를 돌아다닐 수 있으며 낯선 사람을 친구로 만드는 존재였다. 일요일에 교회에 발을 디딜 때마다 그들의 심장은 기분 좋게

두근거렸다. 그들은 언제 누구와 무엇에 관해서든 담소를 나누는 일이 가능한, 자신의 카리스마로 사람들을 끌어들이는 인간 자석이었다. 그들은 따스함이 배어 나오고 공동체의 칭송을 받으며, 자기들을 흠모하는 교회 구성원들에게 둘러싸인 사람들이었다.

반면에 나는 고독의 시간, 성찰하는 시간, 개인적 공부 시간을 즐겼다. 사람들을 좋아하고 인간관계와 대화를 가치 있게 여겼지만, 좋아하는 사람들과 시간을 보내는 중에도 혼자만의 시간을 갈망했다. 나는 낯선 사람들로 가득한 군중 사이에 섞여 있는 일이 나를 지치게 하고 위협한다는 것을 알았다. 사람들 앞에 서는 일이나 자신감 있게 설교하는 일까지는 가능하다 할지라도 나는 그 후의 교제 시간에 말을 더듬었을 것이다. 내가 그날 할 말의 분량을 다 채웠기 때문이다.

그 시절에는 잘 몰랐지만, 나의 사역 잠재력을 무력화시켰다고 생각되는 이러한 성격 유형에는 적절한 이름이 있다. '내향성' introversion 이다. 그러나 이런 고통스러운 의심이 생겨난 배경에는 나의 기질 이상의 무엇이 있다. 나는 리더십의 1차원적 모델을 완성했다. 그리고 그 모습과 내향적 기질 특성 사이에는 해결될 수 없는 갈등이 있었다. 나는 사역자들과 기독교 지도자들이 사역을 잘 해내기 위해서는 일정한 유형의 성격 기질이 필요하다고 믿었다. 나는 하나님이 나를 위해 설계하신 종류의 지도자가 되기보다는 리더십의 틀에 나를 맞추기 위해 스스로를 깎아 내고 쥐어짜려 노력했다.

내향적 목회자가 되기 위한 나의 분투는 의도적이든 아니든 외향성으로 왜곡된 기독교 공동체의 바다를 항해할 때 많은 내향적인 사람이 겪는 분투를 대표한다. 독립 교회나 교단 소속 교회 모두에서 사역한 목회자로서 볼 때, 특히 복음주의 교회들은 신학적이거나 문화적인 이유 모두에서 내향적인 사람이 왕성하게 활동하기가 쉽지 않다는 것이 나의 경험이다. 내가 목회 사역의 일반적 역할과 표현에 내 기질을 맞추는 데 어려움을 겪은 것처럼, 많은 내향적 그리스도인들도 그들의 타고난 경향과 교회 공동체 혹은 전도에 대한 복음주의적 사고 사이에서 건강한 균형을 찾기 위해 많은 노력을 기울이고 있다. 하나님이 외향성을 기뻐하신다는 미묘하지만 조용하게 퍼지는 이야기들이 이런 교회 공동체들 가운데 회자될 수 있다.

외향성 성향을 은근히 치켜세우고 공공연하게 외향적인 특성을 지닌 지도자들을 구하는 것은 복음주의 교회들만이 아니다. 주류 교회들mainline churches이나 예전 중심 교회들liturgical churches이 예배와 교회 관행에서 더 조용한 방식을 허용하는 반면에, 그리스도인의 수가 줄어들면서 모든 교회는 더 큰 소리로 메시지를 전하고 더 공격적인 전도 전략을 추구하는 쪽으로 기울고 있다.

* * *

다행스럽게도 이 여정에서 실망만이 유일한 동반자는 아니다. 나는 소망이라는 또 다른 동반자와도 함께하고 있다. 하나님의 부르시고 치유하시고 변화시키시는 능력 안에서의 소망 말이다. 그날 공부를 포기하겠다는 편지를 보내지 못하게 한 신비한 힘은 또한 교회 사역과 선교 단체 사역과 기관 사역으로 나를 부르시는 꾸준한 목소리였다. 나는 내향적인 사람이라는 자기 정체성의 측면에서 그리고 내가 기독교 공동체에 가져다주는 은사와 공헌의 측면에서 스스로를 용납하는 과정을 거듭 경험하고 있다.

나는 하나님이 이 책을 통해 이 땅의 내향적인 사람들을 치유하시는 일을 시작하시기를 소망한다. 하나님은 내향적인 당신이 자기 정체성에서 자유를 누리도록 도우실 것이다. 그리고 당신이 편안하다 느끼고 살아 있다 느끼는 방법으로 신앙 가운데 살아갈 자신감을 갖도록 도우실 것이다. 나는 내향적인 사람들이 "너희는 외인도 아니요 나그네도 아니요 오직 성도들과 동일한 시민이요 하나님의 권속이라"(엡 2:19)는 말씀을 붙들기를 바란다. 한 가지 더, 나는 하나님이 내향적인 사람들 안의 자물쇠를 푸셔서, 그들이 지닌 놀라운 은사를 교회로 가져오기를 바란다. 나중에 논의하겠지만, 내향적인 사람들은 교회의 사역과 그리스도의 몸을 세우는 일에 폭넓게 공헌할 만한 일련의 자질들을 갖고 있다. 내향적인 사람과 외향적인 사람이 각각 자신의 장점으로 기여하고 서로의 약점을 보완하면서 동역자가 되어 교회를 이끌 때, 그것은 성령이 공동체를 조화롭게 이끄신다는 증거가 되고, 공동체가 특정 성격에 대한 추종에 의해 움직이지 않는다는 증거가 된다.

나는 내향적인 사람으로서의 믿음의 여정에서 몇 단계만을 거쳤을 뿐이다. 그럼에도 나는 나처럼 장갑 한 짝만 낀 채 서 있는 여러분에게 나와 더불어 이 길에 참여하여 함께 걷기를 요청한다.

외향적 교회

chapter 1

요한복음 3:16이 말하는 외향적 하나님은
내향적인 사람을 자녀로 두지 않으신다.

리처드 핼버슨Richard Halverson, 『예수 그리스도의 무한함』 *The Timelessness of Jesus Christ*

많은 기독교 공동체가 신실함의 이상으로 추켜올리는 사람에 대한 묘사로 이야기를 시작하려 한다. 여기 한 사람이 있다고 하자. 그는 매우 사교적이고 타인과 어울리기를 좋아한다. 그는 생각이나 감정을 숨기지 않고 열정적이며 투명한 사람이다. 그의 얼굴에는 정열과 미소가 넘친다. 그는 자기 신앙에 대해 나누는 것을 편안하게 여기고, 리더십이란 곧 책임감이라고 확신하며 새로운 사람들과 쉽게 어울린다. 그는 폭넓은 영역에서 다양한 활동과 모임에 참여하고 사람들을 자기 집으로 열심히 초대한다.

이런 사람은 완벽한 그리스도인, 신앙의 표상, 제자 중의 제자이며, 예수님을 따른다는 것의 의미를 제대로 아는 사람이라 칭송받을 만하다. 교회는 이런 사람을 얻기 위해 아낌없이 투자할 것이다. 이런 신자는 멋들어지게 신실한 사람일 것이다. 아울러 이런 신자는 지극히 외향적인 사람일 것이다.

2004년에 이루어진 심리학 연구에서 어느 기독교 대학의 학생들은 마이어스-브릭스 성격 유형 검사Myers-Briggs Type Indicator, MBTI 범주들에 근거하여 예수님의 성격에 대해 점수를 매겨 보라는 요청을 받았다. 대부분의 범주에서 학생들은 서로 엇갈렸다. 그들은 자신이 생각한 예수님의 이미지에 비추어 점수를 매기는 경향을 보였다. 그런데 학생들이 한쪽으로 명백하게 치우치는 경향을 보이는 두 가지 범주가 있었다. 사고thinking 대 감정feeling 범주에서 87퍼센트의 학생들은 예수님을 감정 지향이라고 평가했는데, 83퍼센트의 학생들도 자기들이 감정 지향이라고 응답한 터였다. 진정 의미 있는 결과는 외향extrovert과 내향introvert 범주에서 나타났다. 절반 이상의(54퍼센트) 학생들이 스스로를 내향적이라고 응답했음에도, 조사에 참여한 거의 대부분의 학생들(97퍼센트)은 예수님이 외향적이라고 응답했다.

외향적인 사람과 내향적인 사람 모두 **압도적으로 예수님을 외향적이라고 생각했다**. 이런 생각은 놀라운 것이다. 왜냐하면 예수님의 성격에 관한 성경 증거들이 그렇게 명료하지는 않기 때문이다. 우리가 가진 성경의 본문들은 우리로 하여금 예수님이 하신 말씀에 집중하게 하지만 그분 사역의 비언어적 측면들은 간과하게 만든다.

예수님은 보통 군중 가운데서 그들을 가르치셨지만 또한 중요한 때마다 홀로 기도하기 위해 그리고 가장 가까운 친구들과 시간을 보내기 위해 그 군중으로부터 물러나신다. 예수님은 급하게 밀려오는 군중의 기운으로부터 거리를 두기 위해 배를 빌리신다. 예수님은 깊이 있는 관계와 선택된 몇 명과의 대화를 선호하신 것 같다. 분명한 것은 알 수 없더라도 예수님의 성격은 사실 내향성과 외향성 사이에서 균형을 이룬 것으로 보인다. 그렇다면 어떻게 97퍼센트의 학생들은 예수님을 외향적이라고 말하게 된 걸까? 조사 연구를 실행한 심리학 교수는 조심스레 설명을 시도하면서 그것이 내향적인 사람에게 끼칠 영향에 대해 이야기한다.

외향적인 예수님에 대한 인식은 외향성이 내향성보다 가치 있다고 평가하는 북미 문화의 경향을 반영한다. 외향성이 더 나은 것이라고 간주한다면, 완벽한 인간이신 예수님은 당연히 외향적이어야 한다는 결론에 이르게 된다.…문화적 편견에 근거해 예수님이 외향적이라고 추정하는 것은 그런 문화에서 살아가는 내향적인 사람으로 하여금 그들이 선호하는 행동 방식이 적절하고 가치 있다고 여기기 어렵게 만든다. 말하자면 내향적인 사람이 선호하는 바가 극복되거나 견뎌야 하는 것이 아니라 그 진가를 인정받고 축복받아야 할 것이라 여기는 일을 어렵게 만든다. 이런 추정은 또한 외향적인 사람으로 하여금 내향적 성격의 장점이나 내향적인 사람이 타인과의 상호 관계에서 가져올 이점들을 더 쉽게 간과하게 만든다.[1]

예수님의 인격을 본보기로 삼아 인간의 완전함에 외향성을 포함시킨다면, 인구의 많은 수가 언제까지나 구제받을 길 없는 모자란 존재로 남게 된다. 이것은 외향성이 우월한 기질이라는 이미 만연한 문화적 편견에 신학이라는 요소 하나를 더한다. (학교, 기업, 사회 기관 등) 미국의 주류 문화에서 말을 잘하고 활동적이며 에너지 넘치고 자기주장이 강한 사람들은 결정적 이점을 누리게 된다. 수전 케인은 이것을 "외향성 이상Extrovert Ideal, 즉 이상적 자아는 말 많고 모든 일에 적극적이며 스포트라이트를 받을 때 편안해한다는 어디서나 통용되는 신념"이라고 말한다.[2] 『내성적인 사람이 성공한다』 The Introvert Advantage, 서돌를 쓴 마티 올슨 래니Marti Olsen Laney는 "우리는 외향적 성향의 사람들의 비위를 맞추고 그들을 추켜세우는 문화 속에 살고 있다. 우리는 외향성이 삶의 **마땅한** 방식이라고 분명하게 배운다"고 말한다.[3] 래니는 자존감, 낙관주의, 외향성을 행복해지는 방법의 세 가지 필수 재료로 이야기하는 책 『마이어스의 주머니 속의 행복』 The Pursuit of Happiness, 시그마북스의 저자 데이비드 마이어스David Myers의 말을 인용한다.[4] 마이어스에 의하면, 일반적으로 외향적인 사람은 내향적인 사람보다 더 행복하다. 내 생각에 이 결과는 외향적인 사람들이 존경받는 사회적 지위를 지닌 것과 관련 있을 것 같다. 그렇다면 이는 잘생긴 사람이 더 행복하다는 것과 같은 이치다. 성찰과 고독을 즐기는 사람들 그리고 말하기보다는 듣기를 즐기는 사람들은 때로 이해하기 어렵다거나 반사회적이라거나 수동적이라거나 심지어는 친구나 배우자로 어울리지 않는다는 평을 듣는다. 이런 편견 때문에 「애틀랜틱」*Atlantic*에 글을 싣는 조너선 라우흐Jonathan Rauch는 내향적인 사람들이 "미국 내에서, 아마도 전 세계에서 가장 오해받고 억울하게 피해 입은 사람들 가운데" 한 집단이라고 극적으로 표현했다.[5]

지난 수십 년간 심리학자들이나 사회학자들은 내향적인 사람들이 전체 인구의 4분의 1 정도일 것이라는 조사 결과를 인용해 왔다. 그래서 그들은 내향적인 사람의 분투가 그들이 소수자라는 데서 기인한다고 보았다. 그러나 그 발견은 1962년의 연구 결과에 기초한 것이다. 최근 15년간 성격에 관해 이루어진 더 광범위한 조사들은 내향적인 사람이 인구의 약 50.7퍼센트 정도로 통계적 다수에 속함을 밝혔다.[6] 그리고 조사자들은 인구 중 내향적인 사람의 수가 1962년보다 더 많아진 것은 **아니라**고 지적한다. 최근 자료와 표본들이 더 철저하고 정확하다. 최신 연구 전반을 살펴보면, 그 결과들은 한결같이 내향적인 사람이 미국 인구의 3분의 1에서 절반을 차지한다고 말한다. 이 외에도 수전 케인의 말에 따르면, "당신이 알고 있는 두세 사람 가운데 한 사람"이 내향적인 사람이다.[7]

문화 전반에서 나타나는 외향성 편향은 교회로도 스며들었다. 나는 지금껏 수백에서 수천 명의 내향적 그리스도인들과 대화하고 인터뷰도 했다. 그들 모두는 예외 없이 교회에서 일정 정도의 좌절감과 배제당한다는 느낌을 받았다고 전했다. 그들 가운데 많은 이는 신학과 신앙 생활의 두 측면 모두에서 교회가 그들과 같은 기질을 가진 사람들을 호의적으로 보지 않는다는 것을 알게 되었다. 내향적인 사람들은 공동체에서 본래 모습대로 존재하면서 본성에 맞는 방식대로 섬기도록 격려받는다고 느끼는 자리를 찾기가 어렵다는 것을 깨닫는다.

내향적인 사람인 친구 에밀리Emily는 외향성이 정상이라고 여겨지던 기독교 공동체에 몇 년 동안 참여했다. 그는 일본에서 태어나 타인에 대한 존중이나 섬김이 매우 바람직한 자질이라 여기는 문화에 익숙했기에, 자기 홍보나 적극성을 가치 있게 여기는 미국 문화에서는 자기 자리를 잃은 것처럼 느꼈다.[8] 그는 공동체에서 사람들과 좋은 관계를 맺었지만, 그가 대부분 시간을 자기에게 할애하는 통에 사람들은 항상 에밀리가 주변부에 있다고 여겼다. 이 공동체에서 '친밀함'의 이상적 모습은 꾸준히 사람들과 함께하는 것이었고, 각종 활동과 대인 관계에 많이 참여할수록 하나님께 더 가까이 있는 것이라는 생각이 공동체 내에 은근히 깔려 있었다. 공동체의 다른 사람들은 에밀리가 비사교적이고 따라서 신앙이 부족하다고 생각했다. 에밀리도 자기 삶의 내밀한 부분을 다른 사람들과 나누기를 거부했다. 그래서 사람들은 마음을 드러내지 않는 그의 태도를 하나님에 대한 저항이라고 해석했다. 에밀리는 리더 자질을 지녔지만 그 공동체에서 신실함의 표시라고 여기는 외적 표현을 보이지 않았기 때문에 리더로 세워지지 못했다. 그에게는 다른 사람과 모든 것을 나누라는 기대가 무척이나 거슬렸다. 그는 "내가 왜 사람들로 하여금 내 인생 구석구석을 들여다보게 해야 하나요?"라고 신음하듯 중얼거렸다.

복음주의 신학의 기조 세 가지

외향성을 향한 미국의 편애는 기독교 전통 여러 영역에 영향을 끼쳤다. 그러나 내향적인 사람 입장에서 특정한 교회 문화는 다른 문화들보다 더 적응하기 어렵다. 복음주의 교회 문화의 특징들, 복음주의 신학과 실천의 기초가 되는 결정적 속성들은 내향적인 사람에게 위협적이거나 부자연스러운 환경을 만들어 낼 수 있다.

주의: 이 책에서 나는 폭넓은 차원에서 이 문제를 다루려 한다. 주류 복음주의와 그 사고방식 및 행동 방식이 외향성에 편향되어 있다는 나의 비판에 모든 교회와 전통이 공감하지는 않을 것이다. 내가 복음주의가 외향성에 치우쳐 있다고 믿는 것처럼 저울의 눈금이 어느 한편으로 기울어져 있을 때, 그 균형을 회복하기 위해서는 때로 요점을 부각시켜야 한다. 같은 맥락에서, 내향적인 사람의 특성과 재능을 묘사하고 이를 복음주의 교회에 적용하는 부분에서 나는 애써 내향적인 개인의 복잡한 면 전부를 다루지는 않았다. 마지막으로 나는 내향적인 사람의 자질을 서술할 때 외향적인 사람이 사려 깊음이나 심오함 같은 능력을 가질 수 **없다**고 암시하지는 않는다. 2장에서 언급하겠지만, 누구에게나 내향적 면과 외향적 면이 모두 있다. 비록

우리 중 대부분은 그 스펙트럼의 한편에 자리를 잡겠지만 말이다. 어찌 되었든, 대부분 복음주의 진영 내에서 '예수 그리스도를 통한 하나님과의 친밀한 관계', '하나님의 기록된 말씀의 중심성', '역동적인 개인 복음화'라는 세 가지 신학적 기조는 눈에 띄게 외향적 방법으로 표현된다.

하나님과의 인격적 관계. 복음주의 신학의 중심에는 하나님이 인격적이시라는 교리가 있다. 하나님은 그분의 존재가 상호성과 사랑과 함께함의 역동적 상태로 살아 계신 구별된 세 위격으로 구성되었다는 점에서 **내부** 인격적*intra*personal이시다. 나는 초기 기독교 신학자들이 삼위일체의 서로 연결된 삶을 설명하기 위해 '춤'을 의미하는 그리스어 단어*perichōrēsis*를 사용했다는 사실이 마음에 든다. 하나님은 또한 당신의 창조 세계와 관계를 맺으시고 당신이 지으신 각 피조물과 관계 맺기를 원하신다는 면에서 **상호** 인격적*inter*personal이시다. 복음주의자들은 하나님의 구원 계획의 중심에는 예수 그리스도의 구원하시는 삶과 죽음이 놓여 있으며, 사람들은 살아 계시고 승천하신 예수님과의 신뢰 어리고 친밀한 인격적 관계를 통해 그분이 부활에서 이루신 승리의 능력을 받게 된다고 믿는다. 이 예수님이 우리에게 온전히 다가오신다. 그래서 우리는 개방적이고 격식에 얽매이지 않으며 서로 대화가 가능한 친구로서 그분과 관계를 맺을 수 있다.

복음주의가 예수님과의 인격적 관계에서 우선시하는 요소는 그분을 중심으로 형성되는 인간 공동체의 종류에도 영향을 끼친다. 복음주의자들이 서로 친밀한 일상적 관계에 큰 가치를 부여하는 것은 당연하다. 우리는 이런 가치를 지속시키기 위해 가정 소모임, 교제 시간, 사교 모임, 격려 모임, 중보 기도 모임으로 교회를 구성한다. 복음주의 교회들 대부분은 이런 친밀한 관계적 활동들에 참여할 것을 강하게 권고한다(때로는 요구한다).

안타깝지만 공동체 생활을 가치 있게 여기는 것은 때로 하나님과의 관계를 대체할 수 있다. 심리학 교수 리처드 벡Richard Beck은 몇몇 교회들의 경우 영성과 사교성을 동등하게 여긴다고 말한다.⁹ 발전하는 신앙은 더욱 많은 사람과의 친밀함과 더욱 많은 활동에 대한 참여로 드러난다. 그러나 너무 많은 대인 관계에 지치고 때로 고민에 빠지는 내향적인 사람들 입장에서는 복음주의가 강조하는 이런 것들 때문에 맥 빠지는 동시에 스스로를 주변인으로 느낄 수도 있다. 그렇다고 내향적인 사람이 친밀한 관계에 반대하는 것은 아니다. 사실 우리는 우리가 맺는 관계의 깊이로부터 동력을 얻는다. 비록 우리 관계가 조금 더 조용하고 사적인 것이긴 하지만, 우리는 예수님과의 친밀함을 환영하는 동시에 공동체에서 우리가 더 편안함을 느끼는 소수의 사람들과 교류하는 것을 선호한다. 그래서 복음주의 공동체가 명시적으로든 암시적으로든 사회적 관계망을 꾸준히 확장하라고 권장할 때 그것에 대한 거부 같은 영적 부적응의 느낌을 경험할 수 있다.

말씀의 중심성. 복음주의자들은 성경에 대한 경외심으로 가장 잘 알려져 있을 것이다. 복음주의 공동체는 성경을 해석하고 그 해석을 공동체의 삶과 예배에 적용하는 일에 의해 인도받고 그 일을 중심으로 형성된다. 다른 전통들이 의식, 상징, 형상, 침묵, 전통 예식에 의존하는 반면, 복음주의는 대체로 말씀의 능력을 중요하게 여긴다. 복음주의 교회는 자칭 말씀 기반 공동체다. 결과적으로 복음주의 교회의 예배는 설교를 특징으로 구성되며, 설교는 예배의 절반 이상을 차지한다. 이 책을 쓰기 위해 자료 조사를 하면서 복음주의 교회 여덟 군데를 방문했는데, 호기심이 들어 예배 시간 전체를 측정해 보았더니 설교 시간은 평균 43분(!)이었고 전체 예배 시간은 평균 81분이었다. 목회자들은 대화식으로 느슨하게 구성된 편안한 형식으로 설교했는데 그런 요인들이 설교 시간에 영향을 미쳤다. 목회자들은 성경의 중심성과 인격적 관계 둘 다를 훌륭하게 강조했다. 그들은 본문을 설명하는 것 그리고 예배에 참여한 사람들과 개인적 차원에서 관계를 형성하는 것 모두를 추구했다.

복음주의 교회가 성경에 대해 설교하는 일과 가르치는 일에 탁월한 것 그리고 복음주의 설교의 전반적 수다스러움을 고려해 볼 때, 그 결과로 대화 중심의 문화가 종종 나타나는 것은 당연하다. 하나님의 말씀에 대한 사랑은 하나님에 관한 말로, 또 일반적인 말로 바뀌기 쉽다. 더 직설적으로 말하자면 복음주의자들은 말이 많다.

복음주의자였다가 가톨릭 사제가 된 토머스 하워드Thomas Howard는 가톨릭의 관행과 복음주의 관행의 차이를 이렇게 설명했다. "정서적으로 복음주의가 경건의 '더 최신' 형태이며 그것은 매우 수다스럽다고 해야 할 것 같다."[10] 몇몇 교회 전통에서 우리는 침묵하는 경외감으로 성소에 들어서는 반면, 복음주의 교회에서는 무알코올 칵테일 파티 같은 자리에 들어서게 된다. 복음주의에는 수다스럽고 서로 뒤섞인 비형식성이 있다. 거기서 말은 마치 포도 주스처럼 넘쳐흐른다.

복음주의 교회에 참여하는 것은 대화에 참여하는 것이다. 그러나 내향적인 사람들은 낯선 상황에서는 말을 아낀다. 그리고 가끔은 중심에 참여하기보다 구석에서 관망하기를 선호한다. 우리의 영성은 성경에 기반하지만 더 조용하고 더 느리며 더 명상적이다. 솔직하고 수다스럽고 활동적인 복음주의 문화에서 우리 내향적인 사람은 얼핏 자기에게만 관심 있고 남에게는 냉담한 것처럼 보일 수 있다. 우리는 수년간 교회에 성실하게 출석했는데도 여전히 주변인 같다고 느낄 수 있다.

개인 전도. 복음주의자들은 개인 전도에 높은 우선순위를 부여한다. 우리는 복음을 말로 전하는 일을 강조하는 것과 더불어 대위임령Great Commission의 선포 부분을 매우 진지하게 받아들인다. 나는 성 프란체스코Saint Francis가 말했다는 "항상 복음을 선포하라. 필요하다면 말을 사용하라"라는 유명한 제안이 복음주의의 표제어가 아니라는 주장에 일리가 있다고 생각한다. 그 대신 복음주의는 사람들이 대화를 통해 예수님을 알게 된다고 믿는다. 의미 있는 논쟁으로 설득하거나 하나님의 선하심에 대한 간증을 나눌 수 있는 사람들을 통해서 말이다. 복음 전도는 인격적 교류를 통해 서로 말이 오갈 때 일어난다. 어떤 사람들은 심지어 진정한 복음주의적 상호 작용이 복음의 완전한 언어적 표현을 요구한다고 가르친다. 어떤 경우에는 이러한 복음 전도 전략들이 공격적이거나 대립을 일으키기도 한다. 어떤 이들은 한편으로 타인의 관점에 도전하고 그것이 틀렸음을 증명하는 동시에 우리 관점의 우월함을 드러내는 것이 우리의 사명이라고 생각하기도 한다.

내향적인 사람만 복음 전도를 향한 염려를 느끼는 것은 아니다.

그러나 내향적인 사람은 복음 전도 방법들에 대해 비교적 강한 거부감을 느낀다. 대화에서 느껴지는 상대의 무관심은 내향적인 사람이 낯선 사람들에게 다가가는 것을 주저하게 한다. 우리는 긴 대화에 사람들을 참여시킬 수 있는 에너지를 항상 갖고 있지는 않다. 논쟁을 하게 되면 우리의 내적 처리 과정이 우리를 느리게 만들기 때문에, 상대와 대립하는 일은 대개 내향적인 사람에게 편안한 접근 방식이 아니다. 복음 전도에 대한 우리 개인의 거북함은 우리가 주님의 대위임령을 소홀히 한다는 두려움에 젖어 들 때 슬그머니 찾아오는 영적 죄책감으로 인해 더욱 무거워진다.

　복음주의 교회들의 신학적 초석, 말하자면 인격적이시며 관계적이신 하나님과 관계 맺을 수 있는 것, 말씀의 권위와 영감, 복음을 나누고 제자를 삼으라는 명령은 무엇보다 중요하고 긴요한 가치들이다. 그러나 여전히 그것들을 드러내는 방법은 외향성 쪽으로 편향된 경우가 많다. 따라서 복음주의의 가치를 그 방법과 융합하려 할 때, 교회에 대해 크게 공헌할 수 있는 사람들을 소외시키는 위험이 생겨난다.

외향적 교회의 역사적 뿌리

수전 케인은 『콰이어트』에서 미국이 역사적으로 외향성 쪽으로 경도되어 왔다는, 꽤 시사하는 바가 큰 조사를 수행했다. 수전은 역사학자 워런 서스맨Warren Susman이 정리한 19세기에서 20세기로의 이행 가운데 발생한 전환, 즉 "인격 문화"Culture of Character에서 "성격 문화"Culture of Personality로의 전환에 대한 이해를 따른다. 주로 산업혁명의 결과로 발생한 새로운 도시화, 교통, 통신 체계는 미국인들을 작은 마을과 가족 단위 농장으로부터 낯선 이들과 잠재적 고객들이 가득한 도시로 이끌었다. 경제가 발전하는 과정에서 나타난 새로운 성공 이야기들은 매력적인 성격과 설득력 있는 영업 사원 같은 어조를 갖춘 사람들의 것이었다. 이제 사회적·전문적 삶이란 이전 시대의 고요하고 꾸준한 특성에 관한 것이 아니라 **실행**에 관한 것이 되었다. 연기력은 무대에 서는 사람들만 지닌 것이었다가 각 가정을 방문하는 판매원들의 특징이 되었다. 외향성이 사회적·재정적 보상을 받기 시작했다. 그리고 드디어 "외향성 이상"이 탄생했다.[11]

내 생각에, 생각과 행동의 외향적 방식에 대해 교회 문화에 숨은 편견의 뿌리들은 이보다 훨씬 더 오래전으로 거슬러 올라갈 수 있다. 미국 복음주의 운동의 근원은 18세기와 19세기에 일어난 대각성 운동들the Great Awakenings로까지 거슬러 올라간다. 부흥의 바람은 유럽과 북아메리카를 휩쓸었으며, 그 결과 회심이 일어나고 다시 찾은 종교적 열심이 분출되었다. 대각성은 흔히 하나님의 임재에 대한 신체적·정서적 경험을 동반하곤 했다. 예배를 위해 모인 사람들은 하나님의 거룩한 임재를 인격적으로 경험했는데, 많은 이들이 눈물을 쏟거나 할 말을 잃게 하는 경외감 가운데 얼어붙었다. 어떤 이들은 실신하거나 심하게 몸을 떨기도 했다.

1차 대각성 운동의 중심에 있던 조지 윗필드George Whitefield는 미국

전역의 교회에서 말씀을 전한 영국의 전도자였다. 그의 설교를 듣기 위해 며칠 동안 걸어온 사람도 있었고, 집회 장소는 사람들로 가득 찼다. 교회사가 마크 놀 Mark Noll은 윗필드의 매우 외향적인 설교 스타일에 대해 이야기한다. "강단에서 그는 그저 자신의 에너지를 뿜어냈다. 그의 설교는 매우 극적이었고, 그는 성경 인물들과 곤경에 처한 죄인들의 모습을 기가 막히게 재현했다. 그는 청중의 상상력에 불을 붙였고, 자주 눈물을 쏟았는데 이는 굉장한 효과를 자아냈다."[12] 윗필드는 단순한 설교자가 아니었다. 그는 그가 아는 성경 내용만큼이나 극적 재현을 통해 사람들을 빨아들이는 훌륭한 연기자였다. 오늘날 복음주의 설교자들은 그의 후예다.

윗필드의 불은 조나단 에드워즈 Jonathan Edwards의 지성과 대비되었다. 조나단 에드워즈는 매사추세츠의 회중교회 사역자였는데, 꽤나 내향적인 사람이었다. 그는 이제 고전이 된 책 『신앙감정론』*The Religious Affections*, 부흥과개혁사(조나단 에드워즈에 대해서는 6장을 보라)에서 부흥의 본질을 방어하고 명확하게 밝혔다. 에드워즈는 윗필드의 영적으로 충만한 설교가 자극한 감정적으로 격앙된 각성에 지성적 틀을 제공했다. 외향적인 조지 윗필드와 내향적인 조나단 에드워즈는 폭발적인 종교 부흥기의 드림팀이었다.

60년 후에 일어난 2차 대각성 운동은 캠프 집회 혹은 천막 부흥회의 기원이었다. 거기서 사람들은 때로는 며칠 연달아 천막 아래 모여서 전도자들의 복음 설교를 들었다. 복음 전도자들은 강렬함과 극적 위기감으로 참석자들에게 연설했고, 화급한 결단이 필요하다고 각인시켰다. 청중은 때로 눈물이나 고통스러운 비명 같은 감상적 표현을 통해 강력한 감정으로 화답했다.

그런데 1차 대각성 운동이 프린스턴이나 다트머스 같은 몇몇 엘리트 대학이 세워지도록 한 데 반해, 2차 대각성 운동은 복음주의 기독교에 반지성적 취향을 소개했다. 메마르고 생기 없는 학문적 신앙에 의심을 품은 2차 대각성 운동 지도자들은 회심이란 진정해지기 위한 경험이 틀림없다고 주장했다. 감정 중심의 경건은 지성 중심의 사고에 그림자를 드리우기 시작했다. 감정과 지성 사이에 균열이 발생했으며, 그 분열은 이후 여러 세대 동안 지속되었다. 2차 대각성 운동 이후 많은 복음주의 지도자는 학습이나 신학적 이해 모두를 일부러 회피했고, 19세기 복음 전도자 무디D. L. Moody는 "나의 신학! 나는 그런 것이 있는 줄 몰랐다!"고 자랑하듯 말하기에 이르렀다.[13] 그들의 관심사는 그리스도를 향한 구체적인 내적 헌신과 순종하는 삶이었다.

오스 기니스Os Guinness는 20세기 복음주의 십자군의 조상 격인 천막 부흥회의 특징이 당시 사회를 지배하던 문화적 실용주의로부터 기인한 버팀목들 및 다른 획기적인 것들이었다고 말한다. 미국인들은 "열심히 일하는 것, 상식, 독창성, 실제적 지식과 경험"을 가치 있게 여겼으며, 지적 복잡성이나 추상적인 것이나 생각만 많은 고민에 대한 여지나 필요를 알지 못했다.[14] 미국의 복음주의자들은 이런 실용주의적 가치들을 종교에 적용했고, 그들의 방법이 가져오는 가시적 결과에 초점을 맞추기 시작했다. 만질 수 있고 계량화가 가능한 결과, 예를 들면 회심자의 수 같은 것 말이다.

오늘날 복음주의자들. 인지하기 어렵더라도 현대 복음주의자들은 이

전 세대 신학과 가치관 및 관행의 상속자들이다. 우리는 우리 조상들에게서 경건과 열정에 대한 취향뿐만 아니라 그들의 반지성주의나 실용주의 경향도 물려받았다.

경건과 열정. 복음주의는 계속해서 우선적으로 감정의 종교가 되려고 한다. 우리 조상들은 헌신을 명확하고 숨김없으며 경험적인 표현으로 드러내도록 우리를 이끌어 왔다. 그러나 개인의 경건이 감동적이고 멋진 것일 수 있음을 인정하는 한편으로, 어린아이 같은 신앙을 향한 헌신은 때로 우리를 지적·감정적으로 단순한 신념 체계로 이끌 수 있다.

신앙의 공개적 표현에 관한 이런 강조는 진실한 영적 경험의 잘못된 전형을 세울 수 있다. 그리고 이런 것들은 우리 언어가 장황해지는 원인이 될 수 있다. 이 부분에 대한 헨리 나우웬Henri J. M. Nouwen의 언급은 정신이 번쩍 들게 한다. "때로 과도한 말은 우리의 신앙이 아니라 의심의 표현일 수 있다. 그것은 마치 하나님의 영이 사람들의 마음을 만지실 수 있음을 확신하지 못하는 것과 같다. 우리는 많은 말로 그분을 도와야 하고, 사람들에게 그분의 능력을 받아들이도록 해야 한다. 그러나 바로 이 말만 많은 불신앙이 그 불을 꺼 버리는 행동일 수 있다."[15] 가끔은 말이 영적 공허를 가리는 언어적 가면일 수 있다.

우리는 현대 복음주의가 청력에 문제가 있다고 말해야 할 것 같다. 우리는 진실로 상황을 이해하거나 그 상황의 무게를 품기도 전에 설교를 먼저 하려 한다. 말만 늘어놓는 방식은 가벼운 상투적 표현, 공허한 발언, 반복되는 노랫말처럼 각 사람의 특별함, 복잡성, 아름다움을 귀하게 여기지 않는 방식으로 전개될 수 있다.

반지성주의와 실용주의. 복음주의의 지적 분위기가 변하고 있다 해도 여전히 많은 이는 기독교 신앙에서의 지성의 역할에 대해 회의적이며, 학계나 엘리트 교육 기관들에 의심의 눈초리를 보낸다. 마크 놀은 복음주의 문화의 이런 모습을 다음과 같이 그렸다. "최대한 간단하게 말하자면, 복음주의의 풍토는 활동가적이고 포퓰리즘적이며 실용적이고 공리주의적이다. 복음주의는 더 넓고 깊은 차원의 지성적 노력에 여지를 주지 않는다. '이 순간'의 시급함에 지배당하기 때문이다."16

우리가 물려받은 실용주의는 행동을 우선하는 문화를 발전시킨다. 복음주의는 생각하는 사람보다는 행동하는 사람을 중요하게 여긴다. 복음주의가 말하는 하나님은 큰 원칙을 가지고 계신다. 마치 우리가 그리스도께 삶을 온전히 드리는 순간 "가라!"라고 쓰인 번쩍거리는 네온사인을 받는 것과 같다. 거기에는 꽉 찬 일정과 발 빠른 행보로 이끄는 복음주의의 쉼 없는 에너지가 있다. 기독교 문화에서 하나님께 대한 경건 다음으로 중요한 것은 바쁜 것이라고 말한 사람도 있다. 우리는 언제나 움직이고 꾸준히 성장하고 지속적으로 확장한다.

내가 300명이 출석하는 교회에 부목사로 일하기 위해 지원했을 때, 면접 자리에서 그 교회의 담임 목사가 했던 말을 잊을 수 없다. "이곳은 그야말로 옥탄가가 높은high-octane 곳입니다. 우리는 쉽게 달아오르고 에너지 넘치는 사람을 찾고 있어요. 여기서 일하려면 당신 자체가 완판되어야 해요. 우리는 전속력으로 일합니다."

나는 내가 교회에 있는 게 맞는지 확인하기 위해 주변을 다시 둘러보았다. 마치 인디애나폴리스 자동차 경기장의 정비공을 뽑는 듯한 이런 면접은 겪어 본 적이 없었다. 내가 그렇게 충격받지 않았다면 아마 실소를 금하지 못했을 것이다. 유진 피터슨Eugene Peterson이 우리 시대 기독교의 이미지에 대해 문제를 제기했던 것이 떠올랐다. "미국의 종교는 구세주라도 되는 양 허세를 부리는 열정, 난처하게 따분한 글들, 참을성 없이 서두르는 야망으로 주목받는다."[17] 나보다 심지어 더 극단적인 것을 말하는 목회자의 말이다.

복음주의의 혁신성은 이런 움직임과 성장과 확장을 증명하는 방식으로 미국적 종교 생활의 지형도를 형성해 왔다. 우리는 종교의 20세기 랜드마크들을 만들어 왔다. 바로 대형 교회들이다. 최고의 상태에서 교회 성장 운동은 복음을 가지고 수천 명의 사람들에게 다가갔고 주변 문화와 기민하게 연결되었다. 최악의 상태에서는 복음을 상품처럼 판매하는 기독교의 피상적·소비주의적 틀을 양산했다. 많은 대형 교회는 구도자들이 편안하게 느낄 수 있는 환경을 만들어 교회가 빠르게 성장하기를 희망하면서 그들의 성소와 예배에서 신비와 성스러움을 걷어 냈다. 그들이 마련한 신속하게 진행되는 생산성 높은 행사는 즐거움을 준다. 그리고 그들은 현대 기술을 현란하게 사용하여 우리 눈을 어지럽힌다. 그러나 많은 경우 그들은 우리가 하나님의 음성을 들을 만큼 조용해지도록 도울 수 없다.

대형 교회는 미국인들의 규모와 유명세에 대한 집착에 자양분을 제공했으며, 그 집착이 지니는 광범위한 함의 중 일부는 우리의 리더십 모델과 관련되어 있다. 대부분 대형 교회들의 중심에는 대단한 인물이 자리 잡고 있다. 카리스마로 모든 것을 사로잡을 수 있는, 역동적이고 실제보다 과장된 목회자다. 「타임」*Time*과 다양한 기독교 출판물들은 근래 가장 영향력 있는 복음주의 인물들의 목록을 내놓는다. 그렇게 해서 명성과 스타덤이 복음주의 문화에 슬그머니 들어왔다. 교회들이 다른 교회의 성공을 모방하러 달려갈 때 그들은 번창하는 보증된 방법이라고 생각하는 바를 시도하면서 강력한 존재감과 스타성을 겸한 목회자를 발굴하기 시작한다. 앞에서 다룬 조지 윗필드에 대한 설명은 (강단에서 하염없이 눈물을 흘린 것을 제외하면) 복음주의 목회자가 되기 위한 이상적 후보의 모습을 제대로 묘사한 것일 수 있다.

내향적인 사람을 위한 함의. 바나 연구Barna study에서 개신교 목회자 627명 가운데 75퍼센트가 외향적이라는 결과가 나오기는 했어도, 모든 대형 교회 목회자들이 외향적인 것은 아니다. 솔직히 말하면, 목회자들은 그들의 회중을 자신의 이미지를 따라서 형성하곤 한다. 목회자들은 자기 삶의 패턴과 잘 맞아떨어지는 예수님의 이미지 및 그리스도인의 삶을 제시한다. 외향적 목회자들이 자신들의 교회에서 외향적 성격을 권장한다는 것은 놀랄 일은 아니다.

내향적 목회자들은 심지어 외향적으로 행동하라는 압박을 받는다. 나는 자신이 대인 관계에서 쉽게 지치고 그래서 주목받는 자리를 별로 좋아하지 않는다는 점을 잘 아는 대형 교회 목회자와 인터뷰를 했다. 그의 직업이 요구하는 대인 관계적 필요는 실로 엄청난 것이었다. 그는 자신이 교회 공동체에서 '교제를 주도하는 사람'이어야 한다는 사실을 한탄했다. 그는 교회의 모임 장소에 가장 먼저 가서 가장 늦게까지 머물러야 했다. 내가 내향적 목회자들과 진행한 모든 인터뷰는 오직 한 가지 공통점으로 이어졌다. 예배 후 이어지는 커피 타임이 그들이 한 주간 일정 가운데 가장 싫어하는 시간이라는 것이다. 내향적 목회자들은 교인들을 사랑한다. 그러나 설교하면서 어마어마한 양의 감정 에너지를 쏟고 나면 그들은 사람들 사이에 섞이는 것보다 자기 사무실로 사라지는 것을 선호한다.

많은 목회자들과 일해 온 한 심리 치료사는 자신의 내향적 고객 대부분이 삶에서 균형을 유지하기 위해 애쓰고, 때로는 우울증과 싸우기도 한다고 말했다. 많은 수의 내향적 목회자가 사역을 지속하기 위해 큰 대가를 치르는 것으로 보인다. 그들은 회중이 요구하는 대인 관계적 기대에 부응할 능력이 없다고 느낀다. 그들은 안식을 취하고 그들의 내향적 건전지를 충전하기에 충분한 영역을 갖지 못하고 있다. 이런 어려움 때문에 목회자 추천 위원회에 이름을 올렸던 한 친구는 그 위원회가 명시적으로 표시하지 않는 주문 사항을 알게 되었다. "성격 유형이 'I'자[내향적]로 시작된다면 당신은 여기 지원하지 말아야 합니다."

주류 복음주의가 지향하는 이 모든 요인은 서로 결합하여 내향적인 사람들을 구석으로 몰아 배제할 수 있는 환경을 조성한다. 복음주의의 솔직한 경건과 신앙의 외향적·감정적 표현에 대한 기대는 내향적인 사람에게 공격적·피상적으로 느껴진다. 한편으로 복음주의의 반지성적 흐름은, 생각하기를 좋아하고 고독 속에서 편안함을 느끼며 집중하는 힘이 지성을 추구하는 삶으로 바뀐다는 것을 아는 내향적 사색가들을 소외시킬 수 있다. 더 나아가 깊이의 진가를 아는 내향적인 사람의 눈에는 성공에 대한 측정 가능하고 손에 잡히는 기준을 추구하는 실용주의가 피상적이고 지나치게 단순한 것으로 보인다. 그리고 우리의 행동 지향적 문화는 사려 깊고 성찰에 잠기는 사람들을 언제나 가치 있게 여기지는 않는다(관상적 영성에 대해서는 4장을 보라).

내향적 교회

복음주의적 사고에서 '내향적'이라는 말은 교회의 미성숙한 자기중심적 모습을 언급하는 데 함부로 사용된다.

자신만을 향하고 자신의 생존에만 집착하는 내향적 교회는 사실상 교회로서의 권리를 박탈당했다. 교회로서 그 존재의 중요한 부분을 거부하고 있기 때문이다.[18]

요한복음 3:16이 말하는 외향적 하나님은 내향적인 사람을 자녀로 두지 않으신다. 복음으로 하여금 우리를 섬기도록 만들려는, 마치 그리스도께서 현 상태를 그대로 유지하기 위해 죽으셨다는 듯이 삶의 실재로부터 보호받기 위해 복음을 이용하려는 끔찍한 경향이 있다.[19]

내향적 교회는 하나님의 경이로움과 왕이신 하나님의 갑작스러운 입

장에 저항하여 교회의 문들을 안전하게 지키기를 바란다.[20]

마태의 유대인 독자들을 향한 분명한 직접적 명령[대위임령]은 내향성을 지향하는 그들의 경향성에 도전한다.…1세기에는 예외에 해당했던 내향성이 우리 시대 서구 교회에서는 일반적인 것이 되었다.[21]

여기 나열한 작가들이나 다른 많은 사람에게, **내향성**이란 불순종이나 자기애 같은 것이다. 그들이 생각하기에 교회가 내향적이라는 것은 사명을 상실했음을 의미한다. 그것은 자기에게 집착하는 것이며 배타적인 것이고, 담을 넘어 세상으로 나가는 것이 아니라 세상과 구별시켜 주는 담을 윤이 나게 닦는 일을 궁리하는 것을 의미한다. '외향적' 존재로서 하나님은 세상 모든 것을 바라보신다. 그러므로 진정한 하나님의 백성을 나타내는 표적은 외향성이어야 한다. 그렇지 않은가?

의심할 바 없이, 앞서 인용한 문구들로 묘사된 그 교회의 본질은 예수님이 당신의 추종자들을 열방을 위한 제자로 삼기 위해 부르셨을 때 마음에 품으신 바를 왜곡하는 것이다. 교회가 배타적으로 자기에게만 초점을 맞춘다면 그것은 교회가 아니라 사교 모임이다. 앞에 언급된 저자들이 내향적 개인들을 언급한 것이 아니라 해도 **내향적**이라는 말을 이런 교회에 적용한다는 것은 이미 상처 입은 내향적 영혼의 불 위에 석탄을 더 얹는 꼴이다. 그것은 부드럽고 가정적이고 편안하며 '여성적'이라는 꼬리표가 붙은 교회를 비판하는 것이나 다를 바 없다. 이 문제가 계속 반복되어야 하는가? 그러니 고립된 교회를 내향적이라고 부르는 것은 올바른 의미에서 내향적이라고 불리는 사람들을 괴롭히는 전형적 태도를 더욱 강화할 뿐이다.

더 나아가, 나는 외향적 교회가 성경적 비전에 더 신실하다고 확신하지는 않는다. 만일 어느 교회가 자기 보호와 파벌주의로부터 돌아서서 외향적 공동체가 되기 위해 노력한다면, 그 반대의 경우도 얼마든지 나타날 수 있다. 만일 우리가 넓은 의미에서 외향적 교회를 '외부를 지향하는' 것으로 규정한다면, 온전히 외향적인 교회는 그 중심을 잃고 결국 영적 타협이나 과도한 문화적 절충을 시도할 가능성이 높다. 자기 내면만을 향하는 교회가 성장할 수 없듯이, 완전히 외부를 향하는 공동체는 내적 일관성을 잃고 질서가 무너질 것이다. 또 한 가지, 우리가 사명의 중심에 있는 궁휼을 발견하는 방법 중 하나는 내면을 들여다보는 것이다. 나는 진정 건강한 교회란 내향적 자질과 외향적 자질이 결합하여 유동적으로 함께하는 곳이라고 믿는다. 우리는 이런 동반 관계에서만 하나님의 사명의 깊이와 넓이 모두를 취할 수 있다.

내향적 조상들. 기독교 공동체에서 내향적인 사람을 주변으로 몰아내는 것은 교회의 역사에서 상대적으로 근래에 생긴 현상이다. 혼자서 관상하며 지내는 성도들이 가장 존경받는 인물로 자리매김하던 시절이 기독교 역사에서 여러 차례 있었다. 4세기와 5세기에는 일단의 남녀들이 새로 건설된 기독교 국가의 부요함과 자기 과시로부터 벗어났다. 그때 기독교 국가의 현실은 지하에서 박해당한 초기 기독교 신앙과는 지극히 거리가 먼 것이었다. 그렇게 그들은 이집트의 사막으로 들어갔다. 사막의 교부와 교모로 알려진 이 영적 난민들은 그들의 영혼을 포위한 부와 탐욕의 힘과 싸우기 위해 철저한 고독의 삶을 살았다. 그들은 묵상과 끊임없는 기도를 통해 하나님과의 방해받지 않는 만남을 추구했다.

비록 이 수도자monastic(이 단어는 '홀로 있다'는 뜻의 그리스어에서 왔다)들이 스스로 사회로부터 멀어지기를 원했다 해도, 오랜 시간에 걸쳐 그들은 교회의 양심과 도덕적 리더십이 되었다. 간절함을 품은 제자들이 도시를 떠나 그들의 스승이 살던 지혜와 가르침의 동굴로 들어갔다. 사제들과 감독들도 그들의 조언을 구했다. 비록 그들 대부분이 사막에서 고립을 우선적으로 추구했지만, 그들은 다른 이들을 가르치는 일에 대한 책임을 깨닫게 되었다. 그렇게 그들은 영적 훈련, 환대, 노동, 선교에 헌신하는 수도자 공동체의 탄생을 주도했다. 그 헌신을 통하여 그들은 교회의 성직자적 구조를 변화시켰다. 처음에는 기이한 행동으로 눈에 띄었던 사막의 교부와 교모는 곧 그들의 거룩함, 겸손, 하나님에 대한 관상적 지식으로 존경받게 되었다. 이는 내가 아는 내향적인 사람들의 특징과 비슷하다.

오늘의 시대로 돌아와 나는 내향적인 사람들이 미국의 기독교를 괴롭히는 것들에 대한 해독제의 중요한 구성 요소라고 믿는다. 우리의 다소 느린 삶의 속도, 사려 깊은 태도, 영적·지성적 깊이, 경청하는 능력은 기독교 공동체를 위한 예언자적 자질들이다. 그 자질들은 우리를 하나님에 대한 새로운 이해로 그리고 예수님이 우리에게 주기 위해 오신 풍성한 생명에 대한 새로운 이해로 안내한다. 그러나 우리 교회 가운데 다수가 가진 외향적 편견 때문에 내향적인 사람들은 이중적 삶을 살고 있다. 우리는 용납되기 위해 외향적인 모습을 가장한다. 하지만 우리는 여전히 자리 잡지 못한 느낌과 혼란스러운 느낌을 경험한다. 우리는 자신의 내향성과 싸우느라 지쳤다. 그리고 우리가 창조될 당시에 의도된 모습의 백성으로서 신실하게 살기를 간절히 바란다.

내향성의 차이

chapter 2

상상에 사로잡혔을 때는 이야기를 곧잘 하지만
그는 속내를 잘 털어놓는 사람이 아닙니다.

왓슨 박사에게 셜록 홈즈를 설명하는 스탬퍼드의 말,
아서 코난 도일 경 Sir Arthur Conan Doyle의 『주홍색 연구』 *A Study in Scarlet* 중에서

나는 종종 우울해져서 며칠이고 입을 열지 않습니다.
당신은 내가 그렇게 할 때 부루퉁해 있다고 생각하지 말아야 합니다.
저를 그냥 놔두세요.
그러면 저는 곧 괜찮아질 것입니다.

셜록 홈즈의 말,
아서 코난 도일 경의 『주홍색 연구』 중에서

우리 모두의 머릿속에는 결투를 벌이는 (이미 고인이 된) 심리학자 두 명이 있다.

20세기 초 지크문트 프로이트Sigmund Freud와 그의 제자였다가 경쟁자가 된 카를 융Carl Jung은 내향성의 본질을 두고 충돌했다.[1] 프로이트에게 내향성은 건강하지 못한 자기 집착을 의미했다. 그것은 자기애로 향하는 병리학적 단계이자 타인 배제로 이어지는 자기 중독이며, 외부 세계로부터 돌아서는 습관이었다.

'자기애'narcissism라는 말은 그리스 신화의 나르키소스Narcissus에게서 유래한다. 그는 물에 비친 자기 형상과 사랑에 빠진 존재였다. 어느 날 그는 몸을 구푸려 물을 마시려다가 연못에 비친 자신을 보고 매료되고 말았다. 이것은 아마도 최초의 '셀피'일 것이다. 그는 자기 형상에 너무 빠져 버린 나머지 모든 타인을 멀리하고 그를 사랑했던 여자들에게마저 퇴짜를 놓았다. 그들 가운데 하나였던 에코Echo라는 물의 요정은 동굴 속에서 말라 사라져서 속삭이는 목소리만 남게 되었다. 자기 형상에 대한 사랑이 결실을 맺지 못하자(그렇게 되는 것도 이상한 일이었을 것이다) 나르키소스는 결국 자기 형상을 바라보며 오랫동안 움직이지 않고 서 있다가 그대로 꽃이 되고 말았다.

나르키소스는 세상 그리고 타인과의 건강한 관계를 거절했으며 자아ego의 만족감 속으로 빠져들었다. 그래서 프로이트는 '자기애'라는 단어를 이 단계의 자기 심취 및 반사회적 행동과 연결 지었다. 그는 내향성을 자기애로 향하는 위험한 단계라고 생각했으며, 외부 세계의 현실을 내면의 환상과 교환하는 시작점이라고 보았다. 프로이트의 관점에서, 내향적인 사람이 아직 자신의 모습에 심취하지 않았다면 그들은 분명히 이제 막 물을 마시려고 무릎을 꿇은 것일 뿐이다.

이와 반대로 카를 융은 내향성이 건강한 기질이라고 보았다. 인류가 공유하는 일반적 심리 패턴을 다루는 그의 집단 무의식 이론의 일부로서, (그가 만든 용어인) '내향성'은 자기를 성찰하는 경향을 의미했다. 여기에 속하는 사람은 자아 안에서 주요 에너지를 얻는다. 다른 한편으로, 외향성은 외부로 향하는 경향이다. 여기에 속하는 개인은 자아의 바깥에 있는 외부 세계로부터 주요 에너지를 얻는다. 융은 프로이트처럼 관찰된 행동이나 사회적 구성 개념들로부터 이런 경향들이 나오는 것이라고 주장하지 않았다. 대신 그는 이 심리학적 유형들이 선천적이라고 주장했다. 프로이트가 "정상"과 "비정상"이라는 기질의 이분법을 주장한 반면, 융은 외향적인 사람과 내향적인 사람이 에너지 연속체energy continuum 위에 존재하면 그 연속체의 어느 지점에 있든 그것은 적절하고 건강한 존재 방식이라고 생각했다.

카를 융은 심리학 연구 영역 대부분에서 승리를 거두었다. 그의 집단 무의식 이론은 사람들의 선호를 (서로 반대되는 성향 두 가지를 한 쌍으로 묶어 놓은) 네 범주로 구분한 유명한 성격 검사 도구인 마이어스-브릭스 성격 유형 검사의 주요 기반이 되었다. 그 가운데 첫 번째 짝이 내향성과 외향성이다.[2] 내향성은 일반적 현상이며 건강한 기질이라는 점에 대해서는 많은 사람이 동의한다. 그러나 프로이트와 융 사이에 불붙었던 논쟁은 많은 내향적인 사람의 마음속에서 여전히 맹렬하게 지속되고 있다. 주류 문화가 외향성을 편애하기 때문에 (교회도 여기에 한몫한다), 내향적인 사람은 모두 삶의 현장에서 '나에게 무슨 문제가 있는 걸까?' 같은 질문으로 고통을 받아 왔다. 때로는 우리 머릿속에서 다른 사람들의 목소리가 너무 크게 울려서 우리 자신의 목소리가 들리지 않기도 한다.

내향적인 사람은 다양한 오해의 화살들이 겨냥하는 과녁이 된다. 우리가 부끄럼을 타고 속내를 드러내지 않으며 냉담하고 은둔 생활을 바라며 우울하고 자기에게 몰두하고 수동적이며 모호하고 사회생활에서 배제되고 사람을 싫어한다는 등 오해의 목록은 무수히 이어진다. 심리학자 로리 헬고Laurie Helgoe는 "우리는 내향적인 사람이 위축되어 홀로 있고 조용하며 겁먹은 사람들이라고 여긴다. 우리는 내면을 들여다보기를 선호하는 것이 우울증과 불안과 반사회적 경향에서 나온 것이라고 쉽게 진단한다"고 말했다.[3] 그러나 이런 진술 중 어떤 것도 내향적 기질에 대한 적절한 설명이라고 할 수 없다. 이런 진술들은 다른 사람들의 오해나 우리 자신의 혼란으로부터 기인한 왜곡들이다.

우리 용어들을 정의하기

개념을 정의하려는 논의는 사안의 핵심에 앞서 나오는 전주곡이나 게임을 즐기기 위해 읽어야 하는 따분한 설명서가 아니다. 이제 내향적인 사람을 위한 가장 위대한 계시 중 일부를 이어서 논의할 것이다. 그것은 근본적으로 당신이 혼자가 아님을 깨닫게 해 줄 수 있다. 꼬리표는 제약을 가할 수도 있지만 격려와 연대를 가능하게 할 수도 있다.

내향성과 외향성은 사람들을 나누는 범주들을 말하는 것이 아니라 각 사람의 내면에 작용하는 두 개의 구별된 힘에 관한 것이다. 모든 사람은 사람들, 사물, 행위, 사건의 세상에서 외부를 바라볼 수 있는 능력을 가지고 있다. 더불어 사고, 느낌, 상상, 아이디어의 세계에서 내부를 탐색할 수 있는 능력도 가지고 있다. 우리의 성격 모두는 이 두 방향으로 움직인다. 그러나 인간의 성격이 유동적이고 우리의 성격 유형이 주어진 상황에 따라 이쪽 또는 저쪽으로 움직이는데도 대부분의 사람들은 그 연속체에서 어느 한쪽으로만 꾸준히 진행하려는 경향이 있다. 만일 당신이 그 연속체 중간에 있다면, 당신은 '양향적'ambivert이다. 내향성과 외향성은 선호preference다. 마치 왼손잡이나 오른손잡이인 것과 같다. 그리고 우리는 한쪽보다 다른 한쪽을 선호하게 되며 그 정도는 각기 다르다.[4] 그러니 당신의 선호가 내면세계를 향한다면, 바깥에서 사람들과 만나는 때조차 조용한 장소에 대해 생각한다면, 당신은 '내향적'이라는 꼬리표를 얻게 된다.

내향성 자체에도 대단히 많은 다양성이 존재한다. 내향성의 전형적 틀이 존재하는 것은 아니다. 심리학이 우리를 도와 인간 성격이 갖는 복잡성과 신비 전부를 몇몇 성격 구성 요소로 분류하여 목록으로 만들 수는 없다. 우리의 내향성이 표현되는 정도는 부분적으로 우리의 가족 배경과 문화적 배경에 의해 결정된다. 여기에 더하여 마이어스와 브릭스는 당신이 다른 성격 범주들(직관/감각, 사고/감정, 수용/판단)에서 점수를 얼마나 받느냐에 따라 결정되는 내향성의 유형 여덟 개의 목록을 제공한다. 내향성은 우리가 행동하는 방식을 형성하기 위해 유동적으로 움직이는 여러 요인 가운데 하나다. 내향적인 사람은 내면세계에 영양분을 공급할 정보들을 몇 가지 방법으로 수집한다. 어떤 이들은 감각의 구체적 경험에 의존한다(마이어스-브릭스 검사에서 감각/S). 또 어떤 이들은 표면 아래 존재하는 것에 대한 해석의 방법으로 직관에 더욱 의존한다(직관/N). 어떤 사람은 가슴에 더 의존하여 무언가를 결정한다(감정/F). 반면 다른 사람은 머리에 더 의존한다(사고/T). 어떤 사람들은 자기 삶을 더 면밀하게 조직하기를 바라는 반면(판단/J), 다른 사람들은 즉흥성과 유연성을 더 바란다(수용/P).

내향적인 사람 모두가 이제부터 다룰 세부 사항 전부에 공감하지는 않을 것이다. 나 자신에 대해 이야기하자면, 나는 마이어스-브릭스 검사의 직관(N)과 사고(T) 두 영역 모두에서 높은 점수가 나왔다. 나는 감각(S)과 감정(F) 두 영역에서 높은 점수를 얻은 사람들과 인터뷰를 진행한 적이 있는데, 그때 나의 내향적 기질을 내 성격의 다른 부분과 온전히 분리할 수 없다는 점을 깨달았다.

에너지 공급원. 내향성이 갖는 기본적 특징은 세 가지다. 그중 첫 번째는 에너지 공급원에 관한 것이다.[5] 우리가 유한한 세상에서 살고 있고 에너지의 양이 제한되어 있다는 것을 전제로 할 때 우리는 어디서 어떻게 에너지를 재공급받을 수 있을까? 내향적인 사람은 고독에서 **힘을 얻는다.** 우리는 우리의 내면으로부터, 아이디어와 감정의 내면세계가 가진 힘으로부터 에너지를 충전한다. 간헐천은 지표면 아래에서 공급되는 물로부터 그 힘을 얻고, 내향적인 사람은 숨겨진 장소들로부터 힘을 끌어낸다. 우리는 일반적으로 혼자서 혹은 가까운 친구 한두 명과 함께하면서 우리의 에너지 탱크를 채운다. 또는 주변에 자신을 알아보는 사람들이 없는 공공장소에서 필요한 에너지를 채우기도 한다.

고독에 대한 내향적인 사람의 필요를 비사교적 행동으로 오해하는 사람도 있다. 그러나 내향적인 사람이 사람들을 **좋아하지 않는** 것은 아니다. 사람들과 함께하는 시간이 우리를 기운 빠지게 하는 것이다. 그 시간은 우리를 완전히 고갈시킨다. 우리는 치과의사를 만나기 위해 외출하는 것 같은 사회적 상황을 피하지는 않는다. 그러나 우리는 운동을 하지 않으려는 것과 유사한 이유로 사회적 상황을 피한다. 왜냐하면 그 일에 사용할 에너지가 없기 때문이다. 나는 이것을 '인트로버시아'introvertia라고 부른다. 인트로버시아는 어떤 행사에 초대되었을 때―심지어 그들이 좋아하는 모임이고 그들이 좋아하는 사람들과 함께하는 모임인데도―내향적인 사람이 거의 모든 사교 모임에 대해 느끼는 저항이다.

조용히 에너지를 충전할 기회 없이 오랜 시간을 보내면 우리의 신체는 탈진하고 감정적으로 무뎌진다. 빌보 배긴스Bilbo Baggins: 톨킨의 소설『호빗』의 주인공이자 『반지의 제왕』의 등장인물―옮긴이의 말을 빌리자면, "너무 큰 빵 위에 바른 버터처럼 얇아지고 넓게 퍼진 느낌"이다.6 최근 대학생들을 위한 세미나에서 예배 시간에 사람들과 함께 기도할 기회가 있었다. 학생들은 아주 개인적인 문제들, 때로 그들을 아프게 하는 정체성, 가족, 영적 주제들을 놓고 내게 기도를 받기 위해 세미나실 뒤쪽까지 길게 늘어섰다. 나는 내가 가진 에너지와 긍휼의 마음으로 그들을 위해 기도했다. 그러나 한 시간 반쯤 지나고도 학생들의 줄은 계속 이어졌고, 나는 오래 달린 자동차처럼 지쳐 버렸다. 나의 기도는 점점 짧아졌다. 그리고 나는 내향적인 사람의 특징인 유체 이탈을 경험하기 시작했다. 내 모습은 여전히 그대로였다. 목소리도 여전히 그대로였다. 하지만 어딘가 나는 내가 아니었다. 세미나실이 흐릿해졌다. 나는 그날 밤 마지막 30분 동안 내가 누구를 위해 기도했는지, 무엇을 위해 기도했는지 기억하기가 힘들다. 예배가 끝난 뒤, 지도자들이 잠깐 모였다. 그때 내가 3인용 소파에 누워 태아처럼 몸을 둥글게 말고 있었다는 것만이 겨우 기억난다. 다음 날 아침 내 머리는 내향적인 사람만이 느끼는 숙취의 영향으로 지끈거렸다. 외적 자극에 지나치게 소모되어 버린 것이다.

한편 외향적인 사람은 외부로부터 에너지를 얻는다. 그들은 에너지를 보충하기 위해 다른 사람들, 상호 작용, 다양한 종류의 자극을 필요로 한다. 그들은 하늘에서 비가 내려야 물이 차는 저수지와 같다. 그들은 외부 자원으로부터 에너지를 재충전한다. 그들도 고독의 시간을 즐기지만, 아주 오랫동안 혼자 있거나 침묵하거나 활동하지 않으면 고갈된다.

나의 외향적인 친구 저스틴은 함께 사는 동료가 출장을 갈 때면 점차 우울의 소용돌이에 빠져든다. 처음에 그는 그동안 방치했던 집 안팎의 일들을 완수하겠다는 에너지로 충만해 있다. 그러나 혼자 있는 상황과 주변의 조용함은 그의 에너지를 빼 간다. 저스틴 자신의 표현으로 말하자면 "무언가 이상하고 신경질적으로 변하기 시작해요. 내가 할 수 있는 일은 그저 텔레비전을 보거나 컴퓨터 게임을 하는 것인데, 그러다 제대로 된 문장을 말할 수조차 없게 됩니다." 앞에서 기술한, 사람들과 너무 많은 시간을 보내면 나타나는 나의 행동과 대비되게, 저스틴은 스스로가 '정상적'이라고 느끼기 위해 사회적 교류가 필요하다.

에너지의 공급원과 에너지의 정도를 구분하는 것은 중요하다. 사람들은 때로 내향적인 사람을 그저 무기력하거나 실의에 빠진 사람들 즉, 현실에 존재하는 이요르Eeyore: 동화 『곰돌이 푸』에 등장하는 당나귀 인형-옮긴이들이라고 생각한다. 그러나 내향적인 사람은 에너지가 부족한 것이 아니라 사회적 상호 작용으로 에너지를 잃는 것이다. 우리는 오랫동안 고독의 시간을 가지지 못하면 지치기 시작한다. 각자의 성격 요인 및 생물학적 요인에 따라 우리도 높은 수준까지 충전할 수 있다. 단지 외향적인 사람에 비해 건전지의 수명이 짧은 것이다. 하나 더 말하자면, 우리 가운데 많은 이들은 사회적 에너지를 보존하기 위해 조금 더 천천히 말하고 행동하는 법을 익혀 왔다. 한편 외향적인 사람은 다양한 에너지 수준에서, 때로는 내향적인 사람보다 더 낮은 수준에서 시작할 수도 있지만, 외부 세계에서 필요한 에너지를 얻게 될 테고 처음보다 더 많은 에너지를 가진 채 자리를 뜰 것이다.

내면의 처리 과정. 내향성의 두 번째 대표적 특징은 내면의 처리 과정이다. 이 특징은 내향적인 사람이 사람들과 모인 자리에서 왜 조용해지곤 하는지 설명해 준다. 사람들은 **외향적인 사람이 생각하기 위해 말하는 반면 내향적인 사람은 말하기 위해 생각한다**고 여긴다.

오늘의 문화에서 우리는 끊임없이 정보, 이미지, 대화 그리고 다수의 다른 자료와 경험의 형태로 나타나는 자극의 폭격을 당한다. 그렇다고 우리가 해체되어 혼란스러운 분열 상태가 되지는 않는다. 우리는 이런 자극들을 처리해서 필요한 것은 통합하고 불필요한 것들은 버려야 한다. 이런 과정을 다른 말로 '여과하기'filtering라고 한다. 우리는 정보와 경험을 여과해서 좋은 것은 우리 안에 자리 잡게 하고 나쁜 것이나 부적절한 것은 거부해야 한다.

내향적 여과 체계와 외향적 여과 체계는 서로 다르다. 외향적인 사람은 막힘없이 많은 것을 통과시키는 유연하고 투과성이 높은 여과기를 가지고 있다. 그들은 보통 그들이 감당할 수 없게 되기 전까지 더 많은 양의 자극을 받아들일 수 있다. 그들은 대부분 타인과의 대화에서 상호 작용을 통해 외적으로 자극을 처리한다. 대화는 그들의 처리 과정에서 필수 부분이며, 그들은 종종 이해하기 위해 말한다. 그들의 말하기와 생각하기는 동시에 발생한다. 그들도 내면적 여과와 성찰을 할 수 있지만, 그들은 사람들과 각종 활동이 존재하는 세상에 참여할 때 진정 살아 있다고 느낀다. 이런 경향은 시행착오식 학습 방식으로 이어진다. 외향적인 사람은 성장을 위해 외부로부터 얻는 피드백에 의존하기 때문이다. 그들의 외부적 여과는 단어들을 통해서뿐만 아니라 몸짓을 통해서도 이루어진다. 그래서 외향적인 사람은 내향적인 사람보다 몸짓 표현을 더 많이 한다.

한편 내향적 여과 체계는 더 섬세하고 엄격하다. 이 체계는 백엽하기 전까지 적은 양의 자극만 통과하도록 할 수 있다. 내향적인 사람은 자극을 내부적으로 정신 작용을 통해 처리한다. 우리는 조용히 취합하고 생각한다. 이상적으로, 우리는 무엇을 처리하기 위해 외적 자극이나 사람들로부터 멀어지기를 좋아한다. 우리의 생각은 말보다 앞서 이루어진다. 말하자면 내향적인 사람은 성찰하고 언어를 주의 깊게 선택하기 위해 잠시 멈추곤 한다. 이런 경향은 우리가 시작한 문장을 어서 끝내기를 원하는 외향적인 사람들 몇몇에게 정말 짜증 나는 일일 수 있다. 비록 세상에 참여할 능력을 가졌지만, 우리는 정신의 성찰을 통해 개념들과 경험들을 숙고할 때 가장 살아 있음을 느끼게 된다. 우리의 학습 방식은 관찰과 사색을 중심으로 삼는다. 우리는 성장을 위해 외적 피드백에 의존하지 않는다. 수전 케인은 이 문제를 다음과 같이 말했다. "내향적인 사람은 그들 주위에 소용돌이치는 사건들에 부여한 의미에 초점을 맞춘다. 외향적인 사람은 그 사건 자체에 뛰어든다."7

내향적인 사람은 말을 할 때든 생각을 할 때든 방해받는 상황을 견디지 못한다. 말하기 전에 미리 결론까지 내야 하기 때문에 방해물들은 우리 생각이 이어지는 것을 저해하고, 대응을 하기 전에 새로 제공된 정보를 처리하라고 우리를 압박한다. 내향적인 사람은 다른 사람들이 그들의 내적 처리 과정을 다른 식으로 오해할 때 더욱 좌절하곤 한다.

외향적인 사람들이 하는 큰 실수 가운데 하나는 누군가가 다른 사람과 함께 있지 않을 때 그 사람이 바쁘지 않을 것이라고 추측하는 것이다. 그 사람이 대화를 나눌 상대가 없어서 그냥 앉아서 무언가를 읽고 있는 것이라고 여기고 그 사람을 방해해도 괜찮다고 생각하는 것이다. 그러므로 무언가를 읽지도 않고 그저 **생각에 빠져** 자리에 앉아 있는 사람을 보고 외향적인 사람이 어떻게 생각할지는 쉽게 상상할 수 있다. 저 사람은 분명 더 유용한 과제에 투입되어야 한다. 이를

테면, 외향적인 사람의 머릿속에 갑자기 떠오른 생각을 들어 주는 일 같은 것 말이다.[8]

내향적인 사람의 촘촘한 여과기가 꽉 막힐 때 그들은 침묵하곤 한다. 겉으로는 차분하게 보일지라도 우리의 사고는 여전히 활동 중이다. 우리의 두뇌는 바쁘게 돌아가고 있다. 중요한 정보나 어려운 정보가 주어질 때, 우리 표정에는 미세한 파문조차 보이지 않지만 태풍 같은 정신 활동이 일어나면서 많은 생각이 머릿속을 휘젓는다. 대형 장로교회의 목회자인 친구 하나는 자기가 젊었을 때 어머니가 자신에 대해 "조용하다"고 말해서 깜짝 놀랐다고 한다. 왜냐하면 "자신의 머릿속은 **결코** 조용하지 않았기 때문"이다.

여과 과정이 방해받을 때 그 결과로 방향 상실이나 혼란이 발생할 수 있다. 내 경우에는 일시적인 우울증이 나타난다. 예전에 나의 내향적 엔진이 2주 연속으로 열린 학생 콘퍼런스 이후 극도로 망가진 적이 있다. 첫 주는 하루 열여덟 시간 내내 진행되는 성경 공부, 촌극, 진행 요원 회의, 모임별 식사, 학생들과의 목회 상담, 사실상 끝없는 대화, 공동 취침 준비 등으로 이루어진 하계 콘퍼런스였다. 그야말로 하나님의 역사를 보게 되었던 영광스러운 한 주였다. 동시에 내향적인 사람에게는 악몽이기도 했다. 이렇게 아주 힘든 한 주를 보낸 후 우리는 두 번째 5일짜리 수련회를 시작했다. 지나간 한 해 교육을 돌아보고 다음 해의 비전을 세우는 시간이었다. 그러나 내가 성찰하기를 원한 것은 내 베개의 포근함뿐이었다.

두 번째 수련회의 첫 이틀 동안 나의 여과기는 지난주와 이번 주의 절반이 만들어 낸 쓴맛 나는 묵은 '찌꺼기'로 가득 차서 완전히 막혀 버렸다. 나는 완전히 불쾌감에 빠져 있었다. 외적 자극이 승리했다. 낮 시간에는 평정을 유지하기 위해 애썼으나, 밤에는 내 모습을 들킬 염려 없는 숙소에서 무너졌다. 나는 못마땅하게 투덜거렸다. "난 돌아가지 않을 거야! 내 일이 싫다! 더 이상은 못 해! 내가 왜 이 일을 택했지? 사람들은 왜 날 말리지 않았던 거야? 하나님은 도대체 무슨 생각을 하신 거야? 애덤, 네가 대학의 목회자라고? 미쳤구나!" 그날 새벽 두 시에 숙소 뜰을 걸으며, 나는 그만두는 것을 진지하게 고려했다.

지금은 "나의 하나님, 나의 하나님, 어찌하여 나를 버리셨나이까?"라고 외치던 그 절망의 순간들을 돌아보고 성찰하는 것이 재미있는 일이다. 지금은 그때 내가 영적 환멸이 아니라 내향적인 사람이 겪는 과부하를 경험했음을 안다. 다행스럽게도 나에게는 그 시간을 견디도록 도와주고 나에게 안식과 고독의 시간을 처방해 준 인내심 있는 상담 전문가들과 친구들이 있다.

나는 다른 내향적 사역자들도 비슷한 경험을 했음을 알고서 안심했다. 탁월한 청소년 사역자 션Sean은 한 주 내내 이어지는 콘퍼런스를 인도했던 이야기를 들려주었다. 그도 에너지와 통찰과 긍휼의 마음이 충만한 상태로 한 주를 시작했다. 그러나 하루하루 고되게 일하면서 풍선처럼 부풀었던 그의 상태는 사그라들었다. 목요일이 되자 그의 인내력은 한계에 도달했다. 그는 피곤했고 활기를 잃었다. 사소한 일들이 그를 괴롭히기 시작했다. 주 초반에는 학생들과의 관계가 원만했지만 갈수록 교류가 짧아지고 태도가 날카로워졌다. 하지만 션은 나와는 달리 자신의 상태가 그렇게 된 이유를 진단할 수 있었고 절망에 빠지지 않을 수 있었다. 션에게 이런 문제는 '영혼의 어두운 밤'의 시작이 아니라 단지 낮잠을 더 자야 할 기회일 뿐이었다. 그는 콘퍼런스가 끝나면 내향성의 과부하로 인한 불만이 가족을 향해 터지는 것을 피하기 위해 하룻밤 묵을 호텔을 잡곤 했다. 내향적인 사람은 자기를 잘 이해해야 재앙을 피할 수 있다.

고독의 상태와 내적 처리 과정이 결합되어 있다는 것은 많은 내향적인 사람이 사람들과의 교류보다는 생각에 골몰하는 데 치우쳐 있음을 의미한다. 우리도 사람들에 대해 생각한다. 그러나 우리는 사람들과의 대화 없이 사람들에 대해 생각하곤 한다. 내향적인 사람들(특히 마이어스-브릭스 성격 유형 검사의 '사고' 영역에서 높은 점수를 얻은 사람들)은 자기의 생각을 친구처럼 대하면서 친구를 대할 때와 유사한 양의 에너지와 시간을 생각에 쏟는다. 마찬가지로 우리 내향적인 사람들은 책들과 저자들을 멘토로 여기거나 우리의 가장 심오한 아이디어를 이끌어 낼 산파로 여긴다. 외향적인 사람이 그날 얻은 경험과 상호 작용의 질을 가지고 자신의 하루를 평가한다면, 내향적인 사람은 그날 얻은 생각과 성찰로 자신의 하루를 평가하곤 한다. 우리는 심지어 경험 자체보다 그 경험에 대한 성찰을 더 즐긴다.

넓이보다는 깊이. 내향적 기질의 세 번째 특징은 넓이보다는 깊이를 선호하는 것이다. 이 특징은 삶의 여러 측면에 적용된다. 내향적인 사람은 인간관계에서 높은 수준의 친밀감을 지향하는 경향이 있다. 그래서 외향적인 사람보다 상대적으로 적은 숫자의 사람들과 관계를 맺는다. 내향적인 사람은 피상적 관계에 만족하는 경우가 별로 없고 일면식만 있는 사람들을 친구로 여기지도 않는다. 내향적인 사람은 한담small talk을 좋아하지 않을뿐더러 피곤하게 여긴다. 단체로 모이는 것보다 일대일의 상호 관계를 통해 시간 보내기를 더 좋아하기 때문에 내향적인 사람이 맺는 관계는 더 깊이 있게 진행될 수 있다.

내향적인 사람은 또한 상대적으로 적은 관심 분야에서 깊이를 추구하는 쪽을 선호한다. 이런 성향은 우리의 처리 방식과 관련이 있다. 다양한 주제에 관한 폭넓은 정보는 내향적인 사람의 여과기에 과부하를 일으킨다. 그 대신 내향적인 사람은 에너지 자원을 상대적으로 소수의 주제와 활동에 집중하기를 선호한다. 우리는 그에 관한 미묘한 차이와 복잡성을 전부 알기 위해 그에 관한 모든 것을 채굴하기를 원한다. 아이디어에 대한 애정 및 집중력과 함께 전문성에 대한 이런 헌신은 왜 내향적인 사람 가운데 많은 수가 학문 영역에서 크게 활약하는지를 잘 설명해 준다.

깊이에 대한 우리의 열정은 우리 자신을 이해하는 데도 도움이 된다. 외향적인 사람에게는 경험과 인맥의 폭에 제한이 없는 반면, 내향적인 사람에게는 자기를 발견하는 여정에 제한이 없다. 우리는 우리 내면세계에 관한 전문가여서 우리의 선택과 행동을 결정하는 동기와 감정과 추론의 여러 층을 인식하고 있다.

내향적인 사람의 일반적 성향에 관한 목록은 다음과 같다.

- 혼자서 혹은 소수의 친한 친구들과 피로를 푸는 일을 선호한다.
- 오직 깊은 관계만 친구로 여긴다.
- 외부 활동 후에는 휴식이 필요하다. 그 활동을 좋아하는 경우에

도 그렇다.
- 대체로 듣는 쪽이지만, 중요하다고 여기는 주제에 대해서는 말을 많이 한다.
- 조용하고 자기 내면에 집중하며 관찰하는 것을 좋아하는 것 같다.
- 말하거나 행동하기 전에 먼저 생각하는 경향이 있다.
- 아마도 조용한 분위기를 선호할 것이다.
- 집단으로 모여 있을 때 혹은 압박을 받을 때 사고가 정지한다.
- 감정이 북받치는 것을 좋아하지 않는다.
- 느리지만 꼼꼼하게 결론을 맺는다.
- 집중력이 강하다.
- 한담을 즐기지 않는다.
- 영역을 중요하게 여겨서 개인적 공간과 시간을 필요로 한다.
- 집을 자신만의 성소로 여기곤 한다.
- 모여서 함께 일하는 것보다 혼자 일하는 것을 좋아한다.
- 문자로 대화하는 것을 선호한다.
- 자기 생각을 많은 사람과 나누지 않는다.[9]

내향성이란 기본적으로 부끄러움이나 무관심을 의미하는 것이 아니기 때문에 진정으로 내향적인 사람을 구별해 내기는 생각보다 쉽지 않다. 누가 내향적인 사람인지 판별하기 위해 파티장에서 파트너 없이 벽에 붙어서 서 있는 사람들이나 자기 발끝만 내려다보는 사람들을 찾아볼 수는 없다. 건강한 내향적인 사람은 은둔자들이 아니다. 따라서 우리가 그린란드 북쪽 외딴 해안의 등대지기 같은 직업을 가지는 환상을 품는다고 해도 그것이 우리가 그 일에서 실제로 성취감을 느낄 것이라는 의미는 아니다. 내면세계를 향하는 성향은 반드시 활동이나 사회적 접촉을 피해서 개인적 세계에서 사는 것만을 의미하지는 않는다. 그것은 오히려 우리가 어떤 맥락에서든 주변에서 발생하는 일보다는 내면에서 이루어지는 일을 향하는 성향을 지녔음을 의미하는 것이다. 내향적인 사람은 시끄러운 군중 가운데서도 자신의 내면세계에 몰두한다.

내향적인 사람이 어떤 환경에 들어갈 때 느끼는 편안함과 에너지 수준에 따라, 사회적 환경에서 그들을 식별하기 어려울 수 있다. 만일 당신이 다양한 능력과 맥락을 지닌 사람들에게 어떤 내향적인 사람을 만나게 한다면, 그들은 아마도 그 사람에 관해 각기 다른 생각을 말할 것이다. 몇몇은 그가 차갑고 거리감이 느껴진다고 말할 것이고, 다른 누군가는 그가 따뜻하고 사교적이라고 말할 것이다.

가까운 친구들과 함께하는 사회적 상황에서 나는 대부분 사람들 사이에 섞여서 웃고 떠들면서 관심받기 좋은 중심 근처에 있곤 한다. 나를 처음 보는 사람들은 그런 상황에 있는 나를 외향적이라고 생각할 것이다. 그러나 낯선 사람이나 얼굴만 아는 사람들과 있는 상황에서 나는 구석에 앉아 있거나 별말 없이 사람들 사이에 앉아 있는다. 그럴 때면 사람들은 나를 본래의 모습대로 내향적이라고 정확히 이야기할 것이다. 그러나 양단의 상황에서 드러나는 나의 행동들은 나의 내향성 선호에 비추어 볼 때 모두 참이다.

그러나 내가 친한 친구들 모임에 있는 모습을 꾸준히 관찰한다면, 당신은 어쩌면 내가 **내향적 작별 인사**라고 부르는 모습을 보게 될 수도 있다. 내가 아는 다른 사람들, 내게 절대로 "말솜씨가 좋다"고 말하지 않는 아일랜드 사람들은 술에 취해 작별 인사도 없이 사라지는 습성이 있어서 '아일랜드식 작별 인사'라는 다소 경멸조의 말을 듣곤 한다. 마찬가지로 내향적인 사람도 대인 관계에 취하면 작별 인사도 없이 모임 장소에서 사라진다고 알려져 있다. 나도 언젠가 내 생일파티에서 그런 내향적 작별 인사를 하고 사라진 적이 있다.

내향적으로 창조되다

내향성은 단순히 사회적으로 만든 개념이나 학습된 행동이 아니다. 내향성이 우리의 뇌와 깊은 관련이 있으며 매우 어린 나이부터 나타난다는 증거가 늘고 있다. 전통적으로 심리학자들은 내향성을 특정한 행동 패턴이나 드러나는 증상을 통해 구별해 왔다. 그러나 인간의 뇌 지도를 그리는 새로운 기술과 더불어 내향적 뇌와 외향적 뇌가 서로 다르게 작동한다는 생각이 새롭게 제기되었다.[10] 우리의 상이한 행동들과 경향들은 생리학적·화학적 다양성의 표현이다. 우리는 내향적 행동을 드러낼 뿐만 아니라 **존재 자체로** 내향적인 사람이기도 하다. 신학적으로 말하자면, 우리는 내향적으로 **창조되었다**. 창조주 하나님이 우리를 지으실 때 그분은 우리가 성찰하면서 만족을 발견하고, 느리고 조용한 생활에서 편안함을 누리도록 우리 뇌를 만드셨다.

인간 뇌에 대한 연구로 인해 내향적인 사람과 외향적인 사람 사이의 중요한 생리학적 차이 세 가지가 발견되었다. 첫째, 내향적인 사람은 외향적인 사람보다 원래부터 더 바쁘고 활동적인 뇌를 갖고 있다. 내향적인 사람은 겉으로는 조용하게 보이지만 그들의 뇌는 다양한 활동으로 북적거린다. 그래서 내향적인 사람은 외향적인 사람보다 외적 자극을 덜 필요로 한다. 사실, 과도하게 많은 외적 자극은 압도당한 감정 상태를 만들어 낸다. 이것이 수전 케인이 내향성과 외향성을 규정할 때 "자극의 특정 단계에 대한 선호"를 말하는 이유다.[11] 수전은 유아들이 외적 자극에 보이는 민감성에 대해 실험한 연구를 인용한다. 그리고 소음이나 새로운 경험에 더 민감한, 말하자면 "반응성 높은" 아이들이 훗날 내향적인 사람으로 판명되는 경우가 많다. 우리의 신경 체계는 더 촘촘하게 엮여 있기에, 내향적인 사람에게는 소규모의 군중도 시끄러운 콘서트장처럼 느껴질 수 있다. 내향적인 사람에게 (수전 케인의 표현을 빌리자면) "최고의 환경"Sweet Spot은 자극이 덜한 환경을 말한다.

둘째, 내향적 뇌와 외향적 뇌에서 혈액은 서로 다른 길로 흐른다. 내향적인 사람의 혈류량이 더 많지만, 그들의 뇌 혈류는 외향적인 사람의 뇌에서보다 더 길고 더 느린 길을 따라 흐른다. 내향적인 사람의 뇌에서 혈액은 기억하고 문제를 해결하고 계획하는 등 주로 내적인 것에 초점을 맞추는 영역에서 흐른다.[12] 반면에 외향적인 사람의 뇌에서 혈액은 외부에서 발생하는 것들, 즉 감각적 경험을 처리하는 부분들로 흘러간다.

셋째, 내향적 뇌와 외향적 뇌의 화학적 균형은 서로 다르다. 우리

뇌의 활동은 신경 충격을 전달하는 화학 물질인 신경 전달 물질에 의해 활성화된다. 외향적인 사람은 교감신경계의 핵심 전달 물질인 도파민dopamine을 훨씬 많이 필요로 한다. 도파민은 사람들이 활동하거나 움직일 때 생산된다. 심리학자이자 작가인 마티 올슨 래니는 이렇게 말했다. "외향적인 사람은 갈 곳이 있고 만날 사람들이 있을 때 기분이 좋아진다." 그것은 아마도 도파민이 넘치기 때문일 것이다.[13] 도파민은 뇌를 통과하는 짧은 길을 선택하며, 스트레스를 받는 상황에서는 '작용과 반작용' 대응을 만들어 낸다. 덕분에 외향적인 사람들은 빨리 생각하고 말하는 능력과 압박받는 상황에서도 목표를 달성하는 능력이 있다. 도파민은 또한 외향적인 사람들로 하여금 단기 기억에 빠르게 접속하도록 돕는다. 그래서 그들의 데이터 처리 회로는 더 짧고 빠르게 작동한다.

반면 내향적인 사람은 상대적으로 적은 양의 도파민을 필요로 한다. 만일 뇌에 도파민이 너무 많이 분비되면, 내향적인 사람은 불안해지고 지나치게 활동적이라는 느낌을 받는다. 내향적인 사람의 뇌는 다른 종류의 신경 전달 물질, 곧 부교감신경계의 아세틸콜린acetylcholine에 의존한다. 주로 에너지를 보존하고 회복시키며 '휴식과 수면'의 태도를 만들어 내는 물질이다. 그래서 내향적인 사람이 생각하고 성찰하는 동안 그들 안에 즐거운 기분을 일으킨다. 수전 케인은 **외향적인 사람이 반응하기 위해 준비하는 동안 내향적인 사람은 점검하기 위해 준비한다고 말했다.**[14] 하지만 아세틸콜린은 뇌를 통과할 때 긴 길을 선택한다. 그리고 이것은 내향적인 사람이 왜 단어나 기억을 신속하게 떠올리지 못하는지 그리고 스트레스를 받는 상황에서 왜 반응이 느린지를 말해 준다. 내향적인 사람은 말하기보다 글쓰기를 선호한다. 글쓰기는 뇌에서 말하기와 다른 신경 통로를 사용하기 때문이다. 말하자면, 아세틸콜린의 느린 흐름은 내향적인 사람의 침착한 태도를 만들어 내고, 우리로 하여금 외향적인 사람들보다 더 천천히 움직이도록 한다. 이는 우리가 왜 신체 표현이 적은지를 설명해 준다.[15]

나는 결국 이 정보가 내향적인 사람이 다른 사람들만큼 똑똑하지 않다는, 내향적인 사람들이 공통적으로 경험하는 느낌을 반박하는 데 유용하다는 것을 알게 되었다.[16] 우리는 정보를 상대적으로 천천히 처리한다. 그러나 만일 우리에게 그 일을 마무리하기에 충분한 시간과 조용한 공간이 있다면, 우리는 다른 사람들이 놓친 연결고리나 미묘함을 발견하게 될 것이다. 빠른 반응이 반드시 지성의 척도인 것은 아니다.

그다음으로 내향성과 외향성의 신경학에 관한 이런 대화는 기독교계에서 '열정'에 두는 강조를 해석하는 데 많은 도움을 주었다. 우리는 공동체에 대해 **열정적인** 사람들을 이상적으로 보는 경향이 있다. 지속적으로 다른 사람들 주변에 있기를 원하는 사람들, 사교 모임을 좇아 움직이는 이 사람들이야말로 사람들을 향한, 따라서 하나님을 향한 지극한 사랑을 품고 있다고 여겨진다. 이런 사람들은 공동체에서 관계를 형성하는 데 꼭 필요한 사람들이다. 만일 교회에 이런 사람들이 없다면 그 교회는 그로 인해 고통받을 것이다. 그러나 동시에 '사람들을 향한 사랑' 이상의 것도 있다는 점을 인정하자. 사람들 사이의 관계를 활성화하는 역할을 하는 사람들에게 사람들과 함께하는 것이나 사람들이 서로 연결되는 모습을 보는 것은 좋은 느낌을 준다. 그들은 이런 경험으로 인해 뇌에 흘러넘치는 도파민으로 크게 기뻐할 것이다. 그리고 이것이야말로 하나님이 그들을 위해 의도하신 방법이다.

우리 같은 내향적인 사람에게 사회적 교류나 활동 중에 분출되는 도파민은 그리 유쾌하게 다가오지 않는다. 우리는 금요일 저녁에 다른 사람들과 외출하는 것보다는 집에 있는 것을 더 좋아한다. 특히 지난 한 주간 사회생활에서 많은 책임을 져야 했다면 더욱 그렇다. 궁극적으로 그것은 우리에게 에너지와 기쁨을 주는 무언가를 향한 움직임이지, 바깥을 향한 움직임이 아니다. 불행히도 사람들은 우리에게 공동체를 향한 열정이나 믿음이 없다고 생각한다. 우리는 대놓고 표현하지 않는다. 우리는 푹신한 의자, 조용한 구석 자리, 좋은 책 한 권에서 행복을 느낀다. 그러나 하나님과 사람들을 향한 사랑이 타인들과 함께하기를 원하는 주체할 수 없고 외부를 향하는 열정으로만 표현될 필요는 없다. 신앙에 대한 우리의 열정은 아마도 표면 아래서 조용하게 그러나 꾸준하게 타오를 것이다. 만일 우리가 사람들과 함께하기 위해 조용한 저녁 시간을 포기한다면, 그것은 확실히 자기를 희생하는 사랑으로부터 나온 행위다.

성경에 나타나는 내향성

성경은 내향성이나 외향성 같은 성격 범주를 직접 언급하지 않는다.

성경을 바르게 해석하기 위해, 우리는 성경이 기록된 원래의 역사적·문화적·문자적 정황에 주의를 기울여야 한다. 심리학적 기준선을 성경에 부여하고 싶지는 않다. 그런 접근은 원래의 성경 저자들이나 독자들에게 매우 낯설었을 것이다. 그러므로 지금 이야기하는 내용은 성경 인물들의 이야기를 반영한 성격적 특징들에 대한 제안이나 암시일 뿐이다.

예수님의 가장 가까운 제자이며 교회의 첫 사도였던 베드로는 매우 외향적인 경향을 가진 사람이다. 베드로는 솔직하고 공격적이었으며, 말하고 행동하는 데 재빨랐다. 그는 제자들의 중심에 자기를 세웠고, 자기 생각을 직설적으로 표현했으며, 실수를 통해 배움을 얻었다. 그는 예수님을 메시아라고 처음 고백한 사람이었으며, 예수님이 십자가에 대해 말씀하기 시작하셨을 때도 빠르게 문제를 제기했다. 베드로는 파도 위에 서 계신 예수님을 만나기 위해 배에서 내렸다가 자신의 상황을 돌아보고는 그대로 물에 빠지고 말았다. 그는 오순절에 수천 명 앞에 서서 대본도 없이 설교할 정도로 담대했다! 마가복음은 전통적으로 저자가 베드로와 동행하면서 그가 예수님에 대해 이야기한 바를 기록한 것이라고 알려져 있다. 나는 마가복음이 행동으로 가득한 것이 베드로의 외향적 영향 때문인지 궁금하다. 마가의 이야기는 빠른 속도로 흘러가며, 내러티브의 급격한 도입과 새로운 인물의 갑작스러운 등장으로 흐름이 끊기곤 한다.

반면 성경에는 내향적 특징을 드러내는 사람들 몇 명도 등장한다. 이스라엘 민족의 조상 야곱은 "조용한 사람"(창 25:27)으로 그려진다. 모세는 광야에 홀로 있을 때 자신이 "말을 잘하지 못하는"(출

4:10) 사람이라고 이야기하면서 하나님의 부르심을 거부했다. 예수님의 어머니 마리아는 "이 모든 말을 마음에 두[었을]"(눅 2:51) 때 반성적이고 자기 성찰적인 모습을 보였다. 마르다의 자매인 또 다른 마리아는 예수님이 그의 집에서 저녁 식사를 하시는 동안 그분의 발치에 앉아 이야기를 들었다(눅 10:38-42). 그다음으로 디모데가 있다. 바울은 성령이 능력이지 두려워하는 마음이 아니라고 그를 가르쳤다(딤후 1:7). 이는 디모데의 내향적 조심성이 두려움으로 바뀌었기 때문일 것이다.

비록 성경 인물들이 어떤 성격 유형인지 단정적으로 말할 수는 없더라도, 하나님이 세상을 향한 당신의 사명을 수행하기 위해 서로 다른 성격을 가진 모든 사람을 사용하셨으며 사용하신다고 말할 수 있다. 하나님은 그들을 특정한 틀에 맞추려고 하지 않으신다. 하나님은 각자의 독특한 성격 가운데서 일하시고, 그들의 개별적 은사를 그들에게 복 주시고 다른 이들에게 복 주시는 데 사용하신다.

치유를
찾아서

chapter 3

손님을 오게 하라. 그러면 주인이 치유를 받을 것이다.

아프리카 속담

"외향성이 그렇게 대접받는 문화에서 내향적으로 산다는 것을 이해하기 위해 진심으로 노력하던 시절이 있었지." 친구 베로니카Veronica가 내게 말했다. "나는 하나님의 역사가 나의 내향성을 극복하는 방식이 아니라 나의 내향성을 통해 펼쳐질 것이라고 생각하려 해."

베로니카의 말은 내향적인 사람의 고립된 느낌의 아픔 그리고 하나님이 내향적인 사람으로 하여금 조용한 것을 선호하도록 창조하셨을 때는 그 의미를 이해하셨으리라는 소망 둘 다에서 오는 삶의 복잡성을 제대로 짚었다. 베로니카는 우리 모두가 어느 정도 그렇듯 내향성이 하나님이 우리 자신을 창조하신 목적의 한 부분임을 안다. 그러나 그는 자신을 항상 이해하거나 받아 주지는 않는 세상에서 자신의 기질에 대해 평안을 누리기 위해 분투한다.

내향적인 사람이 스스로에 대해 빠르게 말해 주지 않기 때문에 다른 사람들은 우리를 이해하려 안간힘을 쓰다가 결국 대부분은 우리를 오해한다. 사람들은 우리의 조용함을 오만으로 간주한다. 그들은 사회의 경계에 서서 관망하는 우리의 경향을 우월감으로 여긴다. 어떤 사람들은 우리가 조용히 그들을 판단하거나 나중에 그들을 비판하기 위한 정보를 모아 두는 것은 아닌지 염려한다. 다른 사람들은 우리가 화가 났다거나 수동-공격적 성향을 가졌다고 보기도 한다. 한번은 단기 선교를 위해 남아메리카에 간 적이 있는데, 거기서 묵었던 집의 가족들은 내가 잘 웃지도 않는 데다 까다로운 사회적 상호작용을 꺼렸기 때문에 내가 '에노하도'enojado, 즉 화가 난 상태라고 생각했다. 하지만 외향적인 사람만 내향적인 사람을 부정적으로 받아들이는 것은 아니다. 나도 나와 같은 내향적인 사람의 침묵을 비판적 관점에서 해석하는 경향이 있음을 문득 깨닫곤 한다.

  외향성을 높이 평가하는 사회와 교회에서 내향적인 사람으로 사는 데는 나름의 대가가 필요하다. 그리고 수치심은 내적 성찰을 지향하는 내향적인 사람의 정신에 깊은 상처를 줄 수 있다. 관계에서 겪는 고통스러운 경험들—그것이 특별히 내향성의 결과든 그저 인간이기 때문에 겪는 것이든—은 내향적인 사람을 고립된 상태로 몰아갈 수 있다. 나는 여러 내향적인 사람을 만나 인터뷰했다. 각 사람에게 특유의 관점과 경험이 있었지만, 내향적인 사람으로서 잘 살아가기 위해 치유가 필요하다고 느끼는 보편적 정서가 그들 사이에 존재했다. 우리 내향적인 사람은 내향성으로부터 치유받기를 구하지 않는다(우리가 속한 사회와 교회의 구성원 일부는 우리가 내향성으로부터 치유받을 필요가 있다고 가정하지만). 우리의 내향성은 사라질 수 있는 것이 아니다. 오히려 우리는 부적응 상태에서 오는 내적 상처와 느낌에서 치유받기를 바란다. 또한 사람들에게서 고립되고 일부 공동체에게서 거절당한 외적 상처를 치유받기를 원한다. 우리는 우리 자신으로서 존재하고 그 모습 그대로 타인을 사랑할 수 있는 자유를 갈망한다.

광야

존 크라카우어Jon Krakauer는 『야생 속으로』*Into the Wild*, 리리라는 베스트셀러를 썼는데, 미국을 가로질러 여행하다가 알래스카의 야생 지역에서 생존한 크리스토퍼 맥캔들리스Christopher McCandless라는 젊은이의 이야기가 담긴 책이다. 이 이야기가 영화화되었을 때 나는 내향적인 사람의 자기 발견을 위한 낭만적 모험 이야기를 예상하고 고대했다. 하지만 영화를 보면서는 아주 불편했다. 영화에 등장하는 남자는 생각을 하는 것처럼 보였지만 자기를 발견하기 위해 깊은 고독으로 들어가지 않았다. 오히려 그는 문제 많은 과거로부터 도망치면서 사랑했던 사람들, 심지어 그를 위해 헌신했던 여동생마저 거부했다. 기회가 주어질 때마다 그는 친밀함을 경험할 가능성으로부터 도망쳤다. 그는 타인에게서 멀어져야 자기의 진정한 정체성을 찾을 것이라고 믿었다. 그러나 그는 고립이 그를 평안이 아니라 외로움으로, 그리고 문자 그대로 죽음으로 인도한다는 것을 깨닫는다. 광야에서 그의 상처들은 곪아서 치명적 상태로 악화되었다.

우리가 자기를 더 잘 알고 더 연민을 품고자 자신의 깊은 곳으로 들어서려 할 때, 진정한 고독solitude은 치료하는 힘이 있으며 이것이야말로 내향적인 사람에게 반드시 필요하다. 반면 고립isolation은 그렇지 않다. 우리는 우리의 상처와 두려움에 의해 고립에 빠져든다.

고도로 외향적인 문화에서 내향적인 사람은 아주 어릴 때부터 상처를 받는다. 우리가 태어난 가족이 전하는 메시지는 우리가 자기를 수용할지 비판할지의 기로에 서게 한다. 마티 올슨 래니는 부정적 메시지가 내향적인 사람에게 가져오는 심리적 대가에 대해 이야기한다.

외향적인 사람과 계속 비교당하면서 성장기를 보내는 것은 매우 해로운 일이다. 내향적 청소년들 대부분은 자신에게 문제가 있다는 이야기를 공공연하게 혹은 은밀하게 들으며 성장한다. '왜 그들은 질문에 빨리 대답할 수 없을까?' 이런 말을 들으면 그들은 비난받는다고 느낀다. '아마 그들은 그만큼 똑똑하지 **못한가 봐**.' 이런 말을 들으면 그들은 남들이 자기를 헐뜯는다고 느낀다. 내가 인터뷰한 내향적인 사람 50명 가운데 45명은 그들의 본모습 때문에 비난이나 책망을 듣곤 했다.[1]

내가 인터뷰한 내향적인 사람 가운데 몇몇은 자신이 우울증에 빠져드는 경향이 있다고 고백했다. 내가 함께 일했던 매슈Matthew는 내향적인 사람이었는데, 그의 내면의 관점이 얼음처럼 차가운 외로움으로 끝없이 빠져들 수 있다고 말했다. 그는 다른 사람들과 함께할 때 가장 외로움을 느끼곤 한다고 말한다. 대인 관계 상황이란 결국 그가 얼마나 오해받고 있다고 느끼는지 그리고 사람들이 그에 대해 아는 것이 얼마나 없는지를 밝히 보여 주는 것 같기 때문이다. 심리학자 로리 헬고는 내향적인 사람이 외향적인 사람보다 정신 건강 클리닉을 찾을 가능성이 높다고 말한다. 내향적인 사람은 특히 우울증에 빠질 위험이 높다. 우리가 감정을 내면화하기 때문이고 또한 외향적인 사람이 하지 않는 방법으로 가족의 역기능으로 인한 상처를 내면에 지니고 있을 것이기 때문이다.[2] 내향적인 사람은 환경의 영향을 더 많이 받곤 하며, 상처, 죄책감, 분노, 수치의 끈질긴 감정은 그들을 집어삼킬 수 있다.

내가 들은 가장 가슴 아픈 이야기 중 몇 개는 외향적인 가족들 틈바구니에서 자란 내향적인 사람들이 들려준 것들이다. 라라Lara는 성장하는 내내 지극히 외향적인 어머니가 자신을 심하게 오해한다는 느낌을 받았다. 또 라라에게는 어머니의 외향적 성향을 그대로 물려받은 형제자매 네 명이 있었는데 이것도 그에게 어려운 문제였다. 어머니는 모든 사람과 쉽게 친해졌기에 누군가를 낯설게 여긴 적이 없는 것 같았다. 다른 가족들이 북적거리는 사람들 사이에 계속 있으려 할 때, 라라는 자기 방에서 책을 읽거나 가장 친한 친구 한두 명과 시간 보내기를 즐겼다. 어머니는 딸이 '외톨이' 행동 방식을 보인다는 것을 불편해했다. 그래서 어머니는 라라를 더 '정상적인' 생활 방식으로 밀어 넣어야 한다는 사명감을 가지게 되었다. 어머니는 심지어 자기 친구들에게 "라라는 입양된 아이 같아"라고 말하기도 했다.

내가 가르친 학생이었던 마이크Mike는 초등학교에서 경험했던 내향성으로 인한 상처들을 살피고 있다. 어린아이였던 마이크는 자신이 멍청하다고 확신하게 되었다. 선생님들이 그에게 질문에 대답하기를 종용할 때면 그가 주저하곤 했기 때문이다. 그때마다 선생님은 그가 정답을 모른다고 생각했고 학습 참여도나 준비도에 대해 낮은 점수를 주었다. 마이크의 부모는 마이크가 다른 학생들을 따라가게 하려고 개인 교사를 두기도 했다. 지금 마이크는 계속되는 자기 의심 때문에 자신의 지적 능력과 자기표현력이 충분하다는 것을 증명하기 위해 일에 빠져서 산다고 한다. 마이크는 일이나 독서에 광적으로 몰입하여 과잉 보상overcompensation을 하려 한다. 하지만 그는 여전히 내면 깊이 자리 잡은 자기가 바보 같다는 생각으로부터 도망치고 있다.

래니는 『내성적인 사람이 성공한다』에서 이와 관련하여 신랄하게 언급한다. "한계를 지니는 것은 문제가 아니다. 많은 고통의 원인이 되는 것은 우리가 그 한계에 부여하는 의미다."³ 우리가 말하는 한계란 대체로 주관적인 것이다. 그런데 사회적 에너지가 덜하고, 소수의 친구를 깊이 사귀고, 내적으로 깊은 사고 과정을 가지는 것이 문제인가? 그것들 자체는 가치 중립적인 성격 특성이다. 만일 그것들을 더 깊이 들여다본다면 당신은 엄청난 유익을 누릴 수 있다. 내향적인 사람으로서 치유를 찾는다는 것이 이런 특성들로부터 벗어나는 것은 아닐 것이다. 우리 내향적인 사람들의 치유에는 우리의 타고난 성격 기질을 해석하는 새로운 방식이 필요하다.

치유의 과정은 한없이 복잡한 인간 성격을 구성하는 다양한 타래 때문에 복잡해진다. 여기서 도전은 우리 성격의 건강한 구성 요소들, 곧 내향적인 사람이 타고난 소중한 요소들과 타인으로부터 우리를 보호하는 데 유용한 대응 기제를 구분하는 것이다. 우리는 내면세계와 행동 모두에서 건강한 요소와 불건강한 요소를 분별할 필요가 있다. 우리의 성향 가운데 어떤 것이 내향성 성향에 더 근본적인 것인가? 어떤 것이 불건강한 대응 방식의 증세인가?

예를 들면, 내가 방문했던 한 호스피스 환자의 아내 엘리자베스 Elizabeth는 무려 45년이나 결혼 생활을 했는데도 자신이 남편에 대해 아는 것이 없다고 느낀다면서 슬퍼했다. 내가 그 이유를 묻자 엘리자베스는 이렇게 대답했다. "남편이 내향적인 사람이기 때문이에요. 그는 모든 것을 내면에 감추어 두죠." 하지만 남편에 대해 대화를 계속하면서 그의 내향성은 그가 자기 내면세계를 다른 사람들과 공유하기를 주저하는 이유의 일부일 뿐이라는 점이 분명해졌다. 엘리자베스의 남편은 사람들로부터 스스로를 차단하는 것이 학대당하는 환경에서 자신을 보호할 수 있는 유일한 방법임을 알게 되었다. 그는 살아남기 위해 자기 주위에 뚫을 수 없는 벽을 세웠다. 불행히도 엘리자베스의 남편은 자기에게 필요한 치유를 구하지 않았으며 모든 사람, 심지어 아내에게조차도 거리를 두었다. 그의 견고한 경계는 더 이상의 고통을 겪지 않게 막아 주었다. 그러나 동시에 그 경계는 그가 타인과의 친밀감을 경험하지 못하게 했다.

내향적인 사람들은 줄곧 다른 사람들로부터 자기를 제거하는 사회적 관계 방식을 실천해 왔다. 그것은 어느 경우에는 건강한 훈련이 되고 어느 경우에는 근심의 원인이 되는가? 내향적인 사람에게 내적 처리 과정에서 필요한 작업을 위해 사람들과 거리를 두는 것은 자연스러운 일이다. 하지만 우리는 대인 관계 에너지를 충분히 가지고 있을 때조차 다른 사람들을 피하기 위한 구실로 그런 방식을 사용하는 경우가 잦다. 나는 뒤로 물러나는 이 경향들을 분별하는 법을 배우면서 '물러남'retreat이라는 용어의 함축적 의미 두 가지를 알게 되었다.

두 가지 종류의 물러남. '물러남'이라는 말을 두 가지 상이한 환경에 적용할 수 있다. 첫 번째 상황은 전쟁터다. 더 큰 무력에 패배한 군대는 뒤로 물러난다. 이것은 더 큰 힘에 대한 굴복이며, 그 이상의 손실에 대한 두려움으로부터의 도피다. 이것은 두려움이나 사회적 압박을 느껴서 다른 사람들로부터 물러나는 내향적인 사람의 불건강한 물러남이다. 이곳은 우리가 회피를 위해 후퇴하는 곳이지 재충전하는 곳은 아니다. 우리는 지금껏 이렇게 해 왔고 또다시 이렇게 할 것이다. 그러나 분명 고립을 넘어서는 무언가가 있다.

우리가 '물러남'이라는 말을 사용하는 두 번째 방법이 있다. 우리는 일상이 주는 자극이나 근심으로부터 거리를 둔 장소로 물러난다. 이것은 포기가 아니다. 더 큰 안목과 평안으로 세상에 돌아갈 힘을 얻기 위한 노력이다. 이런 물러남은 우리의 힘을 결집시킨다. 이것은 내향적 물러남의 적절한 형태다. 과도한 자극은 우리를 조각낸다. 그래서 우리는 온전함과 다시 돌아올 수 있는 새로운 힘을 얻기 위해 물러난다.

수줍음의 순환 구조. 견고한 대중적 신념과 달리, 내향성과 수줍음은 같은 의미라고 볼 수 없다. 나는 내향적이지만, 수줍음을 타지는 않는다. 내향성은 내면세계로 마음이 쏠리는 것이다. 반면에 수줍음은 사회적 불안에서 기인하는 경향이 크다. 내향적인 사람들은 에너지가 고갈되면 대인 관계를 피한다. 반면 수줍음을 많이 타는 사람들은 자의식 과잉 때문에 또는 판단받을까 봐 두려워서 대인 관계로부터 도피한다. 수줍음이나 대인 관계에 대한 불안을 무시하려는 의도는 아니다. 이것들은 사회적 또는 심지어 의학적 문제를 야기할 수 있다. 그리고 이 두 용어가 같은 의미는 아니지만 내향적인 사람이 수줍음 때문에 힘들어하는 일은 흔하다. 사회성 기술이나 자신감이 경험을 통해 습득되는 것이라면, 에너지 저장량과 (그에 따라) 사회적 경험 전체가 상대적으로 적은 내향적인 사람은 망설임이나 불확실함 때문에 힘들어하게 될 것이다. 우리의 두려움은 우리가 용기를 냈지만 제대로 이해받지 못하고 거절당할 때 더 심해진다. 그리고 강화된 두려움은 우리를 더 큰 자기 의심과 대인 관계적 불안에 빠뜨린다. 그 고통스러운 감정으로 인해 우리는 자기 안으로 더 깊이 들어간다. 그렇게 되면 우리는 그 감정을 다른 사람들과 나누기가 어렵다. 이렇게 수줍음의 순환 구조가 완성된다. 대인 관계 상황으로부터 숨으면서 사람들과의 교류에 대해 냉소적이게 되고, 자기 내면세계에 스스로를 봉인해 버린다.

치유를 향하여

내향적 상처는 그 내면의 지성과 감성 **안에서** 피를 흘린다. 그 피는 내향적인 사람들의 태도나 행동, 관계들 사이로 흘러**나온다**. 그래서 내향적인 사람을 위한 치유 프로그램은 두 가지 방향으로 진행되어야 한다. 안과 밖, 더 깊고 더 넓게. 내향적인 사람으로서 하나님이 주신 정체성을 온전히 품기 위해서는 내면세계로 여행을 떠나야 한다. 우리는 거기서 자기 수용의 자유와 기쁨을 찾을 것이며, 우리의 은사가 무엇인지 발견하고 감사하는 법을 배울 것이다. 그러나 동시에 우리는 외부를 향해서도, 즉 행동하고 관계를 맺는 영역으로도 움직여야 한다. 이렇게 하면 내향적인 사람들의 치유를 향하여 한 걸음 더 나아가고 그 치유를 더 확고하게 할 수 있다.

내면을 향한 여행. 우리 대부분은 내적 움직임에서 치유의 여행을 시작할 것이다. 우리는 대개 내면이 편안하다고 느낀다. 어느 내향적 목회자는 자신의 내적 여정이 대부분 자기 수용에 관한 것이었다고 말했다. 그는 조금만 말하고 조용히 움직이고 사람들과 시간을 덜 보내도 괜찮다는 것을 알아야 했다. 그는 동시대 문화의 외향적 경향 때문에, 내향적인 사람들이 자신을 수용하고 자기주장을 하는 것에 외향적인 사람보다 더 많은 노력이 필요하다는 점을 인정했다. 가장 깊은 차원에서 자신의 내향성을 긍정하는 법을 배우는 일은 우리가 위험을 무릅쓰고 피할 길 없는 장애물과 실망스러운 상황을 만났을 때 탄력 있게 반응할 용기를 줄 것이다. 교회들은 관계와 활동으로 가득한 외부 세계로 우리를 조급하게 불러낸다. 그러나 우리가 진정 신실해지고 외부 세계로 나가 타인에 대한 관심과 긍휼로 행동하기 위해서는 우선 스스로의 내면에서 안정감을 느껴야 한다.

기질에 관해 다루는 책 대부분은 우리가 내향적인 사람으로서 지닌 은사를 포용하는 것 그리고 (우리의 특성이 외향적 세상이 귀하게 여기는 바와 다르더라도) 우리가 세상에 공헌할 만한 매우 가치 있는 것들을 품고 있음을 이해하는 것으로부터 치유가 시작된다고 말한다. 나도 내향적인 사람들이 가치 있는 은사를 가지고 있다고 생각한다. 그러나 나는 우리의 은사를 이해하는 것으로부터 치유가 시작된다고 생각하지는 않는다. 나는 "내 내장을 지으[신]"(시 139:13) 창조주 하나님의 내재적 임재에 대해 우리가 응답하고 환영할 때, 그러한 환대의 행동에서 진정한 치유가 다가온다고 확신한다. 우리의 치유 처방전은 우리가 가진 내향성의 본질을 탐구하는 데서 시작되지 않는다(물론 그것도 중요하지만). 우리의 치유는 오히려 하나님의 본성의 깊이를 살피고 그분이 우리에게 주신 정체성과 목적을 발견하는 일에서 시작된다. 우리 아버지 하나님은 심지어 우리가 스스로에 대해 아는 것보다 더 속속들이 우리를 아신다. 그분은 우리의 모든 것을 환히 보시며 우리 자아 중에서 누구도 다가설 수 없는 부분에 말씀하실 수 있다. 우리의 소망은 잘못된 자기 정체성으로부터 우리를 자유하게 하시고 우리로 하여금 그 아들의 본성을 따르게 하시는 하나님의 사역 안에 있다. 우리의 근본 정체성이 다름 아닌 하나님의 자녀임을 받아들이기 전까지 우리는 우리의 내향성에서 참된 자유를 찾을 수 없다.

여기에 내향성에 대한 기독교적 관점이 가진 깊은 아이러니가 있다. 예수님의 제자로서, 심지어 내향적 제자로서 우리의 궁극적 정체성을 혼자 있는 상태에서 찾을 수는 없다. 오히려 그 정체성은 타인과의 관계에서 발견된다. 우리의 개인주의 문화는 타인들과 떨어진 상태에서 자신을 규정해서 자기 정체성을 정립하도록 격려한다. 우리가 누구인지는 다른 사람들과 우리가 어떻게 다른지에 관한 것이 된다. 그러나 그리스도인들에게 개인의 정체성은 관계적이다. 그리스도인들은 예수 그리스도와의 관계에서 자신을 규명한다. 우리가 누구인지는 우리가 그분과 어떤 관계에 있는지에 관한 것이 된다. 그분을 만나기 전까지 우리는 진정한 우리 자신을 만날 수 없다.

누가복음에는 잘 알려지지 않았지만 강력한 이야기 하나가 있다. 무명의 여자가 참된 치유 능력을 가지신 그분을 만나는 이야기다. 예수님은 평소처럼 안식일에 회당에서 사람들을 가르치신다. 회당의 모든 사람이 예수님에게 집중한다. 그때 예상치 못한 사람이 회당에 들어왔다. 18년 동안 등이 굽어 고통받던 여자다. 누가는 그 여자를 "꼬부라져 조금도 펴지 못하는" 모습으로 그렸다(눅 13:11).

그보다 몇 구절 앞에서 예수님은 죄인이 고통받고 의인이 번창하리라는 만연한 인식을 꾸짖으셨다. 그리고 우리는 고통당하는 사람에 대한 구체적 묘사를 보게 된다. 그는 극심한 육체적 고통만 겪는 것이 아니었다. 여자의 고통은 사회적·종교적으로 배척당하면서 직면한 경멸로 인해 악화되었다. 나는 회당 가장자리에 서 있는 그를 상상한다. 굽은 등 때문에 그는 바닥을 내려다볼 수밖에 없다. 그것은 그가 느꼈을 수치와 거절의 외적 표현이다. 여자와 엮이지 않음으로써 자기들의 의를 보호하려는 종교인들은 그를 투명인간 취급하며 무시했다. 하나님의 율법 위에 쌓인 그들의 법은 토라^{Torah}를 지켜야 함을 확실하게 하기 위한 것이었다. 그러나 그들은 외부자는 외부에 머물러야 한다는 점도 분명히 했다. 안식일에 쉬는 법은 특히 엄격하게 지켜졌다. 만일 예수님이 이 아픈 여자를 안식일에 고치시려 한다면 그것은 거룩한 날에 모든 일을 멈추어야 한다는 명령을 어기는 것이 된다.

나에게는 이 이야기의 한 부분이 늘 두드러지게 다가온다. "예수께서 보시고 불러 이르시되." 이는 임박한 치유의 전주곡처럼 보인다. 나는 이 말씀에서 이름 없는 여자에 대한 근본적 치유가 이미 일어났음을 본다. 18년 동안 그는 모든 '종교적인' 사람들보다 눈에 덜 띄었고 그들의 존귀한 율법에 비해 눈에 덜 띄었다. 심지어 그 종교적인 사람들이 안식일에 물을 마시도록 풀어 준 동물들보다도 눈에 덜 띄었다. 그들은 동물들을 풀어 주었지만 여자를 병으로부터 해방시켜 주는 것은 거부했다. 그러나 예수님은 그를 바라보신다. 예수님에게 여자는 눈에 띄지 않는 존재가 아니었다. 예수님은 회당의 구석에 있는 그에게 다가가지 않으신다. 예수님은 이목이 집중되는 가운데로 그를 부르신다. 그를 무시했던 모든 시선이 이제는 그에게 집중할 수밖에 없다. 그의 몸이 치유되기 전에, 하나님이 그를 바라보시고 사랑하시며 그를 당신의 것으로 귀하게 여기신다는 것을 알게 되면서 여자의 마음이 회복된다.

어린 시절 내내 나는 말할 자리를 얻지 못하고 사람들이 모인 자리에서 구석으로 밀려난 채 내가 사람들의 눈에 띄지 않는다고 느꼈다. 그래서 이 이야기는 나에게 깊숙이 다가온다. 수치를 근간으로 하는 문화에서 내향성과 극심한 질병이 동일한 수준의 고통이 될 수는 없지만, 하나님이 나를 보시고 부르신다는 생각은 나를 치유한다. 다른 목소리들은 우리를 규정하고 우리에게 무엇이 문제인지 이야기할 것이다. 그러나 진정한 정체성은 우리를 창조하신 분을 만날 때 그리고 그분께서 우리의 정체성을 정의하시도록 할 때 발견된다. 예수님께 우리는 결코 낯선 사람이나 외부인일 수 없다.

진정한 내적 치유가 일어나려면 자기 정체성에 대한 이런 앎이 내향적인 사람들이 쉽게 이해할 수 있는 지적 수준을 지나 가슴까지 내려와야 한다. 지성과 감정의 분리로 인해 우리 중 많은 이들이 불완전한 미완성 상태에 머물고 있다.

20대 후반에 나는 교외의 큰 교회에서 청년부 목회자로 일하면서 근처 병원의 원목으로도 사역했다. 원목 사역에는 집단 치료 과정에 참여하는 일이 포함되었다. 매주 원목 여섯 명과 원목 지도자 두 명이 모여, 환자들을 방문하는 동안 드러난 개인적 문제에 관해 치열하게 다루는 시간이었다. 그 시간 동안, 놀랍게도 내 인생과 관계에 불안을 일으키는 패턴들(사실상 모든 것에 의문을 제기하는)이 눈에 보이기 시작했다. 나는 내 사역에서 얼마나 많은 부분이 나의 가치를 증명하고 인정받으려는 욕구에 따라 움직이는지 알고서 경악했다.

어느 날 저녁 호수 근처를 걸으면서 나는 큰 소리로 기도했다. "주님, 저는 제가 누구인지 더 이상 알지 못합니다. 그리고 무슨 일이 벌어지고 있는지도 알지 못합니다. 저는 듣기 원합니다. 말씀해 주세요, 주님. 제가 듣겠습니다."

몇 초 후에 나는 한 음성을 들었다. "안녕하세요!" 나는 깜짝 놀라 주변을 돌아보면서 어둠 속에 있는 사람이 누구인지 알아내려 했다. 여섯 살쯤 된 소년이 내 왼쪽의 낮은 돌담을 따라 걷고 있었다. 파란색 셔츠와 카키색 반바지 차림에 샌들을 신고 있었다. 내가 입고 있는 옷과 거의 흡사한 복장이었다(더 이상했던 것은, 집에서 더 따뜻하게 입고 나올걸 그랬다고 생각할 정도로 바깥 날씨가 추웠던 점이었다). 소년은 헤드폰을 쓰고 있었으며, 만족스럽고 태평한 모습으로 돌담 위를 걷고 있었다. 처음에 나는 그 소년이 혼자라고 생각하고 의문을 품었다. '저 아이 부모는 무슨 생각으로 이 추위에 저런 차림으로 아이를 바깥에 내보냈을까?' 하지만 나는 곧 소녀 하나가 소년보다 10미터쯤 뒤에서 따라오는 것을 보았다. 소녀도 돌담 위를 걷고 있었다. 그 소녀는 쳐다보거나 말을 걸지 않고 나를 지나쳐 갔다.

그들이 모두 지나간 후 나는 최소한 5분 동안 그 자리에 서서 무슨 일이 있었던 것인지 이해하려고 했다. 나는 그 소년이 나라는 깨달음을 얻었다. 소년은 나와 똑같은 옷을 입고 저녁 산책을 하며 '경청하는'(헤드폰으로 상징되는) 중이었다. 그 모습이 음성을 들으려 애쓰는 내 모습 같았다. 하지만 그 소년에게는 함께하는 존재가 있었다. 그 존재는 어느 정도 거리를 둔 채 침묵하지만 소년과 함께 있다.

그리고 하나님은 조용한 가운데 말씀하셨다. "이 일이 어려운 것을 안다. 그러나 너는 혼자가 **아니다**."

외부를 향한 여행. 성격 유형과 기독교 영성 둘 다에 관하여 책을 쓰는 전문가들은 성장의 방향이 우리의 타고난 성향과 반대된다고 말한다. 나는 이 말에 동의한다. 그러나 내향적인 사람들이 이런 경우에 해당될 때 사람들은 그들에게 변화를 요구하고 따라서 그들이 다른 사람들처럼 행동하게 될 것이라고 생각한다. 여러 세대에 걸쳐 내향적인 사람들은 그들의 껍질을 벗고 나와 사람들을 만나고 새로운 일을 시도하라는 이야기를 듣곤 했다. 선호되는 기질이 도덕적 의무처럼 표현된 것이다.

말하자면, 우리는 즐거운 마음으로 내면세계에 깊이 들어가는 동시에 외부를 향해서도 나아가야 한다. 가장 건강한 사람들은 필요에 따라 외부 세계와 분리될 수도 있고 다른 사람들과 연결될 수도 있다. 진정한 사랑에는 둘 다 필요하다. 외부를 향한 우리의 움직임은 우리만의 보폭에 맞게 작은 발걸음으로 나아갈 수도 있지만 꼭 필요한 것이다. 심리 유형 응용 센터Center for Application of Psychological Type의 얼 페이지Earle Page는 내향적인 사람들이 성찰과 묵상에서 근원적 생동감을 얻지만 내향성의 과도한 발달은 "숨기는 태도, 특이한 습관, 부적절한 긴장"으로 이어질 수 있다고 말한다.[4] 나는 프로이트가 내향성과 자기애를 동일시하는 것에 동의하지 않지만, 내향적인 사람들이 불건강한 정도의 자기 몰두에 취약하다고 본다. 우리의 내면세계가 수렁이 되어 우리가 원하는 치유와 기쁨을 가져다줄 관계와 활동을 배제하는 지경에 이를 수 있다. 내적 성찰이 지나치면 무활동無活動의

지점까지 흘러갈 수 있다. 내향성의 이해는 우리의 자기 발견과 성장의 끝이 아니라, 하나님과 타인을 나 자신처럼 사랑하는 법을 배우는 시작이 될 것이다. 우리의 사랑은 내적 동요로 국한될 수 없으며, 자기희생의 외적 행위로 표현되어야 한다.

그래서 성장의 내향적 궤적은 타인과의 관계 그리고 외부 세계와의 관계를 향한다. 치유가 다가올 것이다. 우리는 용기를 내어 안전지대를 넘어 나아갈 때 성장한다. 우리와 다른 사람들과 관계를 맺을 때 우리는 그들에 대한 선입견에서 벗어나게 된다. 우리는 피해 의식에 빠지고 싶은 유혹을 거부한다. 대신에 우리는 고통과 배제의 느낌을 건설적으로 처리하고 우리의 태도와 행동에 책임을 진다. 우리는 심지어 우리가 폄훼하고 오해한 외향적인 사람들과 화해할 필요를 느낄 수도 있다. 그리고 우리는 전통적으로 '외부를 향하는' 훈련이라고 불리는 교제, 기념 행사, 봉사 같은 일에 참여할 때 온전함을 발견한다. 우리는 우리 은사를 공동체에서 드러낼 때 그리고 개인적 대가를 지불하고서라도 사랑을 표현할 때 그리스도의 몸을 풍성하게 한다. 우리만의 방법으로 그리고 아마도 일대일 관계에서 우리는 낯선 사람을 환영하고 아파하는 사람의 이야기를 들으며, 배척당하고 오해받는 사람들과 공감한다.

이러한 과정에서 우리의 목적은 외향적인 사람이 되는 것이 아니다. 우리는 여전히 굳건하게 내향적인 사람으로 존재하며 고독의 상태를 선호한다. 오히려 우리의 목적은 본래 성향을 왜곡하지 않으면서 성격에 따른 선호를 확장하는 것이다. 우리는 중심을 잃지 않으면서도 바깥을 바라보는 방법을 배운다.

이 책을 집필하면서 나는 연구를 위한 독서, 자료 조사, 글쓰기에 모든 시간을 투자하고 싶은 내향성의 유혹에 저항해야 했다. 내가 연구하는 주제를 가장 명료하게 설명해 주는 것은 다른 사람들과의 대화 및 인터뷰였기 때문이다. 나 홀로 발견한 가장 심오한 통찰을 다른 이들과 함께 찾은 진리가 주는 흥분과 비교할 수는 없었다. 주말 내내 책상 앞에 앉아 있을 때보다 내향적인 한 사람과 대화할 때 더 번뜩이는 생각을 얻게 되었다. 내 아이디어에 대해 다른 사람들과 이야기하고 나의 성찰을 언어로 표현할 때 나는 내적 과정에서는 얻지 못한 명료함을 발견했다. 나는 기독교 공동체에서 살아가기 위해 노력했던 내향적인 사람으로서의 공통된 경험을 나누면서 타인과 유대 관계를 형성했다. 내향적인 친구들은 내가 이 주제에 대한 나의 생각을 소리 내어 표현할 뿐만 아니라 삶과 교회에 대한 좌절과 소망을 공유하는 내향적 그리스도인들의 공동체를 대변하고 있음을 깨닫게 해 주었다.

공동체는 우리의 치유에 반드시 필요하다. 나는 내가 내면을 들여다보는 데 많은 시간을 들였으므로 나의 참된 모습에 관해 유일하게 정확히 이해한다고 오랫동안 착각했다. 나는 다른 이들의 성찰에 아랑곳하지 않았다. 나 외에는 누구도 나를 제대로 이해하지 못하리라는 생각 때문이었다. 물론 우리는 자신의 참된 모습에 대해 알기는 하지만, 자기 가치를 평가할 완벽한 측정기를 소유한 것은 아니다. 내적 세계의 갱신을 통해서뿐 아니라, 우리보다 더 정확하게 우리를 이해하는 타인들의 조언을 통해서도 우리는 치유를 경험할 수 있다. 그러니 신뢰할 만한 타인이 우리의 삶에 대해 이야기할 수 있도록 우리의 뛰어난 경청 기술을 사용해 보자.

내향적인 사람들 사이에 특히 은밀하게 퍼져 있는 행동 하나는 혼자서 고통을 감내하는 경향이다. 우리는 어두운 감정을 내면화하고 외로움을 키우곤 하며 우리에게 다가오는 사랑과 공감에 마음을 닫는다. 내향적인 친구 에밀리가 다른 사람에게 말하는 법을 배운 가장 엄청난 표현은 "나 괜찮지 않아요"였다. 우리가 스스로에 대해 온유할 수 없을 때, 타인들이 그리스도의 온유함을 줄 수 있다. 내가 나의 내향성을 포용하기 위해 노력할 때 하나님은 온유한 내향적 목소리를 가진 합창단을 내 주변에 세워 주셨다. 하나님의 세밀한 작업을 목격했던 영적 지도자, 나의 성격의 엉킨 실타래를 풀도록 도와주었던 심리 치료사, 사역 때문에 탈진한 나에게 공감해 주었던 목회자, 외향적 직종에서 내향적인 사람인 내가 일할 수 있도록 허락해 주었던 관리자가 바로 그들이다. 그들의 긍휼과 친절은 내가 나에게 던지는 가혹한 내적 비평을 상쇄해 주었다.

이와 같이 내가 삶에서 만난 외향적인 사람들은 나의 치유에 기여했다. 외향적인 사람들이 내가 모임에 제공할 수 있는 은사를 짚어 줄 때 또는 내가 다른 관점에서 제시한 의견에 감사를 표시할 때 나는 가장 인정받는다는 느낌이 들곤 한다. 그들은 내가 다른 이들에게 도움이 될 가치 있는 것을 지녔다는 사실을 깨우쳐 준다. 내향적인 사람들의 의견을 부드럽게 이끌어 내는 법을 알거나 우리에게 조용히 생각할 여유를 주는 외향적인 사람들은 진정 하나님이 우리에게 주신 선물이다.

내향적인 대학생 클라우디아Claudia가 하계 학회의 세미나에서 했던 말을 잊을 수 없다. 클라우디아는 첫해 내내 매우 수줍어했다. 그는 사람들과 거리를 두었기에, 그에게서 웅얼거리는 말 몇 마디 이상의 것을 이끌어 내기만 해도 대단한 성과였다. 나중에 그는 자신의 모든 대인 관계 행위—자기가 했던 말과 행동, 다른 이들이 보인 반응, 다르게 했어야 할 말과 행동—가 용납될 수 있는 것이었는지 확인하고픈 절박함 때문에 강박적으로 그 모든 것을 반추하곤 했다고 고백했다. 하지만 클라우디아는 신앙심이 매우 강했고 이후 4년 내내 공동체를 위해 헌신했다. 그는 흔들림 없이 소모임과 성경 공부 모임에 참여했다. 그리고 서서히 타인들로 하여금 자신의 삶으로 들어와 그를 알아 가도록 했다. 그는 내면세계에서 나와 공동체에 머무는 시간을 늘리기 시작했다. 그는 일요일 오후에 노숙인들과 함께 점심을 먹는 모임에 들어갔다. 외향적인 사람이었던 모임 지도자는 클라우디아가 자신의 은사를 알도록 도와주었고 공동체의 유익을 위해 그 은사를 어떻게 사용해야 하는지 가르쳐 주었다.

 4학년 끝 무렵, 클라우디아는 내가 가르치는 창세기 수업에 들어왔다. 우리는 하나님의 형상으로 지음받은 인간이 된다는 개념이 부분적으로는 우리가 서로와의 관계 가운데 있도록 지음받았다는 의미라는 점에 대해 토론했다. 그는 미소를 지으며 말했다. "말을 걸 사람이 한 명도 없었던 4년 전의 이 학회를 기억해요. 저는 하루 종일 거의 한 마디도 안 했지요. 하지만 이제는 마지막 학년이 되었죠. 아까도 식당에 들어서면서 생각했어요. '누구에게 먼저 말을 걸까?'"

 치유를 위해 외부를 향하는 우리의 여정은 대개 작은 단계들을 거쳐 진행될 것이다. 우리에게 만족스러운 공동체 관계의 대부분은 일대일 관계나 소모임에서 이루어질 것이다. 우리는 주로 뒤에서 섬기는 역할을 하려 한다. 우리는 사람들이 모이는 행사에서 문간에 서 있곤 한다. 그러나 계속 노력한다면 우리는 사람들과 만나는 다양한 환경에서 더 자신감을 가지고 즐기게 될 것이다. 비록 내향적 에너지가 흐르는 방향을 바꿀 수 없고 바꾸기를 원하지도 않더라도, 우리는 사람들이 모인 자리에서 에너지가 더 천천히 소진되도록 더 많은 체력을 비축할 수 있다. 이제 우리는 외향적 문화에서 우리의 내향적 목소리를 내기 시작할 것이다. 성장하면서 낯선 영역, 곧 다른 이들과 관계를 맺거나 우리 생각을 말하거나 대외적 일을 하는 영역으로 나아가게 되더라도, 하루의 끝에는 달콤한 고독의 자리로 돌아갈 것을 우리는 알고 있다.

성격 유형의 한계

예수님을 따르는 사람인 동시에 내향적인 사람으로서, 우리는 내향성이 우리의 사고와 행동을 최종적으로 규정하지 않는다는 것을 기억해야 한다. 성격 유형 목록은 우리 자신을 이해하고 세상에서 진정성 있게 살아가는 방법을 이해하는 데 유용하다. 그러나 기질이 우리를 규정하지는 않는다. 우리의 내향성이 사람들을 희생적으로 사랑하지 않는 것에 대한 변명이 될 수는 없다. 십자가에 달리신 메시아를 따르는 우리는 때로 사랑이 우리에게 불편한 것을 의도적으로 선택하게 하고, 타인의 이익을 위해 우리의 권리를 포기하도록 강요할 수 있다는 것을 알고 있다. 우리는 "우리 가운데서 역사하시는 능력대로 우리가 구하거나 생각하는 모든 것에 더 넘치도록 능히 하실" 하나님을 예배한다(엡 3:20). 우리는 우리 중심까지 흔드시는 주권적 하나님, 우리 인간됨의 한계를 넘어서서 우리가 가능하리라 생각한 적 없는 일들을 이루도록 하시는 하나님을 향해 언제나 열려 있어야 한다.

복음서의 이야기는 우리가 성격상의 재능이나 한계를 넘어서는 초자연적 힘으로 사역을 감당한다는 것을 상기시킨다. 예수님은, 하나님의 나라를 선포하고 부정한 귀신을 제어할 권능을 선포하도록 제자들을 파송하셨다. 그리고 제자들에게 음식, 돈, 여벌 옷 없이 가볍게 떠나라고 하셨다. 제자들은 상처받고 분명 탈진을 겪을 선교 여행에서 자신들이 방문하는 집의 주인이 보여 주는 환대와 호의에 의지해야만 했다. 제자들은 이 중대한 과제를 완수하고 돌아왔다. 그들은 지치고 지저분하고 굶주린 상태였다. 그런 그들의 눈에 들어온 것은 예수님이 그분의 관심을 끌기 위해 아우성치는 군중 가운데 계신 모습이었다. 허기와 궁핍에 시달리는 시끄러운 군중이 거기에도 있는 것을 보고 제자들이 느꼈을 실망감과 두려움이 어떠했을지는 그저 상상에 맡길 뿐이다.

그러나 제자들을 알아보신 예수님은 모든 내향적인 사람의 마음에 기쁨을 주는 말씀을 하셨다. 그것은 바라건대 나를 천국의 문으로 인도할 초대의 말씀이다. "너희는 따로 한적한 곳에 가서 잠깐 쉬어라"(막 6:31). 마침내! 안식하고 축하하기 위한 한적한 장소를 찾을 시간이 왔다.

그들은 배에 올라 해방을 향해 나아갔다. 그동안 사람들은 그들이 가는 곳을 알아차렸다. 사람들은 호수 반대편에서 제자들을 맞기 위해 몰려갔다! 조용한 물가가 사람들로 들어차기 시작하는 광경을 보는 제자들의 모습이 눈에 선하다. 처음에는 한두 사람, 이쯤은 별일 아니다. 그리고 한 가족, 그다음 한 가족 더. 얼마 지나지 않아 한 마을 규모의 사람들이 보인다. 제자들 가운데 내향적인 사람들은 실망으로 신음했을 것이다. '저기에도 쉼은 없는 건가?' 그러나 예수님은 배를 대게 하시고 사랑으로 그들을 받아들이셨으며 저녁까지 그들을 열심히 가르치셨다. 날이 어두워지자, 제자들은 마지막 전략을 구사했다. "예수님, 이제 어두워졌습니다. 우리는 외딴곳에 있으며 모든 사람은 굶주려 있습니다. 그들에게 자비를 베푸셔서 음식을 구하게 하시지요." 제자들에게는 줄 것이 남아 있지 않았다. 그들의 마음에는 이제 무언가를 베풀 여지가 없었다.

곤혹과 실망을 느끼는 제자들에게 예수님이 응답하셨다. "너희가 그들에게 먹을 것을 주어라"(막 6:37, 저자 강조). 군중의 배고픔은 제자들의 감정적 공허감을 반영한다. 그러나 예수님은 생명의 또 다른 근원을 알고 계셨다. 그것은 비밀스러운 신진대사 과정으로, 음식보다 위대하고 방해받지 않는 휴식보다도 원기 회복에 도움이 되는 것이다. 그러나 예수님은 허공에서 음식을 만들어 내지 않으셨다. 예수님은 제자들을 군중 가운데로 보내 음식을 구하게 하셨다. 그들이 피하려 했던 군중 사이로 들어가게 하신 것이다. 제자들은 벗어나기를 원했다. 그러나 예수님은 다른 이들의 필요에 대해 그들의 마음을 다시 열기를 원하셨다.

그리고 예수님은 그들이 가져온 보잘것없는 음식으로 성대한 저녁 만찬을 베푸셨다. 열두 광주리가 남는, 모두에게 넉넉한 식사였다. 우리가 가진 자원이 바닥을 드러냈을 때조차, 내놓을 것이 전혀 없을 때조차 우리는 그 부족한 자원을 취하여 사람들에게 (몸과 마음 모두를 치유하는) 자비를 풍성하게 베풀 수 있는 능력을 발휘할 수 있다.

chapter 4

내향적 영성

건강한 그리스도인이 외향적 그리스도인일 필요는 없습니다.
오히려 건강한 그리스도인은 그 영혼에 깊이 인 치시는 하나님의 임재를 느끼고,
하나님의 말씀에 두려워 떨고, 꾸준한 묵상으로 그 말씀이 자신 안에 풍성하게 거하게 하고,
그 말씀에 반응하여 자신의 일상을 개혁하는 사람입니다.

제임스 패커 James I. Packer, 『신실함에 대한 탐구』 *A Quest for Godliness*

자기에 대한 지식 없이는 하나님에 대한 지식도 없습니다.
하나님에 대한 지식 없이는 자기에 대한 지식도 없습니다.

장 칼뱅 John Calvin, 『기독교 강요』 *The Institutes of the Christian Religion*

'대침묵'이라는 오래되고 아름다운 수도원 의식이 있다. 수도원들은 수 세기에 걸쳐 저녁 기도의 마지막에 말하기를 완전히 멈추도록 했다. 위급 상황이 아닌 한 이를 지켜야 했다. 이 침묵은 다음 날 아침 기도 때까지 지속된다. 태양이 새날을 열면 성경 구절을 노래하는 것으로 침묵이 끝난다.

나는 대학의 교목으로 있던 시절 동료 몇 명과 함께했던 수련회에서 이 전통을 처음 접했다. 그들은 열정적이고 외향적인 사람들이었다. 그들에게 밤의 침묵은 '위대함'과는 거리가 있었다. 그들은 저녁 내내 몸을 비비 꼬았고, 말을 참아야 한다고 생각할 때마다 얼굴을 찌푸렸다. 그러나 둘째 날 밤, 그들은 그 상황을 즐기면서 침묵의 가치를 받아들이기 시작했다. 솔직해져 보자. 가장 외향적인 영혼의 소유자라도 말을 너무 많이 하면 서서히 진이 빠질 수 있다.

그중 유일하게 내향적인 사람이었던 나에게는 새벽녘에 예배당에 울려 퍼지는 가장 아름다운 시편 찬양조차 대침묵이 주는 탁월함에 비할 수 없었다. 수도원들은 금욕주의의 고향과도 같은 곳이지만 매일 밤 수도원 구성원들은 차고 넘치는 고요의 만찬을 즐긴다. 나는 그 시간들을 기대하고 상상했으며 고요를 음미하기 위해 그 밤으로 깊이 들어가곤 했다. 내 외향적 동료들에게 대침묵이 그저 휴가에 불과했던 반면 나에게 그것은 귀향이었다.

5세기경, 수도 생활의 기초를 닦은 성 베네딕투스 Saint Benedict는 제자들에게 규칙적 침묵을 가르쳤다. "그러므로 침묵의 중요성에 근거하여, 선이나 거룩이나 교훈을 주는 대화를 위한 것이라 해도, 흠 없는 제자들에게 말할 기회가 자주 주어져서는 안 된다."[1] 베네딕투스는 제자의 첫 번째 역할은 듣고 배우는 것임을 알았다. 말이란 우리가 원하는 대로 항상 지혜나 위엄을 위한 도구일 수는 없다. 말이 미성숙과 심지어 무지를 드러내는 경우가 매우 빈번하다.

베네딕투스가 말하는 규칙적 침묵 수행에 대한 간곡한 격려는 오늘날 다른 차원으로부터 온 생각이나 구식 문화에서 온 별난 충고처럼 들린다. 우리 문화의 귓가에는 말들이 시끄럽게 울리고, 이 말들은 지속적인 백색소음이 되어 우리의 소리 인식 능력을 오염시킨다. 우리 세계는 마치 말들의 감옥에 갇혀 있는 것 같다. 헨리 나우웬이 "지난 수십 년 동안 우리는 말들의 급류에 휩쓸려 있었다.…말, 말, 말! 그것들이 우리 존재의 바닥과 벽과 천장을 이루고 있다"고 외친 것은 과장이 아니다.[2]

좀더 살펴자면, 나우웬은 그런 문화에서 "누가 말을 존중하겠는가? 이 모든 것이 내가 하는 말을 포함하여 말이란 것이 창조적 힘을 잃었음을 의미한다"고 슬퍼한다.[3] 나우웬은 스마트폰이 등장하기 전에 이 말을 썼다. 오늘날 스마트폰은 우리의 방송 전파에 수다스러운 채널들을 끼워 넣어, 인공위성의 힘에 의지한 문자 메시지가 무서운 속도로 전 우주에 퍼져 나가게 한다. 말의 비율이 증가하면서 우리 문화 전반도 보폭을 같이하고 있다. 사람들은 종종걸음으로 이 일에서 다음 일로 넘어간다. 온갖 종류의 시청각 자극들이 주변에서 몰아친다. 움직이는 이미지들, 그래픽들, 색채들, 소음들은 확실히 우리가 살고 호흡하는 대기가 되었다. 사실 최근 연구들은 우리 시대의 기술이 우리 뇌의 회로망을 재편성하여 장시간에 걸친 집중이 점점 어려워지고 있음을 보여 준다. 우리 대부분은 「애틀랜틱」에 실린 한 저자의 탄식에 공감할 것이다.

한 권의 책이나 긴 글에 몰두하는 것은 보통 쉬운 일이었다. 나의 사고는 이야기의 흐름이나 논쟁의 전개에 사로잡혔으며, 나는 길게 이어지는 산문을 따라 몇 시간씩 거닐곤 했다. 그런데 더 이상 이런 경험을 하기 힘들다. 이제는 두세 쪽만 읽어도 집중력이 흐트러지기 시작한다. 나는 지루해하고 흐름을 놓치고 결국 다른 할 일을 찾기 시작한다. 마치 말 안 듣는 뇌를 본문으로 되돌아오게 하려는 것 같다. 내게 자연스러웠던 깊이 있는 독서는 이제 분투가 되었다.[4]

최근에 기독교 대학에서 존경받는 문학 교수 한 사람과 대화를 나누었다. 그는 자신이 휴대전화에 중독되었다는 사실, 그래서 하루에도 몇 번이고 별생각 없이 소셜 미디어의 글을 스크롤한다는 사실을 인정했다. 한때는 전문가로서 자기 삶을 바쳤던 위대한 책들에 몰두했다면, 이제 그는 산문 몇 쪽을 읽기 위해 몇 번이고 휴대전화를 내려놓아야 한다.

우리가 살고 있는 과도한 자극의 문화에서, 우리의 내적 세계가 위축되는 부작용이 서서히 퍼지고 있다. 오늘날 외적 자극이 점점 더 우리의 세계를 주도하고 우리 생활 방식이 과학 기술의 현기증 나는 속도를 반영하고 있기 때문에, 우리는 내면에 등을 돌리고 외부에 초점을 맞춘다. 우리는 한 방향으로는 비약적 진보를 이루었으나 다른 방향으로부터는 멀어진다. 이런 멀어짐은 우리 자신과 타인 그리고 하나님으로부터 고립되는 결과를 가져올 뿐이다.

나는 최근에 동네 극장에서 주의를 산만하게 하는 과학 기술의 특성을 경험했다. 다음 날, 나는 그 느낌을 아이러니하게도 블로그에 기록했다.

우리 앞줄에는 세 사람이 앉아 있었는데 그들은 영화가 상영되는 내내 휴대전화를 켜 두었다. 그들은 문자를 주고받고 인터넷 검색을 하는 등 여러 방식으로 사람들을 짜증 나게 했다. 나는 영화가 상영되는 동안 켜진 휴대전화 화면을 보면서, 그들이 그 두 시간 동안 어떤 장소에도 온전히 속하지 않음을 알게 되었다. 그들의 육체는 극장에 있었으며 심지어 동행한 사람들도 있었으나 그들의 정신과 마음은 여러 장소에 흩어져 있었다. 주의력 측면에서 보면 그들은 자기 앞에서 벌어지는 시청각적 경험에 온전히 머물지 않았다. 그들은 곁에 앉은 가족이나 친구들과도 함께하지 않았으며, 문자를 주고받은 사람들과 지리적으로 함께하지도 않았다. 그들은 따로 떨어진 여러 장소에 손과 발을 걸치고 있었으며, 마치 사지가 절단된 것 같은 상태였다. 그들은 모든 곳에 있었으나 어느 곳에도 없었다.

어두운 극장에서 휴대전화 화면이 얼마나 강렬하게 빛날 수 있는지, 긴장감 넘치고 얽히고설킨 스파이 영화가 상영되는 동안 문자 메시지를 보내는 것이 얼마나 이상한지는 차치하더라도, 나는 소형 기기 과학 기술이 개인 정체성에 대한 우리의 감각에 얼마나 영향을 끼치는지 생각하게 되었다. 굉장히 많은 사람이 유령처럼 살아가면서 그 무엇과도 온전히 함께하지 않는다. 그들은 여러 장소들과 사람들 주위를 옮겨 다니지만 진정으로 무언가를 보거나 경험하지 않으

며 타인도 그들을 보거나 경험하지 못한다.⁵

점점 파편화되고 빠르게 진행되며 수다스러움으로 가득한 세상에서, 나는 내향적인 사람들이 교회와 세상에게 줄 수 있는 선물이 **깊이를 향한 갈망**이라고 생각한다. 영적으로 성숙한 내향적인 사람은 현대 사회의 생활 방식에 대한 대안을 제시할 수 있다. 그것은 사려 깊고 상상력이 풍부하면서 다소 느리게 사는 방식이다. 내향적인 사람들에게 기독교적 삶의 질은 내적 삶의 질에 근거를 둔다. 영적으로 풍성한 내향적인 사람은 각자의 영혼 깊은 곳으로 그리고 하나님의 마음 깊은 곳으로 내려간다. 영적인 것에 관심을 기울이는 내향적인 사람들과 대화를 나누면, 그 대화는 그들이 어떤 기독교 전통에 속하든 관상적contemplative 영성의 주제로 돌아가고 그들 중 많은 이들은 스스로를 '관상자'라고 표현한다.

관상적 영성

관상자라고 하면 흔히 기도와 성찰에 온전히 헌신하기 위해 수도원에 은둔하는 사람들의 활동을 주로 연상시킨다. 하지만 오늘날 교회의 많은 종파에서 관상적 영성은 특정한 공동체에 속한 것이라는 의미는 줄어들고, 오히려 가톨릭부터 복음주의까지 다양한 전통의 사람들이 채택하는 영적 취향으로서의 의미가 더 강해졌다. 이런 영적 태도는 인간 삶의 모든 측면에서 하나님의 임재를 발견하고자 한다. 관상은 현대의 삶이 제공하지 않는 초점과 깊이를 갈망하는 사람들의 마음을 끈다.

내향적인 사람은 대체로 더 조용하고 성찰하는 방식의 삶을 포함하는 영성에 이끌린다. 기본적으로 관상한다는 것은 우리의 관심을 어떤 것, 특히 기독교 영성에서는 어떤 **존재**에게 초점을 맞추는 것을 의미한다. 관상하는 영은 하나님이 소통하신다는 확신에 근거한다. 그 소통은 성경을 통해, 창조를 통해, 아름다움을 통해, 우리의 경험을 통해, 우리의 감정과 생각과 몸을 통해, 다른 사람들을 통해, 그리고 명백히 예수 그리스도를 통해 이루어진다.

내가 선호하는 표현을 사용해 말하면, 관상하는 삶은 경청의 영성을 품고 있다. 내가 보기에 관상하는 사람들은 최고의 경청자들이다. 우리는 귀뿐만 아니라 모든 감각으로 경청한다. 그리고 그 감각들은 때로 우리를 언어의 세계를 넘어 깊은 침묵으로 이끈다. 우리는 글로 쓰인 계시에 근거하는 사람들이다. 그렇지만 우리는 하나님의 임재가 우리의 언어와 교리를 넘어선다는 것도 잘 안다. 위대한 기독교 전통에서 훌륭한 관상자들은 하나님의 숨으심을 강조해 왔다. 하나님의 숨으심은 이성적 사고와 말과 이미지를 넘어선 곳으로 우리를 이끄는 신비다. 말은 하나님을 지시하는 표시다. 그러나 그것이 하나님 자신은 아니다. 말은 유용하고 필요한 것이지만 하나님을 제한하거나 통제하려는 면이 있다. 그러나 선지자 이사야에게 계시하신 것처럼, "하늘이 땅보다 높음같이 내 길은 너희의 길보다 높으며 내 생각은 너희의 생각보다 높음이니라"(사 55:9).

관상자들은 하나님이 우리가 관계를 맺고 경험할 수 있는 인격적 존재시라고 본다. 관상자들은 하나님을 더 깊이 경험하기 원한다면 그것은 전에 생각하던 것보다 더 높은 차원에서 사고하는 일이 아니라 다른 차원에서 하나님을 느끼는 일이라고 말한다. 말은 우리를 문턱까지는 데려다줄 수 있지만, 오직 침묵만이 그 신비 속으로 들어가는 일을 가능하게 한다. 하나님의 임재 안에서 경청하기 위해 침묵함으로써 우리는 하나님이 우리의 이해를 넘어서시는 동시에 우리가 상상하는 것보다 훨씬 가까이에 계심을 배우게 된다.

통합. 또한 관상은 통합, 즉 우리 존재의 조각들을 하나로 묶는 방법에 관한 것이다. 특별히 내향적인 사람들은 이 세상이 우리에게서 우리 자신을 분리시키며 멀리 떨어뜨려 놓는다고 느낄 수 있다. 관상을 통해 우리는 존재의 조각들을 한데 모아 그것들을 하나님께 드리고자 한다. 그러면 그분은 우리를 찾으시고 회복하시며 그 조각들을 하나로 모으신다. 관상자들은 이질적 경험, 생각, 상황 안에서 일관된 맥락으로서의 하나님을 찾는다.

리처드 로어Richard Rohr는 관상을 잘못된 목소리들—"우리를 그 손아귀에 붙잡아 두는 부정적이고 끔찍하고 분노하게 하는 생각들"—과 우리를 탈동일시disidentification하는 과정이라고 생각한다. 그는 관상이 진실한 목소리Voice와 더불어 우리 정체성을 알려 준다고 생각한다.[6] 로어는 그래서 관상 기도가 '임재의 하강'—이는 예수님이 요단강에서 나오셨을 때 내려온 비둘기(성령을 상징하는)의 이미지를 떠오르게 한다—을 받아들이도록 우리를 열어 준다고 말한다. 하늘로부터 음성이 임하여 "너는 내 사랑하는 아들이다"라고 선포했으며, 그것과 경쟁하던 다른 정체성은 모두 떠나갔다.

어떤 이들은 관상이 수동적으로 회피하는 은둔이라고 생각하지만, 참된 관상자들은 세상에 깊숙이 참여한다. 로널드 롤하이저Ronald Rolheiser 수사는 "관상은 깨어나는 것이다. 관상하는 것은 하나의 사건을 모든 국면에서 온전히 경험하는 것이다. 성경은 이를 하나님, 타인, 우주와 얼굴과 얼굴을 대하여 다가서는 것으로 표현했다"고 말한다.7 진정한 관상 가운데 우리는 정신, 영혼, 몸이 하나님 앞에 그리고 우리 자신 앞에 온전히 현존하는 방법을 배우게 된다. 우리는 성령의 은밀한 탄식에 대하여 그리고 매 순간에 주어지는 은혜와 지혜에 대하여 온전히 살아 있기를 구한다.

고독. 내향적인 사람들에게 매력적인 관상의 모양새는 고독이다. 예수님은 중요한 순간에 홀로 기도하기 위해 따르던 무리로부터 물러나셨다. 예수님의 사역은 군중 사이가 아니라 광야에서 시작되었다. 그곳에서 예수님은 수 세기 전 이스라엘이 굴복했던 시험들과 홀로 싸우셨다.

고독은 상대자Another의 임재를 위한 공간, 즉 세상과 우리를 존재하게 하신 절대자the One의 음성을 위한 공간을 창조하는 길이다. 다른 사람들과 우리 자신의 끊임없는 수다로 채워진 세상에서 하나님의 음성은 묻히기 일쑤다. 관상자들은 하나님의 음성이 천둥처럼 임하는 경우가 드물다는 것을 잘 안다. 오히려 하나님의 음성은 고립된 환경에서 살아가는 목동들의 삶에 혹은 대기가 희박한 산 위에서 숨을 몰아쉬는 선지자들에게 슬며시 다가오는 속삭임으로 임한다.

그러나 관상적 고독은 단순히 혼자 있는 것simple privacy과는 완전히 다르다. 혼자 있는 것은 무언가로부터 **떠나가는** 것, 즉 외적 자극으로 우리를 지치게 하는 세상과 물리적으로 거리를 두는 것을 말한다. 여러 활동과 사회적 관계는 내향적인 사람을 지치게 하기 때문에 우리는 자신의 에너지 수준에 지속적이고 근본적으로 관심을 기울인다. 우리는 현재 보유한 연료의 양을 부지런히 점검해야 한다. 혼자 있는 것은 모든 내향적인 사람이 원하는 바이며, 그렇게 할 때 우리의 에너지는 저절로 그리고 심리적으로 회복된다.

그러나 고독은 물리적 실재인 만큼이나 내적 상태이기도 하다. 고독 가운데서 우리는 무언가를 **향하여**, 곧 영적 갱신을 일으키시는 하나님과의 만남을 향하여 움직인다. '동력을 공급하다'(그리스어로 *energeō*)라는 말은 신약성경에 자주 등장하는데, 주로 인간의 능력을 뛰어넘어 무언가를 성취하시는 하나님의 능력을 의미한다. 에베소서 1:20은 "그의 능력이 그리스도 안에서 역사하사*energeō* 죽은 자들 가운데서 다시 살리시고 하늘에서 자기의 오른편에 앉히사"라고 말한다. 여기서 하나님의 능력은 부활의 힘이다. 그 힘은 예수 그리스도를 통해 죽음을 이기고 세상을 새 창조로 타오르게 하는 에너지다. 고독 가운데 하나님을 구할 때, 우리는 부활의 능력을 이용하여 단순히 혼자 있어서 기운을 차리는 수준을 넘어서는 회복을 누리게 된다.

우리의 주의를 산만하게 하는 것들로부터 거리를 두면 고독을 발견할 수 있는 상황이 만들어지겠지만, 고독 자체가 포상을 의미하는 것은 아니다. 고독의 목표는 만남이다. 그리고 만남의 부산물은 변화다. 헨리 나우웬은 사막 교부들의 영성에 대한 연구서 『마음의 길』*The Way of the Heart*, 두란노서원에서, 고독 가운데 우리는 잘못된 자아의 강요에 대항하는 "위대한 투쟁"과 새로운 자아의 실체로서 스스로를 내어 주신 사랑의 하나님과의 "위대한 만남" 둘 다를 경험한다고 말했다.[8] 고독 가운데서 우리는 우리를 자기들 형상대로 빚으려는 세력들과 우리가 스스로를 정의하려는 또 다른 길을 직면하게 된다. 그리고 우리에게 진정한 정체성을 주시는 하나님을 만나고, 진실로 우리를 정의하시고 당신의 형상대로 우리를 빚으시는 그분의 음성을 듣는다.

내향적인 사람에게 영적 삶이란 고독의 기간들로 묶을 수 있을 것이다. 우리는 타인을 바라보시는 하나님의 시각을 알기 위해 그곳에 가고 세상에서 활동하는 데 필요한 자원을 그분에게서 얻는다. 일하고 사랑하라는 그분의 부르심에 응답한 후에, 고독 가운데 그날그날의 사건들에 대해 정리하고 기도하는 가운데 우리의 영적 삶은 그 정점에 이르게 된다.

그러나 내향적인 사람들에게조차 고독은 전적으로 자연스러운 것이 아니다. 그냥 혼자 있는 것은 자연스러울 수 있지만, 진정한 고독은 그렇지 않다. 우리는 고독으로 들어가려 할 때 침범하는 초조와 불안과 외로움을 경험한다. 따라서 고독이란 항상 계발해야 할 훈련이다.

고독을 계발하기: 검사. 고대로부터 전해 오는 유용한 영적 훈련법 몇 가지가 단순히 혼자 있는 상태로부터 고독을 향해 이끌 수 있다.

하루가 끝날 무렵이면, 나는 교부 이그나티우스[Ignatius]가 처음 제안했던 검사 방법을 실천한다. 이그나티우스의 방법은 하나님의 움직이심을 발견하도록 돕고 내 일상생활의 다양한 갈래를 하나로 묶는 데 유용하다. 이 검사에서 나는 그날의 일들을 살피는 일을 도와달라고 성령께 청한다. 그리고 하루를 돌아보는 동안 (1)하나님의 임재를 느꼈던 순간들, (2)내가 감사했던 것들에 특별히 주의를 집중한다.

나의 승리와 실패, 사랑의 행동과 자아에서 비롯된 행동을 점검하며 하루를 돌아보는 동안, 나는 자문한다. '나는 어디서 하나님을 보았는가? 하나님이 부재하신 것 같은 시간은 없었는가?' 나는 하루 동안 경험한 동기 부여와 느낌에 주의를 기울인다. 그리고 하나님과 직접 상호 작용하는 시간으로 검사를 마무리한다. 여기서 다시 나는 묻는다. '찬양과 감사를 드릴 만한 일이 있었는가? 고백해야 할 일이 있는가? 특별한 기도 제목이 있는가?' 만일 잠자리에 들기 전에 하나님과 더불어 풀기를 원하는 해결되지 않은 감정이나 문제가 있다면, 이때가 알맞은 시간이다. 장황한 분석으로 빠지지는 않도록 한다.

내가 이 방법을 좋아하는 이유는 이것이 내향적인 사람들이 필요로 하는 내적 처리 과정을 허용하기 때문이다. 나의 내향적 성향을 받아들이면서 나는 나의 뇌가 하루를 나름의 방식으로 처리한다는 것을 알게 되었다. 만일 잠들기 전에 그 일을 하지 않으면, 나의 뇌가 하루를 처리하는 동안 나는 뜬눈으로 누워 있게 될 것이다. 혹은 나의 잠재의식이 내가 자는 동안 그 일을 하려고 시도할 것이다. 이 검사는 나의 처리 과정에 간편한 구체적 틀을 제공한다.

이 검사가 또렷하게 초점을 맞춘 기도의 시간을 허락한다는 점도 좋다. 내향적인 사람의 머릿속에서는 내적 독백이 끊임없이 이어진다. 나의 경우에는 이것을 그저 대화라고 할 수도 있겠다. 왜냐하면 내가 큰 소리로 혼잣말을 하곤 하기 때문이다! 내 머릿속에는 모든 종류의 가상 시나리오를 쓰고 치열한 말싸움을 벌이고 자신과 세계에 관한 딜레마를 몇 가지라도 붙들고 씨름하는 매우 활동적인 위원회가 존재한다. 그래서 하나님을 나의 내적 대화에 들어오시도록 하는 것은 늘 어려운 과제다. 나의 내적 대화는 늘 계속되기에 하나님의 음성을 구별하기가 쉽지 않다. 나의 영적 지도자들은 나더러 잠시 멈추고 하나님을 그 대화로 초대하라고 격려한다. 내 안에서 자연스럽게 발생하는 대화를 멈출 필요는 없다. 나는 하나님이 대화가 오가는 탁자의 상석에 앉으시도록 하면 된다.

고독 가운데 훈련하기: 주의 집중. 내가 영적 지도자로부터 배운 또 다른 적절한 훈련은 주의 집중 훈련이다. 구체적으로는 내면세계의 움직임에 주의를 집중하는 것이다. 내향적인 사람들이 "나는 내 머릿속에서 나와야 해"라고 말하는 것은 흔한 일이다. 그러나 많은 경우에 나는 그들에게 반대로 조언한다. 당신의 머릿속으로 더 깊이 들어가라. 자기에게 몰두하는 것을 경계하는 것도 좋지만, 나는 내향적인 사람들이 내면에서 일어나는 일에 귀 기울임으로써 그들의 내향적 은사를 받아들여야 한다고 확신한다. 나는 내가 마음을 살필 때 그 일을 하는 존재가 궁극적으로 나 자신이 아니라 하나님이시기를 기도한다. 내가 아는 것보다 더 세세하게 나를 아시는 창조주, 어느 목소리도 닿을 수 없는 내 영혼의 장소들을 향해 말씀하시는 분 말이다. 그래서 시편 기자는 "하나님이여, 나를 살피사 내 마음을 아시며 나를 시험하사 내 뜻을 아옵소서"라고 요청한다(시 139:23).

외향적인 사람이 외부 세계에 하나님이 계시하시는 바에 대해 민감한 사람들이라면, 내향적인 사람은 하나님이 그들의 내면에서 하시는 일을 듣고 보는 일에 잘 준비된 사람들일 것이다. 하나님의 말

쏨은 내적 사고와 자극의 형태로 우리에게 다가온다. 떠오르는 생각, 우리를 놀라게 하거나 우리의 자연스러운 성향과 배치되는 느낌, 말, 이미지의 형태로 오는 것이다. 내 친구 케이시Casey는 내향적 처리 과정에서 자신이 내적 독백과 하나님과의 대화 사이를 왔다 갔다 한다고 말한다. 가끔 알 수 없는 곳으로부터 생각이 솟아오를 때가 있는데, 그럴 때가 바로 하나님이 그와 대화를 하기 위해 오실 때다.

때로 기독교 공동체에서 이런 식의 내적 주의 집중을 반대하려는 이들을 맞닥뜨리곤 한다. 많은 그리스도인이 자신의 욕구와 경향성에 대해 심각하게 의심한다. 그들은 정욕과 탐욕 같은 악행을 샅샅이 찾아내어 의지력으로 그것들을 제거하려 애쓴다. 우리의 자연스러운 경향에 대한 의심은 죄에 대한 건전한 저항을 의미할 것이다. 그러나 우리의 갈망들이 전하는 더 깊은 메시지를 외면하는 방식으로 죄를 끊어 낸다면, 우리는 왜곡된 욕망을 제대로 다루지 못하는 것이다. 이것은 내면세계를 향하는 내향적 신자들의 성장을 저해할 수 있다.

나는 대학에서 두 사람의 책임 모임accountability group에서 활동했다. 우리는 우리를 괴롭히는 욕망에 대해 고백하고, 그런 욕망을 품지 않도록 상대방을 위해 기도하는 데 매시간 헌신했다. 하지만 우리는 욕망을 주의 깊게 들여다보고 그 아래에 무엇이 있는지 발견하려는 시도는 하지 않았다. 정욕이나 비교 의식 같은 부정적 욕구들은 선하고 거룩한 욕구들이 왜곡되어 있는 모습이다. 그렇다면 우리는 진정 무엇을 소망하고 바라야 하는가? 우리의 부정적 욕구는 우리가 진정으로 원하는 바를 보여 주는 창문과 같다. 그렇다면 우리는 어떻게 부정적 욕구 아래에 흐르는 선한 욕구의 소리를 들을 수 있는가? 그리고 어떻게 그 소리를 듣고 그 선한 욕구에 따라 행동할 수 있는가? 우리는 어떻게 하나님이 우리 안에 새겨 놓으신 그 선한 욕구를 이루어 달라고 기도할 수 있는가? 우리를 괴롭히는 욕구들을 거칠게 물리치려고 하면 대개는 그 욕구들에게 큰 힘을 주게 된다. 그 대신 그 욕구들이 말하는 바를 듣고 그것들에게 질문을 던지면, 우리는 그 표면적 욕구들 아래 있는 것에 힘을 줄 수 있다.

우리의 리듬을 수용하기

최고의 기독교 영성은 '영'만이 아니라 인격 전체를 포용하는 것이다. 만일 최고의 계명이 "네 마음을 다하고 목숨을 다하고 뜻을 다하고 힘을 다하여 주 너의 하나님을 사랑"(막 12:30)해야 한다는 것이라면, 우리의 영적 훈련이 우리 인간됨의 각 측면을 다룬다고 보는 것이 맞는 듯하다. 더 나아가 우리는 우리의 몸, 영혼, 사고와 감정 사이의 상호 작용, 즉 이것들이 어떻게 리듬에 맞춰 함께 움직이는지를 고려한다.

큰 리듬. 내향적인 사람에게 보편적인 큰 리듬은 성찰-행동-성찰 패턴으로 세계에 참여하는 움직임이다. 우리는 신앙에 근간이 되는 이야기 몇 개에서 이와 동일한 패턴을 찾을 수 있다. 창세기 1장을 보면, 하나님이 창조 사역을 시작하시기 전에 성령께서 행동할 준비를 하신 상태에서 형태가 없는 덩어리를 살피듯 물 위를 운행하신다.

그리고 1장 전반에 걸쳐 하나님이 창조하시고 그 창조물을 성찰하시는 모습이 분명하게 반복된다. 창조 주간의 날마다 하나님은 행동하실 뿐 아니라 멈추어서 당신이 만드신 바를 찬양하신다. 사실 창조의 날들은 하나님이 당신의 작업 결과를 보시고 '좋다'고 평가하시기 전까지는 완결되지 않았다.

하나님의 성찰은 하나의 행위를 또 다른 행위들로부터 분리한다. 그리고 하나님의 성찰은 창세기가 시작되는 절들에 등장하는 물로 이루어진 혼돈의 형태 없는 덩어리와 대조되는 세상에 질서를 확립한다. 창조의 엿새 중 마지막 날에, 하나님은 당신의 인간 창조를 '심히 좋다'고 평가하시고 그다음 하루 전체를 당신의 완결된 작업에 대한 안식의 성찰에 할애하셨다. 안식일은 나중에 고안한 것이 아니다. 안식일은 마지막에 덧붙인 날이나 시적 표현도 아니다. 그날은 창조 주간의 완결이다. 안식일은 세상이 하나님에 의해, 하나님을 위해 창조되었다는 것 그리고 질서가 혼돈을 이겼다는 것을 축하하는 날이다. 우리는 안식하면서 그 실재에 대해 성찰하기 위해 그리고 다른 이들도 자유로이 그렇게 할 수 있도록 하루를 남겨 둔다.

하나님은 일과 성찰의 때를 당신이 창조하신 세상에 새겨 두셨다. 그리고 그분은 성찰에 대해 매일의 리듬과 일주일의 리듬 모두의 본을 보여 주셨다. 성찰하는 습관은 우리 삶에서 의미와 패턴을 찾을 수 있도록 그리고 혼돈에 저항하여 싸울 수 있도록 돕는다. 우리의 활동과 매일의 날들은 서로를 향해 흘러 들어가 우리를 통제하는 방식으로 맞물리는 경향이 있다. 그러나 앞에서 설명했던 검사와 같은 훈련들은 우리의 일상생활에서 하나님과 더불어 그분의 움직이심에 대해 성찰하도록 돕는다. 안식일의 휴식은 우리로 하여금 성령이 사역하시는 더 넓은 패턴을 보도록 하고, 우리 문화의 쉼 없는 행위에 굴복하지 않는 법을 가르친다. 안식일은 우리의 내향적 마음이 간절히 바라는 바를 할 수 있도록 이끈다. 안식하는 가운데 성찰하고 관상하고 관찰하며 한발 물러서서 하나님의 창조를 경이롭게 바라보는 것이다.

작은 리듬. 나이가 들면서 나는 나만의 리듬에 주의를 기울이는 법을 배웠고 나의 일상 중 한 부분이 고통받으면 나의 모든 것이 고통받는다는 것을 이해하는 법을 배웠다. 나는 대학생이었던 스물두 살 때 어느 여름을 완전히 멍한 상태로 보낸 적이 있다. 그때 나는 멕시코 남부를 도보로 여행하면서 몇몇 대학교의 기독교 공동체를 방문하는 단기 선교팀에 참여했다. 2주가 지나자 나는 피로해졌고 그 상태가 그해 여름 내내 계속되었다. 나는 그것이 습한 날씨와 형편없는 식사, 낯선 언어와 관습 때문이라고 여겼다. 나는 내게 선교 사역을 감당할 신체적·감정적 체질이 없기 때문에 선교사가 될 수 없으리라 생각했다. 심지어 최근까지도 그때의 총체적 피로가 나의 내향성으로 인한 결과임을 알지 못했다. 선교팀의 일원이 되어 비좁은 숙소에 함께 머물고 멕시코 문화의 매우 외향적인 측면을 상대하다 보니 나는 지치고 심지어 분노를 느꼈다. 그러나 내가 남은 인생을 선교로부터 배제된 채 지내야 하는 것은 아니었다. 나는 단지 재충전을 위한 공간을 찾아 고독의 상태로 들어가야 했던 것이다.

나처럼 내향적인 사람이던 나의 영적 지도자는 낮에 제대로 활동하기 위해서는 밤에 여덟아홉 시간을 자는 것이 중요하다고 말한 적이 있다. 내가 인터뷰했던 다른 내향적인 사람들도 평균보다 많은 시간을 수면에 할애해야 한다는 데 동의했다. 내향적인 사람들은 정신적으로뿐만 아니라 신체적으로도 재충전해야 한다. 잘 자는 것이 영적 수고 중에서 가장 영웅적인 일은 아닐 것이다. 그러나 나이가 들수록 확실하게 깨닫는 것은, 일상적 활동과 매일의 리듬이 우리 성격의 기반이 된다는 것이다.

내가 나 자신에게서 발견한 리듬은 하루의 시작과 끝 무렵에 고독의 시간을 두는 것이 중요하다는 것이다. 아침에 급하게 집을 나서면 나는 오전 대부분 동안 방향 감각을 상실하고 좌절감에 휩싸인다. 그리고 저녁 내내 사람들과 지낸다면, 밤에 제대로 잠들기 어렵다. 나는 아침에 일찍 일어나 성경을 읽고 기도하는 법을 배웠다. 그리고 그날의 일을 정리하기 위해 저녁에 홀로 산책하는 습관도 들였다. 이런 리듬들은 내 안에서 평안을 찾도록 해 줄 뿐 아니라 다른 사람들이 나의 도움을 요청할 때 좀더 그들과 함께할 수 있도록 돕는다.

삶의 내향적 규칙

삶의 규칙rule of life이라고 불리는 오래된 실천이 있다. 그것은 하나님이 우리에게 베푸시는 은사를 받아들이고 일상의 활동들에서 하나님의 임재에 대한 인식을 확장하기 위해 삶에 질서를 세우는 방법이다. 이런 경우에 '표준' 혹은 '기준선'을 의미하는 이 규칙은 성 베네딕투스의 존경받는 규칙처럼 공동체적인 것일 수도 있고 아니면 개인적인 것일 수도 있다. 이 규칙은 개인의 고유한 특성과 리듬에 잘 맞춰진 반복되는 행위와 관계 방식으로 구성되어 있다. 적절한 삶의 규칙은 영적 삶이나 종교적 삶뿐 아니라 일, 관계, 신체적 습관 및 삶의 다른 양상들에도 적용된다. 삶의 규칙은 우리의 영적 차원을 삶의 나머지 부분과 구별하려는 경향에 반대한다.

나는 여기서 삶의 내향적 규칙을 제안하고자 한다. 우리가 사는 세상의 빠른 속도와 활동 속에서 우리가 내적으로 삶에 질서를 부여하여 사회적 교류에 사용할 에너지를 극대화하고 고독을 위한 공간들을 마련하면 유익할 것이다. 삶의 규칙은 자신이 누구인지를 받아들일 때 발견하는 내적 혹은 외적 리듬과 같이 작동한다.

표준적 삶의 규칙에 대한 나의 변용은 에너지의 리듬을 중심으로 하며 우리로 하여금 하나님의 능력을 받게 해 줄 구조를 찾는 데 초점을 맞춘다. 여기 자신의 삶의 규칙을 찾기 위해 고려할 만한 질문 몇 가지가 있다.

1 하루 중 가장 에너지가 넘친다고 느낄 때는 언제인가?
2 언제 가장 피곤하다고 느끼는가?
3 잠을 얼마나 자야 하는가?
4 나를 힘이 나게 하는 신체적 습관은 무엇인가? 에너지를 소모시키는 습관은 무엇인가?
5 내가 고독의 상태를 가장 바라는 때는 언제인가?
6 나는 어떻게 영혼의 안식을 구하는가?

7 영적 훈련 중에서 하나님이 나를 회복시키신다는 느낌을 가장 많이 받는 것은 무엇인가?

8 내가 맺는 관계 가운데 가장 회복되는 느낌을 주는 관계는 어떤 것인가? 가장 지치는 느낌을 주는 관계는 어떤 것인가?

알아차릴 수 있겠지만, 이 질문들은 에너지를 중심으로 한다. 즉 우리가 어떻게 에너지를 얻고 보존하는가에 대한 것이다. 고독은 우리가 에너지를 얻는 가장 강력한 근원이 되지만 유일한 근원은 아니다. 좋은 사람과의 대화나 우리가 열정을 품은 활동을 추구하는 일도 효과가 있다. 목표는 우리를 정신, 영혼, 몸, 관계의 통일성으로 이끄는 리듬을 발견하는 것이다.

매일, 매주, 매월 혹은 매해 단위로 우리가 실천할 만한 훈련과 행동 방식을 찾을 수 있다. 예를 들어 내가 전임 사역자일 때 평일의 활동에는 다음의 훈련들이 포함된다.

- 아침 글쓰기와 독서
- 일하는 동안 서너 번 정도 짧은 고독의 시간 갖기
- 사람들과 함께하는 저녁
- 늦은 저녁 산책과 자기 검사
- 일고여덟 시간 수면

이것은 내 일정과 특성에 가장 잘 맞는 매일의 리듬이다. 하루를 이런 방식으로 구조화함으로써 나는 하루가 지나는 동안 점점 사라지는 나의 관계 에너지를 극대화한다. 목회직의 대인 관계적·영적 요구를 고려하면 하루 중에 짧은 고독의 시간뿐만 아니라 더 긴 고독의 시간을 위한 간격이 두어 번 필요하다. 이것은 나 자신의 정서적 건강과 내가 목회하는 대상의 유익 둘 다를 위한 것이다. 퇴근길은 하루를 성찰하기에 좋은 여유를 주고, 저녁 산책은 고독-행동-고독이라는 하루의 큰 리듬을 완결한다. 규칙적 운동과 더불어 일고여덟 시간의 수면은 다음 날 아침에 일어날 때 기력이 회복된 것을 느끼도록 해 준다. 여기에 더해 나는 더 확장된 리듬을 실천한다. 매주의 안식일이나 영적 지도자와의 월례 만남, 1년에 두 차례의 개인 피정이 여기에 속한다.

다른 내향적인 사람들, 아마도 일터에서 사회적 교류를 요구받지 않는 사람들에게는 고독의 시간이 이 정도로 주기적으로 필요하지 않을 수 있다. 그러나 다른 이들에게는 고독의 시간이 더 많이 필요할 것이다. 어떤 이들에게는 한 번에 긴 시간의 고독이 필요하고 다른 이들에게는 하루 중에 틈틈이 고독의 시간을 가지는 것이 가장 좋을 수 있다. 각자에게 맞는 독특한 규칙이 있을 것이다. 삶의 규칙은, 적절하게 수행되기만 한다면, 제한을 가하는 것이 아니라 자유를 주는 것이어야 한다. 융통성 있게 삶의 질서에 균형을 맞추어야 한다 (우리 삶이나 하나님이 쉽게 범주화되거나 통제되어서는 안 된다는 것을 인정하면서 말이다).

나는 많은 사람들, 특히 어린아이를 키우는 부모들이 고독의 시간을 갖지 못한다는 것을 잘 안다. 절박한 마음으로 욕실 문을 잠그고 들어가 있던(밖에서는 아이들이 문을 두들기고 있다) 내향적 부모들의 메일을 여러 번 받았다. 그들에게는 욕실이 말 그대로 유일하게 혼자 있을 수 있는 장소였기 때문이다. 네 살도 안 된 아이 셋을 둔 어머니는 이렇게 말했다. "제가 어느 날 샤워를 하고 저를 위해 20분을 쓸 수 있다면, 그날은 십중팔구 제 생일일 겁니다." 또 다른 어머니도 가슴 아픈 질문을 던졌다. "제가 수녀 대신 엄마가 된 순간 신비주의는 물 건너간 건가요?" 그는 관상자들이 "그들을 방해하는 것이라고는 내면의 문제밖에 없는 극도의 고독, 침묵, 기도의 삶을 사는 것처럼 보인다"고 말했다.[9] 삶의 규칙을 세울 때 절대적으로 정직하게 자기 삶과 대면하는 것이 중요하다. 이것은 새해의 결심, 즉 아무도 지킬 생각이 없는 터무니없는 이상을 적어 보는 것이 아니다. 올해가 삶의 모든 것에서 완벽한 균형을 찾는 해는 아닐 수 있다. 고독의 시간을 찾기가 어려워서 창의력을 발휘해야 할 인생의 계절도 있다. 내가 아는 내향적인 어머니 몇 명은 아이들이 낮잠 자는 시간을 활용하거나 (때로) 한밤중에 아이에게 젖을 물리는 동안 조용하게 보낼 수 있는 순간을 모색한다.

현실은 우리 삶에 구조가 부재해서 구조를 설치해야 하는 것이 아니다. 오히려 우리는 우리가 인정하든 하지 않든 삶의 규칙을 **이미 가지고 있다**. 우리는 습관적 실천과 훈련을 하면서 특정한 방식으로 하루하루의 방향을 잡는다. 따라서 삶의 규칙을 의도적으로 실천하면, 하나님과 이웃을 자신처럼 사랑하게 하는 건강하고 신뢰할 만한 생활의 리듬을 세울 수 있다. 이제부터 당신의 삶의 규칙에 포함시킬 수 있는 행동 원리 몇 가지를 제안하려 한다.

중보. 나는 지난 몇 년간의 피정에서 만난 수도자들로부터 깊은 영감을 얻었다. 내가 항상 감동받는 것은, 많은 이들의 생각과는 달리 그들이 세상으로부터 벗어나기 위해 수도원에 머무는 것이 아니라는 점이다. 오히려 수도자들은 공동체를 참여와 공동 소명의 장소로 이해한다. 수 세기 동안, 수도원들은 세상을 위해 꾸준히 중보하는 중심으로 존재해 왔다. 예배 시간에 시편을 찬양하면서 그들은 가난과 불의와 억압의 희생자들을 위해, 국가들 사이의 평화와 화해를 위해 노래했다. 마찬가지로, 내향적인 사람도 고독의 시간에 타인을 위해 중보하면서 세계에 참여할 수 있다. 그렇게 할 때 타인에 대한 우리의 사랑과 긍휼이 성장한다. 우리는 자신의 슬픔을 마주할 때 더욱 친절하고 관대해진다. 우리는 하나님 앞에 설 때 그분이 지으신 세상 앞에도 서게 된다.

공부와 성찰적 독서. 독서는 혼자 하는 행위이므로 내향적인 사람이 외향적인 사람보다 독서를 더 많이 한다는 것은 놀랄 일이 아니다. 공부는 우리에게 자연스러운 훈련이 될 수 있고 잘 연습하면 영적 활동이 될 수도 있다. 신학 공부는 학문적 차원을 넘어서는 방식으로 이루어질 수 있다. 성경의 많은 분량을 천천히 관상하며 읽는다면 성경 자체와 우리 인생에서 더 폭넓은 주제들에 관해 듣게 될 것이다. 내 친구는 사도 요한이 다른 복음서에 비해 이야기를 천천히 진전시키면서 성부와 성자 사이의 친밀한 관계와 그 개념들을 탐색하기 때문에, 특히 요한복음이 자신의 내향적 면을 건드린다는 점을 깨달았다고 했다. 우리는 또한 개인적으로 혹은 공동체와 함께 '렉티오 디비나'*lectio divina*(신성한 읽기)를 실천할 수 있다. '렉티오 디비나'에서 우리는 성경 본문을 천천히 반복해서 읽으면서 각 단어를 음미하고 하나님이 우리에게 개인적으로 주시는 말씀을 듣게 된다.

일기 쓰기와 글쓰기. 일기를 쓰는 일은 나에게 중요한 훈련이다. 내면의 대화가 구체적 형태로 나타나도록 해 주기 때문이다. 그 모든 과정을 내면에서 처리할지라도, 생각들을 종이에 기록하면 명료함과 일관성이 향상된다. 종종 나는 기도하는 내용까지도 기록하려 한다. 기도에 집중하기 위해서일 뿐 아니라 훗날 그 기록을 다시 들여다보고 하나님의 응답에 감사하기 위함이다. 나는 글쓰기에 신비한 영적 요소들이 있음을 발견했다. 우리가 자신의 말을 기록하기 시작하면, 곧 그 말이 우리를 위해 기록된다는 것을 깨닫는다. 우리는 글을 쓰면서 하나님과 만나고, 우리가 의도하지 않았던 내용을 쓰고 우리가 보지 못했던 것을 발견할 것이다.

침묵과 관상 기도. 우리 삶에서 성령께서 움직이시는 것에 온전히 집중하기 위해서 내면의 대화를 잠잠하게 해야 할 때가 있다. 때로 우리의 정신이 너무 활동적이면 다른 소리를 듣지 못할 수 있다. 그러면 우리는 한 목소리와 다른 목소리를 분별할 수 없게 된다. 이런 경우, 잠시의 침묵을 통해 정신을 어수선하게 하는 소음을 정리할 수 있다. 침묵의 목적이 반드시 하나님의 깊이 있는 말씀을 듣는 것일 필요는 없다. 오히려 아버지와 시간을 보내는 것이 그 목적이어야 한다. 그 시간에 하나님이 말씀을 하시든 하지 않으시든 말이다.

관상 기도는 의식적 생각을 멀리하면서 정신을 정갈하게 하는 기도 방식이다. 우리는 해변에 앉아 있던 사람이 거대한 바다에 휩쓸리는 것처럼 그 기도의 거룩함에 사로잡힌다. 때로 정신을 집중하기 위해 '예수 기도'처럼 한 단어나 절을 반복하여 읊조리는 것이 도움이 된다. "주 예수 그리스도 하나님의 아들이시여, 이 죄인을 불쌍히 여기소서."

안식. 하나님의 안식은 창조 주간의 최종적 완성이었다. 안식일은 단순히 일을 그치는 것이 아니라 의도적 성찰의 시간이었다. 우리 내향적인 사람들은 삶과 생각의 조각들을 모으는 데 더 긴 시간을 할애함으로써 큰 유익을 얻을 수 있다. 안식하고 성찰하는 것은 우리 문화의 서두르는 에너지로부터 한발 물러서서 삶의 더 큰 방향과 패턴을 보도록 해 주는 흥미로운 반문화적 행위다.

잘못된 이분법

이런 리듬들과 훈련들은 내향적인 사람들이 애정을 담아 세상에 참여하도록 준비시키기 위한 것이다.

사람들은 때로 관상적 전통 즉 '내향적' 영성과, 활동적 전통 즉 '외향적' 영성을 인위적으로 구분하려고 한다. 『거룩한 초대』*Holy Invitations*를 쓴 저넷 바크Jeannette Bakke는 다음과 같이 설명한다.

[최근까지도] 많은 그리스도인은 관상을 의심의 눈초리로 보았다. 이는 부분적으로는 관상과 행동을 하나의 연속체의 양 끝에 두려는 대중적 서구 문화의 영향 탓이다. 많은 사람은 관상이 일종의 수동성, 심지어 일종의 게으름이라고 본다. 그들은 사람들이 삶의 도전에 참

여하기보다는 하나님이 무언가를 하시기를 기다린다고 가정한다. 그러나 이는 사실과 달랐다. 기도의 사람들이 하나님과의 관계로부터 흘러나오는 행동의 사람들이 된다는 것은 일반적 상식이었다.[10]

만일 우리가 우리 삶에서 하나님의 움직이심에 민감하다면, 우리는 기도하는 삶에 헌신할 뿐 아니라 기독교 활동가 셰인 클레어본Shane Claiborne의 말처럼 세상을 향한 "우리 기도의 응답이 되기"를 추구할 것이다.[11] 묵상과 고독 안에서 우리는 종종 행동할 원동력을 찾는다.

주후 5세기로 넘어가는 시점에 아일랜드 왕에 의해 영국의 고향에서 납치된 패트릭Patrick은 목동이 되어 아일랜드의 산비탈에서 양을 치며 6년의 노예 생활을 견뎠다. 고통스러운 외로움 속에서 패트릭은 부모가 로마 통치하의 영국 제도에서 가졌던 가톨릭 신앙을 재발견했다. 패트릭은 기도에 헌신했다. 그러던 어느 날 그는 뚜렷한 목소리를 들었다. "너의 갈망은 해결될 것이다. 너는 집으로 돌아갈 것이다. 보아라. 너를 위한 배가 준비되어 있다." 패트릭은 바다를 향해 약 320킬로미터를 걸었다. 그곳에서 그는 자신을 집으로 인도할 일단의 뱃사람들을 만나게 된다.

그는 수년 후 다시 다른 목소리를 들었다. 이번에는 아일랜드의 군중이 그에게 탄원하는 소리였다. "우리에게 와서 한 번 더 우리와 동행해 주십시오." 패트릭은 고통스러운 노예 생활을 경험했던 곳으로 돌아가 아일랜드의 사도가 되었다. 아일랜드 땅에 기독교 신앙을 전한 사람으로 기억되는 성 패트릭의 이야기다.[12]

패트릭이 아일랜드 산비탈에서 보냈던 시간, 그가 꾸준한 기도로 지탱했던 그 시간은 그로 하여금 하나님의 음성에 주파수를 맞추도록 했다. 그가 고독 가운데 보낸 6년은 그를 구했을 뿐 아니라 나중에 철저한 사랑의 삶으로 부르시는 음성을 듣도록 준비시켰다. 그를 속박했던 사람들을 구하는 철저한 사랑 말이다.

내향적 공동체와 관계

chapter 5

공동체 안에 있지 않은 이에게 혼자 있는 것을 조심하게 합시다.
당신은 공동체로 부름받았으며, 그 부르심은 당신 혼자만을 위한 것이 아닙니다.
부름받은 사람의 공동체에서 당신은 당신의 십자가를 감당하고 분투하고 기도합니다.
당신은 사망 가운데서조차 혼자 있는 것이 아닙니다.
마지막 날에 당신은 예수 그리스도의 위대한 회중 가운데 한 사람으로 존재할 것입니다.
형제들의 공동체를 경멸한다면 당신은 예수 그리스도의 부르심을 거절하는 것입니다.
그렇게 되면 당신의 고독은 당신에게 그저 상처일 뿐입니다.

디트리히 본회퍼Dietrich Bonhoeffer, 『성도의 공동생활』 *Life Together*

나는 이번 장을 쓰고 싶지 않았다. 내향적인 사람으로 예수님을 따랐던 세월 동안 나는 풍성한 영성을 함양했다. 나는 나의 기질에 맞는 리더십 기술을 개발했고 심지어 본래 나의 모습대로 복음을 나누는 일에 큰 진전을 이루기도 했다. 그러나 이야기가 기독교 공동체와 관계로 넘어가면, 나는 때때로 밖에서 안을 들여다보는 외부자 같다는 느낌이 들었다. 솔직히 말하면, 관계에 관해 쓰는 동안 나는 경험보다는 이론에 더 의존했다. 관계라는 무대에서 나는 성공보다는 실패한 경우가 훨씬 많다. 비록 내가 사람들을 알기를 바라고 사람들이 나를 알기를 바라는 인간의 보편적 욕구를 가진다 해도, 내게 안다는 것은 감정적인 일이 아니라 지성적인 일이다. 그래서 이 장에서 공동체에 참여하기 위한 실천적 제안 몇 가지를 풀어놓았지만, 나는 여전히 내가 제안한 바를 스스로에게 적용하려고 노력 중이다.

나는 이른바 상아탑에서 살고 있다는 모호한 칭찬을 받는 사람이다. 할 수만 있다면 나는 생각하고 읽고 쓰면서, 매일 공부를 하며 시간을 보낼 것이다. 그렇게 해서 내 상아탑의 돌들이 완전함으로 윤이 나도록 갈고 닦을 것이다. 대부분 나는 다른 이들이 만들어 내는 소음과 시급함으로부터 일정한 거리를 둔 채, 나만의 거대한 생각과 성찰에 빠져 있기를 바란다. 그러나 나는 성장이란 예외 없이 사람들 사이의 진짜 접촉이 주는 혼란과 친밀함을 위한 분투를 수반한다는 사실로부터 도피할 수 없다. 나는 우리 시대든 이전 시대든 교회의 역사에서 형제자매들을 정기적으로 만나지 않고서 그리스도의 장성한 분량으로 자랄 수 있다고 말하는 성숙한 신자를 만난 적이 없다. "철이 철을 날카롭게 하는 것같이 사람이 그의 친구의 얼굴을 빛나게 하느니라"(잠 27:17).

전제로서의 공동체

지금까지 내향성의 렌즈로 그리스도인의 삶의 차원들을 들여다보았다. 이 차원들은 성경이 공동체의 공유된 삶이라는 정황에서 발생한다고 가정하는 것들이다. 성경 시대 문화에서 개인의 정체성은 가족이나 부족 연합과 얽혀 있었다. 사람들은 자신이 소속된 기본 공동체 밖에서는 자신에 대해 생각할 수 없었다. 개인은 자신이 속한 공동체의 확장이자 표상이었다.

그러나 오늘날 서구 사회의 개인주의 성향은 공동체가 선택 사항에 불과하다고 설득하려고 한다. 이러한 개인주의는 이제 우리의 신학과 실천으로 번져 들어갔다. 그래서 성경을 관통하는 공동체에 대한 초점이 종종 흐려지고 개인과 하나님 사이의 관계에만 초점이 집중되곤 했다. 복음주의의 대형 교회라는 현상은 공적 예배에 참여해야 한다는 의무감과 익명으로 남고자 하는 강한 고집을 둘 다 충족시킨다. 우리는 헌신하거나 이름이 알려지는 일 없이 공동체 한구석에 머물거나 한 공동체에서 다음 공동체로 흘러가고 싶은 유혹을 받는다. 주변부에 머물러 있으면 누군가에게 신세를 지지 않아도 되고 사람들도 우리에게 기대하지 않는다. 우리는 거절당하는 것을 피한다. 그러나 그 결과 우리는 관계의 친밀함과 영적 성장의 기회를 잃고 만다. 우리가 사랑하는 법, 봉사하는 법, 경청하며 용서하는 법을 배우는 곳은 여전히 바로 공동체다.

지나치게 눈에 띄지는 않는 수준에서 공동체에 적극적으로 참여하기를 원하는 사람으로서, 나는 규칙적으로 공동체에 대한 성경의 강조를 상기할 필요가 있다. 창조의 1막에서 하나님이 "우리" 형상으로 인류를 창조하셨을 때 우리는 하나님이 삼위일체 공동체로 존재하심과 인간 공동체가 하나님의 공동체를 반영하고 거기에 기반하고 있음을 알게 된다. 하나님이 아브라함에게 본토를 떠나라고 부르시고 그가 큰 민족의 아버지가 되리라고 약속하셨을 때부터, 신자들의 공동체는 하나님의 구원 사역의 중심지였다.

신약성경에서 최초의 그리스도인들은 마치 확장된 가족인 것처럼 살았고, 다른 사람들을 믿음으로 초대했을 뿐만 아니라 자신들의 모임으로도 초대했다(행 2장을 보라). 하나님의 구원 약속은 사람들이 서로 복종하면서 사랑으로 엮여 있는, 함께하는 삶의 맥락에서 수용되어야 한다. 히브리서 저자는 그리스도인의 삶에서 공동체가 얼마나 필요 불가결한 것인지 이야기했다. "서로 돌아보아 사랑과 선행을 격려하며 모이기를 폐하는 어떤 사람들의 습관과 같이 하지 말고 오직 권하여 그날이 가까움을 볼수록 더욱 그리하자"(히 10:24-25).

성경 이야기의 종막終幕에서 우리는 천상의 존재로서 살아가는 홀로 동떨어진 개인들이 아니라, 하나님의 임재 자체로 빛나는 전원 도시에 거하는 범세계적 공동체가 존재하는 마지막 시대를 보게 된다. 모든 나라의 사람들은 유대인과 이방인, 남자와 여자, 매인 사람과 자유인, 내향적인 사람과 외향적인 사람을 구분 짓는 선을 넘어서 함께 모일 것이다. 그들은 죽임당하신 어린양의 보좌 앞으로 모이게 될 것이다.

소속감의 신화

고정관념과 달리 내향적인 사람들은 그렇게 반사회적이지 않다. 수전 케인이 언급한 것처럼, 우리는 "다른 방식으로 사회적"이다.[1] 사회 참여의 서로 다른 형식과 리듬은 서로 견주어 순위를 매길 수 없다. 그러나 외향성 중심의 신화는 기독교 공동체 가운데서 집요하게 그 자리를 유지하고 있다. 조지프 마이어스Joseph Myers는 그의 책 『하나 됨을 찾아』The Search to Belong에서 이것을 "소속감의 신화"라고 불렀다. 그의 이야기는 내가 가장 일반적인 신화라고 여기는 "강한 성격은 곧 강한 소속감"이라는 생각으로 시작한다. 그는 이어서 이렇게 말한다. "사람들은 공동체와 하나 되는 일에 타고난 재능을 가진 사람이 있다고 본다. 사람들은 더 사교적이고 외향적인 사람은 공동체를 경험하는 데 어려움이 덜한 반면, 수줍음이 많은 사람들은 공동체와 하나 되기 위해 분투할 것이라고 생각한다."[2]

나는 이러한 신화의 배경에 기독교 공동체에서 '신실한' 참여의 형태가 어떠한지에 대한 미묘하면서 해가 될 가정들이 있다고 믿는다. 너무도 많은 교회가 공동체에 관하여 과도하게 외향화된 신학을 고수한다. 그들은 사도행전 2장에 등장하는 기독교 원시 공동체, 곧 하나님의 얼굴이 빛나고 성령의 바람이 부는 곳을 보며, 이런 곳이야말로 진정 신실한 공동체라는 결론을 내린다. 그러나 이런 신학은 교회로 하여금 정규 예배에 참석하고 위원회나 리더들의 모임에 참여하고 소모임에 관여하는 것 같은 참여 자체를 영적 성장으로 규정하도록 유혹한다. 진실하고 진보하는 신앙의 표지는 더 많은 활동에 참여하고 더 많은 사람과 친밀해지는 것이 된다. 간헐적으로 예배에 참석하는 것, 많은 활동에 참여하기를 주저하는 것, 혹은 교제의 장을 피하는 태도는 당신을 '헌신하지 않는' 사람으로 분류하게 만든다.

참여의 의미에 대한 이런 가정들 때문에 우리는 그리스도인의 삶에서 신실한 단어란 '예'라고 생각하게 될 수 있다. 어떤 활동이나 모임에 참여해 달라는 요청을 받을 때, 공동체에 진실로 헌신한다면 그리고 진실로 하나님을 신뢰한다면 우리는 단호하게 '예'라고 대답해야 한다. 반대로 '아니요'는 신실하지 못한 말이 된다. '아니요'는 우리가 공동체로 나아가는 것을 가로막는 말이고, 하나님을 신뢰하지 않는 말이고, 타인에게 자신을 닫아 버리는 말이다. 하지만 '아니요'는 재충전과 성찰을 하기 위해 조용한 공간을 필요로 하는 내향적인 사람에게는 꼭 필요한 말이다. 아니요라는 말 없이 우리는 다른 사람들과 온전한 관계를 맺지 못하고 공동체에서 우리의 은사를 발휘하지 못하게 된다. 어느 때에는 아니요라고 말함으로써 우리는 다른 때에 전심으로 예라고 말할 수 있다. 선하고 중요한 이유에서 아니요라고 말할 때, 우리는 우리를 내향적인 사람으로 세우신 하나님께 예라고 말하는 것이다.

어떤 교회들은 개인적 연약함을 드러내는 정도에 비추어 그 사람이 공동체에 헌신한 정도를 측정한다. 복음주의자들은 '나누기'를 정말 좋아한다. 우리는 소모임, 간증 집회, 책임 모임을 운영한다. 우리는 자신의 연약함을 드러내는, 타인과의 투명한 관계를 통해 하나님과의 친밀함에서 성장하게 된다고 믿는다. 헨리 나우웬은 교회 문화에 존재하는 나눔에 대한 기대에 대해 말한 적이 있다. "우리는 느낌이나 감정, 영혼의 내적 동요까지도 다른 이들과 공유해야 한다고 교육받았다.…실제로, 스스로를 보호하고 내면을 드러내지 않는 사람들은 불편함을 조장하는 것처럼 생각되고, 어색해하거나 비사교적이거나 이상한 사람들로 여겨진다."[3]

개인적 나눔에 대한 강조 혹은 과도한 나눔은 불편한 긴장을 만들어 낼 수 있으며, 특정한 몇 사람 말고는 자신의 내적 삶을 나누기를 주저하는 내향적인 사람들을 고립시킬 수 있다. 우리의 성격은 여러 층으로 되어 있다. 그래서 우리는 오랜 시간에 걸쳐 신뢰하는 사람들과 유대관계를 형성하면서 자신을 천천히 드러내기를 선호한다. 우리에게 낯선 사람들과 개인적 사안을 나누도록 요구받는 것은 가장 공격적인 상황일 수 있다.

때로 내향적인 사람들은 불쾌한 경험 때문에 자신에 대해 나누기를 거부하기도 한다. 당신은 아마도 이런 시나리오에 공감할 것이다. 내향적 여성이 한 가지 생각에 대해 관상하고 자신의 삶에 존재하는 패턴을 살피는 데 몇 시간을 보낸다. 그는 그것을 온전히 이해할 때까지 곰곰이 생각했고 용감하게 소모임에서 그것을 나누기로 결심했다. 그는 입을 열기 위해 용기를 끌어모으고 떨리는 목소리로 귀한 내면의 감동을 말로 옮긴다. 그런데 소모임 구성원 중 한 명이 그가 중간에 말을 잠시 멈춘 사이에 이야기를 끊어 버렸다. 그의 생각이 아직 열기를 뿜고 있는데 말이다. 그 사람은 그가 그런 식으로 느껴서는 안 된다고 재빨리 말하거나 그의 이야기에 반대 입장을 취한다. 그것은 그 내향적 여성이 말하던 바와 거의 무관한 내용이다. 나우웬은 이런 인격적 침해와 공허함의 문제를 완벽하게 잡아내고 있다. "귀한 것을 빼앗겨 버렸거나 거룩한 땅이 짓밟혔다는 느낌을 받은 채 나눔의 시간을 마치고 집으로 돌아갈 때가 있다."[4]

소속감과 성격. 공동체에서 내향적 행보란 교회가 참여에 관해 만들어 낸 일단의 가정들을 따르지는 않을 것이다. 마이어스는 "우리는 우리가 사람들에게 바라는 참여 방식만 인정하는 경향이 있다. 그러나 실제로 사람들은 여러 가지 방식으로 참여한다"고 말한다.[5] 마이어스는 소속감에 대해 주관적 관점에서 접근한다. 그는 일체감이 교회가 그것을 어떻게 규정하는지에 대한 것이 아니라 개인이 실제로 그 공동체에 소속감을 느끼는지 여부라고 말한다. 사람들은 공동체에 어느 정도로 참여하든 친밀한 소속감을 느낄 수 있다. 어떤 사람은 성실하게 예배실 뒷자리에 앉아 누구에게도 말을 걸지 않지만 여전히 공동체와 진정하게 연결되어 있음을 느낄 수 있다. 두 사람의 동역자가 나눈 대화를 어깨너머로 들었는데, 그 대화는 겉보기와 다르게 사람들이 공동체에 얼마나 헌신적일 수 있는지 보여 준다. "우리 교회에 진짜 내향적인 자매님 두 분이 계시죠. 그분들은 많은 활동에 참여하지도 않으시고 말도 없으세요. 그분들은 교회에 크게 공헌할 것이 없을 것처럼 보이겠죠. 하지만 그분들은 지금까지 우리 사역 기금에 가장 많이 후원하셨어요."

마찬가지로, 어떤 사람은 자신을 많이 드러내지 않고 다른 이들과 교류하면서 그 모임에 꾸준히 유대감을 느낄 수 있다. 내가 아는 한 내향적인 여성은 8년 동안 자신이 다니는 교회에서 드러나지 않게 섬겨 왔다. 아직도 교회 사람들 가운데 몇몇은 그가 누구인지 알아보지 못한다. 그러나 그는 그 공동체와 그들이 나아가는 방향에 대해 열정을 품고 있다. 더 역동적이고 영향력 있는 교회로 사역지를 옮길지 결정해야 했을 때, 그는 현재의 교회에 대한 애착 때문에 그 제안을 거절했다. 또 다른 내향적인 친구는 함께 행동하되 쓸데없는 말은 하지 않는다. 그가 가장 만족해하는 공동체 경험은 바깥출입을 못 하는 공동체 구성원들을 위해 집에 페인트칠이나 보수를 해 주는 남성들의 모임에 참여한 것이었다. 그는 이런 종류의 모임에 들어가기가 가장 쉽다는 것을 알았다. 연장과 페인트에 관한 것 말고는 별다른 대화가 없었지만, 그는 거기서 경험한 관계를 높이 평가했다.

종합해 보면, 내향적인 사람들은 대체로 공동체의 필요 불가결함을 알고 있지만, 그것이 많은 교회가 규정한 참여의 기준을 인정한다는 의미는 아니다. 교회는 참여에 대한 교회의 이해를 확장하는 대신에 내향적인 사람들이 변할 것을 너무 자주 요청한다.

내향적 소용돌이. 내향적인 사람이 공동체에 들어가 참여하고자 할 때 그들의 헌신의 궤적은 외향적인 사람들의 모임과는 다른 형태를 보일 것이다. 더 높은 수준으로 참여하고자 하는 외향적인 사람들은 공동체의 주변부로부터 중심으로 거칠게 직진한다. 그들은 공동체 가운데로 나아가 더 많은 에너지를 얻으면서 낯선 사람에서 안면이 있는 사람으로, 참여자로, 그다음은 핵심 구성원으로 이동한다.

하지만 내향적인 사람들의 공동체를 향한 여정은 나선형으로 개념화하는 편이 더 좋다. 그들은 공동체로 한 걸음 한 걸음 들어선다. 하지만 그다음에는 에너지를 다시 얻기 위해, 자신들의 경험을 성찰하기 위해, 그리고 공동체가 자신들에게 편안한지 따져 보기 위해 나선을 그리며 바깥으로 이동한다. 그들은 진입과 후퇴 그리고 재진입을 반복하며 나선을 한 번씩 그릴 때마다 공동체 안으로 더 깊이 들어선다. 하지만 외향적인 사람들은 공동체에서 내향적인 사람들이 보이는 행보가 우리가 그리는 나선의 중심점에 결코 닿지 않는다는 점에 대해 혼란스러워한다. 공동체에 철두철미하게 헌신하는 내향적인 사람에게서조차 이런 나선형이 나타난다. 때로 우리는 몇 년간 신실하게 참여한 후에조차 한동안 바깥으로 물러날 필요를 느낀다.

그렇지 않은 경우에 내향적인 사람들은 행사에 모습을 드러내겠지만, 가장 친한 친구 몇 명을 제외한 모든 사람으로부터 사회적으로 거리를 둘 것이다. 보통은 이런 식의 바깥을 향한 움직임이 영적 위축이나 사그라지는 열정의 징조는 아니다. 이런 움직임은 평범한 내향성 패턴의 일부분일 뿐이다. 공동체 안에서 우리는 **참여하고 물러서는** 리듬을 따른다. 대인 관계에 너무 많은 시간을 보내는 것은 그것이 얼마나 만족스러운지와 관계없이 내향적인 사람들로 하여금 방향 감각을 상실하게 만든다. 그래서 우리는 자기 정체성의 감각을 다시 발견하고 재참여를 위한 에너지를 얻기 위해 한발 물러서야 한다.

트레버Trevor는 교회 공동체에 2년 동안 꾸준히 참여한 후에 물러나기로 선택했을 때 각기 다른 반응들과 마주했다. 외향적 지도자들은 그의 헌신이 부족하다고 책망했고, 그가 거리를 두는 행위가 더 큰 영적 문제를 가리키는 지표라고 확신했다. 공동체 목회자는 그가 왜 소속 모임에 만족하지 못하는지 알아내기 위해 그와 만날 약속을 잡았다. 그러나 이런 노력들은 좋은 의도에서 나온 것이긴 했지만 트레버를 더욱 멀리 몰아갈 뿐이었다. 하지만 그의 말에 따르면 내향적인 친구들은 "더욱 기꺼이 그와 함께 그 문제를 이겨 나가고자 했다." 그들은 언제나 그랬던 것처럼 그의 이야기를 경청하고 계속 그와 상호 작용하고자 했다. 그들은 그의 동기나 행동을 판단하려 하지 않았다. 그들은 공동체의 빠른 에너지와 요구로부터 물러서려는 트레버의 자연스러운 성향을 이해했다. 그가 나선을 그리며 공동체에 들어왔다가 나가는 것을 용인하면서 그들은 그의 여정을 긍정해 주었고 그에게 내향적인 사람으로 남을 자유를 주었다.

베풀기 위한 재능

사람들은 서로 다른 방법으로 공동체에 참여하며 서로 다른 속도로 공동체 내에서 움직인다. 우리 모두에게는 자신만의 보폭이 있다. 신앙의 삶에서 우리가 서로 다른 속도로 움직여야 할 시기들이 있다. 때로 우리는 빠르게 진보할 수 있다. 그러나 대부분의 경우 진보는 느리게 느껴진다. 내향적인 사람들은 보통 소속감을 느끼는 데 시간이 더 오래 걸린다. 중요한 것은 얼마나 빠르게 움직이는지가 아니라 계속 움직인다는 것이다.

공동체에서 우리는 은사도 다른 방식으로 발휘한다. 나는 최근 몇 년간 내향성에 더 적응하면서 내향성의 은사를 더 많이 이해하게 되었다. 내향적인 사람들이 내게 분명히 표현한 가장 강렬한 소망 한 가지는 공동체에 기여하려는 욕구였다. 공동체에서 어떻게 움직여야 하는지 점점 더 이해하게 되면서, 우리는 우리가 무엇을 베풀어야 하는지 아는 일에 큰 도움을 얻는다. 은사를 활용하고 성장시키기를 추구할 때 우리는 은사를 더욱 온전히 발견하는 것이다. 내향적인 사람이 베풀 수 있는 은사에는 다음과 같은 것들이 있다.

긍휼. 헨리 나우웬은 "긍휼이란 고독의 결실이고 모든 사역의 기반"이라고 주장했다. 그는 일종의 역설을 발견했다. "이런 긍휼 어린 연대는 고독 안에서 자란다. 고독 안에서 우리는 인간됨에 속한 것 중 우리에게 낯선 것은 없음을 그리고 모든 갈등, 전쟁, 불의, 잔인함, 미움, 질투, 시기의 뿌리가 우리 자신의 마음에 깊이 박혀 있음을 깨닫게 된다."[6] 부드러운 내적 성찰은 제대로 한다면 타인을 이해하게 해 준다. 우리가 마음의 깊은 곳 그리고 그 안에 있는 빛과 어둠을 더 깊이 들여다볼수록 타인의 내면세계 안으로 더 깊이 들어가서 그들을 적이 아닌 친구로 받아들일 수 있게 된다. 그렇게 해서 내향적인 사람은 강력한 긍휼을 베풀 수 있고 때로는 영향력 있는 치료사나 상담가가 될 수 있다.

나의 전 동료였던 호스피스 시설 원목인 신시아Cynthia는 내향적인 사람으로, 머리부터 발끝까지 긍휼이 넘치는 사람이었다. 누구든 잠깐만 함께 있으면 그가 사람들, 특별히 타인들이 쉽게 간과하는 이들에게 관심이 있음을 알아차리게 된다. 신시아의 긍휼 어린 존재는 그의 환자들 가운데 신체적 아픔보다는 고립의 영적 고통으로 아픔을 겪는 이들에게 치유제가 되었다. 그는 어떤 기준이나 전제 없이 항상 하나님의 긍휼 어린 영원한 사랑을 드러내며 환자들과 함께했다. 그는 사람들로 하여금 부질없는 말로 자기들의 이야기를 윤색하거나 종교적 가면을 쓰는 일 없이 본래 모습 그대로 있어도 괜찮다고 말해 주었다.

통찰. 내향적인 사람은 대화와 경험을 나누기 전에 관찰하는 경향이 있기 때문에, 활동의 한가운데 뛰어든 사람들은 갖지 못하는 통찰을 얻는다. 관찰과 성찰은 지혜를 만들어 낸다. 내가 어떤 이야기 속에 들어간다면, 나는 주인공도, 라이벌도, 심지어 주요 캐릭터도 아닐 것이다. 나는 해설자일 것이다. 나는 가장자리에서 관찰하는 것을 즐기기 때문에, 이야기의 중심에 있는 인물들이 항상 알아채지는 못하는 인물들과 플롯의 흐름에 대한 넓은 시야를 가지곤 한다.

어떤 내향적인 사람은 표면 아래나 다른 사람들이 만든 것의 단면을 볼 수 있는 직관적 능력이 있다. 내가 아는 내향적 목회자 한 사람은 '면도날'이라는 별명이 있는데, 다른 이들의 벽을 뚫고 들어가 그들이 이전에 보지 못했던 스스로의 모습을 보도록 돕는 능력이 있기 때문이다. 통찰이라는 재능은 관계나 집단 역학에서 패턴을 읽을 때 유용할 수 있다. 스스로의 감정에 민감한 사람들은 개인이나 집단의 이면에 흐르는 감정의 분위기를 측정하고 적절한 때에 그것에 대해 성찰할 수 있다.

외향적인 선교사 친구 하나는 내향적 관리자가 이끄는 조직에서 일했다. 친구는 그때의 경험을 이렇게 말했다. "우리는 두 시간 정도를 대화하면서 오락가락하곤 했어. 그동안 그는 한마디도 하지 않았지. 그러나 그 시간이 끝날 무렵 나머지 사람들이 맥이 풀리고 지쳐 있을 때, 그는 우리가 그동안 나누었던 이야기의 핵심을 정확하게 집어내는 단 세 문장을 말하곤 했어. 그제야 우리는 그때까지 나누었던 대화의 중요성을 이해하게 되었지. 그는 나머지 사람들이 오후 내내 이야기한 것보다 더 많은 내용을 10초 만에 언급했어."

경청과 시간의 제공. 진정한 경청의 능력은 아무리 높이 평가해도 지나치지 않다. 내게 경청은 매우 의미 있는 주제여서 나는 거기에 대해 책을 한 권 쓰기도 했다.[7] 경청은 더욱 넓게 이해하기 위한 수단 정도가 아니다. 경청은 그 자체로 상대방의 가치와 그들의 생각을 전달한다. 그래서 경청하는 행위는 그 자체로 사랑의 행위다. 우리는 경청받지 못하는 문화에서 산다. 우리의 가족, 일터, 교회는 내가 "외향성의 공격과 수비"라고 부르는 것들의 전쟁터다. 대화는 점차 경쟁이 되어 간다. 한 사람이 어떤 진술이나 이야기를 시작한다. 곧이어 다른 사람이 그것을 무시하고 곧바로 자기 이야기를 시작한다. 이 이야기는 처음 이야기와 거의 관계가 없다. 두 사람의 대결에 다른 이들도 끼어든다. 그리고 싸움은 계속된다. 그러나 싸움에서 점수를 얻는 사람은 아무도 없다. 그 결과 누구의 이야기도 참으로 경청받지 못한다.

비록 내향적인 사람들이 내면의 처리 과정 덕분에 경청하는 데 유리하지만, 진정한 경청은 언제나 훈련해야 할 일이다. 그저 말을 하지 않는 것과 진정으로 경청하는 것 사이에는 큰 차이가 있다. 외향적인 사람들은 경청을 방해하는 외적 요소와 싸울 것이다. 반면, 우리 내향적인 사람들은 내적 방해 요소와 싸워야 한다. 진정한 경청은 우리 머릿속을 관통하는 끊임없는 혼잣말을 침묵시키도록 요구한다. 우리는 또한 좋은 질문을 던지는 기술과, 입 밖으로 나온 말뿐 아니라 그 이면의 느낌이나 생각도 경청하는 기술을 개발해야 한다.

경청에 관련된 것 한 가지는 멘토가 사람들에게 '시간을 주는' 존재로 묘사되어야 한다는 것이다. 각 사람은 일정한 양의 '시간'을 차지한다. 그 시간에는 물리적·감정적·지적 특질이 있다. 그 외에도 시간은 카리스마나 권위, 혹은 사람들에 대한 영향력과 관계된 더 추상적인 요소일 수도 있다. 특정한 상황에서 시간은 제로섬 상태가 될 수 있다. 그래서 사람들은 시간을 얻기 위해 다른 이들과 주기적으로 경쟁한다. 그러니 말을 많이 하는 사람들이 말을 적게 하는 사람보다 시간을 더 차지하는 것은 당연하다. 내향적인 사람들이 상대적으로 적은 시간을 차지한다는 것은 그들이 다른 이들에게 시간을 제공할 수 있다는 뜻이다. 다른 이에게 시간을 제공한다는 것은 그것이 말할 시간이든 조용히 생각할 시간이든 의심과 감정을 표현할 시간이든 행동을 취할 시간이든 아니면 아무것도 하지 않을 시간이든, 다른 이들로 하여금 그들 자신이 될 수 있도록 해 주는 흔치 않은 은사를 제공하는 것이다.

원목이 되기 전까지 나는 타인에 대한 경청과, 시간을 주는 것의 가치를 배우지 못했다. 내가 소속된 교단에서는 안수를 받기 위해 지역 병원에서 넉 달 동안 수습 원목으로 사역해야 했다. 별로 흥미로운 일은 아니었다. 그때 나는 그 수습 사역의 일환으로 몇 차례 토요일에 불려 나와 일해야 했다. 그것은 그 시간에는 그 병원에 원목이

나밖에 없음을 의미했다. 나는 여덟 시간 동안 원목실에 앉아 병원의 시끄러운 스피커 소리를 들었다. 만일 근무자가 원목을 호출하면 그것은 나를 부르는 신호였다. 하지만 근무자가 "코드 블루"라고 외친다면, 그 호출에도 응해야 했다. 그런 상황이 발생하면 의사와 간호사들은 심장 발작을 일으킨 환자에게 달려갔지만, 내가 할 일은 환자 가족이 병원에 있다면 그들을 찾아서 돕는 것이었다. 그때 원목실 소파에 앉아서 했던 생각이 기억난다. '그래, 괜찮을 거야. 그런데 수습 원목이 기절해서 중환자실 바닥에 쓰러지면 누가 코드 블루에 응답하지?'

그러던 어느 토요일 오후에 호출이 왔다. 나는 중환자실로 불려가, 그들의 할아버지 곧 아부엘로abuelo를 임종하고 있는 라틴계 대가족과 함께하게 되었다. 나는 덜덜 떨면서 커튼을 한쪽으로 젖히고서 가족들과 인사했다. 그때 그 가족들 모두가 아무 말 없이 고개를 돌려 나를 쳐다본 것을 기억한다. 그들은 다시 고개를 돌려 침대를 바라보았다. 침대 곁에 앉은 할머니만 나에게 희미한 미소를 보냈다. 그것이 첫 호출에서 마주한 응답의 전부였다. 그때 나는 어색한 질문 몇 개를 던졌던 것 같다. 마찬가지로 어색한 대답 몇 마디가 돌아왔다. 그리고 나는 다시 침묵했다. 나는 원목이 취할 법한 기도 자세와 비슷하게 두 손을 앞으로 모은 채 커튼 곁에 서 있었다. 한 시간쯤 지난 것 같았지만 실제로는 10분 정도 되었을 것이다. 우리는 환자의 가슴이 올라갔다 내려갔다 하는 모습을 지켜보았다. 그리고 우리는 모니터에서 울리는 그의 심장 박동 소리를 들었다. 이윽고 그 소리가 멎었다. 나는 가족들이 슬퍼하는 몇 분 동안 그들과 함께하면서 위로의 말을 건넸다. 그러고는 거기서 탈출했다.

나는 원목실로 돌아와 소파에 쓰러져 누웠다. 태아처럼 웅크린 자세로 누운 채, 속으로 생각했다. '내가 여기서 뭘 하고 있는 거지? 난 여기에 맞지 않는 것 같아.' 그다음 주, 원목실에 들어갔을 때 나는 사망한 환자의 배우자가 보낸 카드를 받았다. 그때 침대 곁에 앉아 있던 그 할머니였다. 거기에는 이렇게 적혀 있었다. "상실의 시간에 우리와 함께해 주셔서 감사합니다. 당신은 이제 우리 가족입니다." 그날이 바로 내가 경청자가 된 날이었다.

창의성. 내향적인 사람들이 자신의 내면세계와 연결되면 엄청난 양의 창의성과 상상력이 생성되곤 한다. 내향적인 사람들은 의미를 찾아가는 동안 그들 안에서 하나님의 창의성이 번뜩이는 것을 경험한다. 내향적 예술가들, 음악가들, 작곡가들, 시인들은 기존 양식에 그다지 의존하지 않는다. 그래서 새로운 것을 창조할 수 있다. 대학 교목으로 일할 때 학생 공동체에게 예배 장소인 강당의 분위기를 바꿔 보자고 제안한 적이 있는데, 그 일에 앞장섰던 학생 두 명이 그들 가운데 가장 내향적인 학생들이었다는 사실은 결코 우연이 아니었다. 그들은 모임에서는 정말 조용했지만 예술을 통해 자신을 깊이 있게 드러냈다. 그들은 공동체를 하나님을 예배하는 자리로 인도하는 그림과 디자인을 창조했다.

충성. 비록 내향적인 사람들은 친구를 사귀는 과정에서 어려움을 겪곤 하지만, 일단 다른 이들과 친해지고 나면 그때부터는 충성스러운 벗이 된다. 우리는 우정에 관하여 높은 기준을 가지고 있으며, 일반적으로 지인이나 직장 동료를 친구의 범주에 포함시키지 않는다.

나는 많은 사람과 알고 지내지만, 가까운 친구는 다섯 내지 여섯 명뿐이다. 내향적인 사람들은 친구가 되기 위해 공들여 쌓은 우정을 소중하게 여긴다.

내향적인 사람은 공동체에 대해서도 동일한 충성을 보인다. 내가 젊은 세대에 초점을 맞춘 일요일 저녁 예배를 인도하는 목회자였을 때, 헌신적 구성원의 대부분은 내향적인 사람이었다. 외향적인 사람 가운데 많은 이는 사회 활동 일정표의 다른 행사들에 따라 예배에 오기도 하고 안 오기도 했다. 그러나 내향적인 사람들은 매주(바깥을 향하는 나선을 따라갈 때를 빼면) 하나님을 예배하고 다른 이들과 연결되기를 원하는 마음으로 성실하게 예배에 참석했다. 그때 우리는 대외 활동 측면에서는 크게 성공하지 못했으나 공동체는 친밀했고 영적으로 풍성했다.

봉사. 그 공동체에서 내향적인 사람들에 대해 발견한 또 다른 재능은 그들이 보이지 않는 곳에서 이루어지는 일에 자원하기를 무척 원한다는 것이었다. 내가 섬기는 종이 되신 예수님에 대해 설교할 때면 예배실의 내향적인 사람들 사이에서는 언제나 강한 울림이 있었다. 요즘에는 예배를 진행하는 데 다양한 영상 음향 장치가 필요하다. 그리고 그 일을 하는 사람은 자원봉사자를 구하기가 늘 어렵다는 것을 안다. 그러나 내가 예배를 인도하는 2년 동안에는 자원봉사자를 찾느라 어려움을 겪었던 적이 없었다. 내향적인 사람 대부분이 그런 역할을 즐겼다. 그들은 필요한 존재가 되었다고, 그리고 그들의 헌신이 가치를 인정받았다고 느꼈다. 어느 일요일에는 예수님에 대한 조용한 열정을 품은 내향적인 힐러리[Hilary]가 지난 몇 달 동안 예배 후에 이어지는 공동체의 다과 시간을 준비해 왔음을 알고 깜짝 놀랐던 기억이 있다. 그는 그 일에 대해 나에게 말한 적도 없었고 불평한 적도 없었다.

고요. 이 모든 내향적 은사는 내향적인 사람으로서 우리가 하나님께로부터 받은 정체성과 우리가 수행할 필수적 역할을 받아들일 때 나타난다. 이는 지금 다루는 마지막 은사의 경우에 특히 그렇다. 내향적인 사람들은 자기 의심과 사회적 불안으로 내면이 소란해도 고요한 외양을 유지하곤 한다. 하지만 우리의 내면세계가 진정으로 외양을 반영할 때 우리는 사람들이 느긋해지도록 돕는 흔치 않은 은사를 제공할 것이다.[8] 내향적인 사람은 조금 천천히 움직이고 말을 덜 하며 더 많이 휴식한다. 우리는 삶에서 만나는 외향적인 사람들에게 우리 중 누구도 활동이나 생산성에 의해 규정되지 않음을 알도록 도울 수 있다. 우리의 조용한 존재는 다른 이들의 삶에 조용히 다가갈 수 있다. 우리는 우리를 위기 상황에서 다가가기 쉽게 만들고 대처를 잘하게 하는 평정심을 갖고 있다.

기독학생회 InterVarsity Christian Fellowship에서 일할 때, 로스앤젤레스 지부에는 50명 정도의 스태프 가운데 내향적인 사람이 네댓 명 있었다. 그중 한 사람이던 스티브Steve는 나보다 나이가 많고 조직에서 오래 활동했는데, 나에게는 구원의 은혜 같은 존재였다. 선교사, 지도자, 스태프들을 위한 목회자로서의 사역 경험은 그에게 지혜를 주었고 몇십 년간 깊이 있게 지속된 예수님과의 관계는 그에게 평안을 주었다. 그 평안이 그가 목회하는 대상 모두에게 흘러넘쳤다. 스티브는 부드럽게 천천히 그리고 사려 깊게 말했다. 그에게는 영혼의 고요함이 있었다. 나는 외향적인 스태프 한 명이 그에 대해 이렇게 말한 것을 기억한다. "저는 그분 주변에 있는 것이 좋아요. 그분 곁에 서 있기만 해도 더 깊은 평안을 느끼게 되거든요."

공동체에 참여하기

내향적인 사람은 사람들을 만나고 공동체에 참여하고 싶어 한다. 그러나 우리가 외향적 방식으로 공동체에 뛰어들기에는 대인 관계 체력이 부족하다. 우리는 가장자리에서 허우적거리게 될 것이다. 대학 교목으로 일하면서 나는 공동체에서 관계를 형성하기 원하지만 그 방법을 모르는 내향적 학생들에게 조언을 하곤 했다. 물론 누구에게나 적용 가능한 공식은 없다. 경험을 대체할 무언가도 없다. 그러나 공동체에서 관계를 형성하고 더 깊이 참여하는 데 도움이 되는 몇 가지 방법이 있다.

예배당에서 친구를 사귀라. 현명한 내향적인 사람은 목적 있는 행동과 관계에 대인 관계 에너지를 투입할 길을 안다. 한 가지 전략은 예배당에서 친구를 만드는 것이다. 우리는 매주 회중석에서 계속 낯선 사람들을 만나면서 에너지를 소진하는 대신, 공동체와 잘 연결된 사람들을 찾아 나설 수 있다. 목회자, 평신도 지도자, 안내위원, 전도회 구성원들, 혹은 공동체의 중심인물들이 여기에 속할 것이다. 기본적으로 말 붙이기 쉽고 새로운 사람들을 만나고 싶어 하는 사람들을 찾으라. 우리는 (바라건대) 일대일 상황에서 그 사람에게 나를 소개하면서 공동체의 다른 이들과 만나고 싶다는 뜻을 전달할 수 있다. 그리고 그 사람들에게 우리를 위해 관계를 형성하는 일을 맡길 수 있다. 그들에게 그 일을 맡겨 보자.

호스피스 병원 원목으로 아홉 달을 보내자 나는 환자들과 매우 굳건한 관계를 형성했다. 그러나 사무실에서는 여전히 아웃사이더처럼 느껴졌다. 나는 특별히 사회 복지사들과 관계를 발전시키고 싶었다. 그래서 곧 그 무리의 핵심인 사람을 찾았다. 매우 외향적이고 싹싹한 엘리Ellie라는 여성이었다. 이후 몇 주 동안 나는 엘리를 볼 때마다 말을 걸기 위해 노력했다. 그리고 몇 번의 대화 끝에, 엘리에게 다른 사회 복지사들과도 만나고 싶다고 말할 수 있었다. 그는 내가 다른 동료들과 만날 수 있게 해 주고 같이 모여 대화할 때 나를 끼워 주었다. 넉 달 안에 나는 그들 가운데 몇 명과 친구가 되어, 사무실에서 더 편해졌고 일할 때도 더 즐거워졌다.

멘토를 찾으라. 멘토를 찾는 일은 내향적인 사람들이 의미 있는 관계를 형성할 수 있는 또 다른 방법이다. 내 경험상 공동체 생활에 성공적으로 적응한 내향적인 사람에게는 모두 그들을 지원하고 격려하고 그들에게 도전을 제시했던 멘토가 있었다. 멘토링이란 일반적으로 개인 생활과 직장 생활의 모든 부분에서 당신을 잘 이끌 수 있는, (찾기 어려운) '이상적' 멘토에 관한 것이 아니다. 비록 이런 사람을 찾으려는 유혹에 빠지기 쉽지만 말이다. 그보다 멘토링은 각기 다른 정도의 헌신을 지닌 다양한 관계들을 수반한다.[9] 몇 해 동안 나는 다양한 영역, 즉 제자도, 우정, 기도, 목회, 글쓰기, 학술 연구에서 나에게 도움을 준 멘토를 찾았다. 멘토링은 구체적·구조적 관계를 수반하기에 내향적인 사람에게 진정으로 유용하다.

역할을 수행하라. 내향적인 사람은 공동체에서 역할을 맡으면 소속감을 저해하는 요소를 덜 수 있다. 역할이나 지위는 내향적인 사람들이 다른 이들을 만나고 그들 사이에서 더욱 편안해질 수 있도록 힘을 더해 준다. 역할은 공동체에 대해 주인의식을 갖도록 해 줄 수 있다. 그리고 그 역할을 수행하는 기간 동안에 활달한 태도를 가지게 해 줄 수도 있다. 개인의 기호나 편안함을 느끼는 정도에 따라서 당신은 영상팀, 봉사 모임, 집사회나 교회의 다른 전문 사역 집단에 들어갈 수 있다. 모든 내향적인 사람이 '보이지 않는 곳에서 일하는' 역할을 바라지는 않는다. 무대 위에 서는 일의 굉장한 점은 당신이 군중 사이에 있지 않다는 것이다. 내 경우에는 교회에서 인정받은 지도자로 섬기는 일이 사람들을 만나는 일을 더 쉽게 만들어 주었다. 이것이 왜 사실인가 하면, (1)나는 다른 이들에게 다가갈 의무가 있고 이 의무가 나에게 동기를 부여하기 때문이며 (2)사람들이 먼저 내게 자신을 소개하기 때문이다.

모임에 참여하라. 어떤 내향적인 사람들은 상대적으로 작은 규모의 공동체에 끌리는 반면, 다른 이들은 큰 규모의 교회가 가진 자원과 익명성에 이끌린다. 그러나 큰 교회의 경우에는 내향적인 사람들이 공동체에서 친밀한 관계를 형성하기 원한다면 힘겹게 노력해야 한다. 내향적인 사람들은 오랜 시간에 걸쳐 동일한 사람들과 규칙적으로 상호 작용함으로써 관계를 발전시키기 때문이다. 모임에 참여하는 일은 우리가 원하는 공동체가 어떤 느낌인지 발견할 수 있는 효과적인 방법이다. 누군가는 전통적 소모임을 원한다. 그러나 또 다른 사람들은 관계 형성의 중심이 되는 소모임을 부담스럽게 느낀다. 내향적인 사람들은 변수가 제한되고 목적이 분명한 모임에 참여하는 데서 더 큰 만족감을 느낄 것이다. 그러니 각종 과업을 위한 추진 위원회에 참여하거나 글쓰기 모임, 독서 모임을 시작하거나 노숙인 지원 모임에 함께하는 것을 고려하라. 부름받았다고 여겨지는 곳에 관심을 기울이고 당신의 열정, 기여, 구체적 기술에 어울리는 모임을 찾아야 한다. 경험을 나누는 일은 대화를 촉진한다. 그리고 다른 이들과의 공통점을 찾을 때 관계가 발전한다.

목적을 가지고 교제하라. 수전 케인은 예의상 나누는 한담만큼이나 부담스러운 것은 없다고 나에게 말한 적이 있다. 그는 그것을 춤추는 것과 비교했다. 당신은 오늘의 소소한 화제로 활발하게 스텝을 밟으며, 대화 상대와 박자를 맞춰야 한다. 하지만 내향적인 사람 가운데 많은 수가 대화의 기교에 서툴다. 우리는 말하기 전에 생각할 시간이 필요하기 때문에 상대방의 말에 제때 화답하지 못한다. 우리가 할 말을 생각해 낼 즈음이면 대화는 다음 화제로 넘어간 상태다. 몇몇 내향적인 사람들은 예의상 나누는 한담을 매우 불편하게 여겨서 사람들과 만나는 자리를 의식적으로 피하려 한다. 어떤 사람은 예배 후의 교제 시간이 괴로워서 교회 예배가 끝나기 몇 분 전에 자리를 뜬다고 말했다. 그러나 실제로는 그런 한담이 관계를 형성하는 데 필수적이다. 우리는 한담을 나누며 다른 이들과의 관계(우리가 더 진행시키기를 바라는)에서 첫 단추를 끼우게 된다. 덧붙여, 당신이 관계를 형성할 수 있는 한담의 단계를 지나치려 한다면 어색한 긴장이 계속될 것이다.

그래서 내가 제안하고 싶은 것은 사회적 교제를 위해 목적을 가지라는 것이다. 사람들 사이에서 핀볼처럼 이리 튕기고 저리 튕기지 말고, 목적을 가지고 사람들에게 다가가라. 당신이 참여하는 행사에 올 몇몇 사람들의 배경에 대해 살펴보라. 그리고 공통 관심사에 관한 대화에 그들을 참여시키라. 아니면 더 단순하게, 답이 필요한 질문, 해결할 문제, 혹은 부탁할 일을 제시하라. 예를 들면 당신의 직업 경력이나 골프 스윙에 도움이 될 만한 사람을 찾는 것도 좋다. 격식 없는 사교 행사에서 특별히 고통을 겪는 이들의 경우 어느 정도 정리된 원고를 준비하는 것이 한담의 스트레스를 줄이는 데 도움이 될 것이다. 그날의 뉴스를 찾아보라. 당신이 듣고 싶은 질문을 생각해 보라. 정해진 결론이 없는 대화의 시작이나 "무슨 일을 하시나요?" 같은 예상 질문에 대한 흥미로운 대답을 연습해 보자.

생각하는 과정을 내보이라. 내가 친구들로부터 흔히 듣는 불평은 나의 사고와 감정의 내적 작용 안으로 그들을 들어오게 하지 않는다는 것이다. 나는 결정을 내릴 때까지 내적 처리 과정을 거친다. 그러고 나서 내가 도달한 결론을 그들에게 보여 줄 것이다. 문제는 친밀한 관계가 내적 처리 과정의 불확실성, 열린 결말, 혼란 가운데서 세워진다는 것이다. 그 처리 과정에서 허술한 상태가 된 우리의 모습을 신뢰하는 이들에게 내보인다면, 우리는 서로 간의 깊은 연결과 공감을 경험할 것이다. 우리는 우리의 결정 과정에 타인이 참여하도록 허락해야 한다. 그렇게 가장 깊은 차원에서 우리는 함께 삶을 나누기 시작한다.

다가오기 쉽게 하라. 타인들과 상호 작용하는 환경에 들어가라. 다른 사람들을 향해 몸을 돌리고 그들의 눈을 바라보라. 그리고 사람들의 이름을 부르며 인사하라. 사람들을 처음 만날 때 그의 이름을 부르는 것과 대화 중에 두어 번 이름을 부르는 것이 얼마나 많은 친밀함을 형성하는지 생각하면 늘 놀랍다.

질문을 던지라. 질문을 던지는 것은 관계를 형성하는 가장 확실한 수단이다. 관심을 끌기보다는 관심을 갖는 일이 더 중요하다는 것은 이제 너무나 잘 알려지긴 했지만, 여전히 좋은 방식이다. 사람들은 자기 이야기 하는 것을 좋아한다. 그러므로 질문을 던지면 그들은 이야기를 시작할 것이다. 게다가 질문을 던지면 내향적인 사람들은 대화의 상당 부분을 감당해야 한다는 부담으로부터 벗어나게 된다. 일상생활과 일에 관한 기본적 질문부터 시작하라. 그리고 좀더 편한 사이가 되면 가족과 개인적인 꿈에 관한 더 깊은 질문으로 차츰차츰 옮겨 가라. 좋은 질문을 던지면 누구와도 어떤 주제로도 대화를 할 수 있다.

자신을 과도하게 표현하라. 내향적인 사람들은 내적 처리 과정을 거치는 동안 겉으로는 차분해 보이기 때문에 종종 오해를 산다. 이 문제에 대처하려면, 의식적으로 당신 스스로를 과도하게 표현하라. 미소 짓고, 웃고, 고개를 끄덕이고, 고개를 젓고, 경청하고 있음을 알려주어 상대방이 계속 말하도록 독려하는 소리(음, 어, 오 같은)를 내라. '내향적인 사람 특유의 물끄러미 보는 자세'를 취하지 않도록 조심하라. 고개를 한쪽으로 기울인 채로 아무 반응도 보이지 않으면서, 말하는 사람을 쳐다보기만 해서는 안 된다.

당신에게 다가오는 사람을 찾으라. 이것은 내 우정 관계의 기반이 되었다. 당신이 관계를 형성하고자 할 때, 당신과 관계를 맺기 위해 비슷한 시도를 하는 사람은 누구인가? 당신에게 질문을 던지고 당신의 삶에 관심을 가지는 사람은 누구인가? 이들은 당신이 투자할 만한 가치가 있는 사람들인 경우가 많다.

* * *

교회든 교제 모임이든, 혹은 참여하기가 꺼려지곤 하는 수련회나 학회든 동일한 조언을 주고 싶다. 한 번에 한 단계씩 앞으로 나아가라. 한 사람을 만나라. 하나의 모임에 참여하라. 한 번의 대화를 나누라. 하나의 질문을 던지라. 시간은 많다. 다른 사람들이 어떻게 하는지는 중요하지 않다. 당신 자신의 기질을 존중하라. 한 번에 한 단계를 나아가라. 그리고 책과 조용한 장소를 당신에게 보상으로 제공하라.

관계에서의 과제

공동체와 관계로 나아가는 내향적 길은 평탄하지 않은 경우도 많다. 심지어 우리가 관계를 세우는 데 성공했다 하더라도 우리를 사로잡는 함정이 있게 마련이다.

밀착. 첫 번째는 심리학자들이 말하는 '밀착'이다. 이것은 우리의 정체성이 다른 이들의 정체성과 뒤얽히는 것이다. 그리고 우리의 자아감이 왜곡되거나 다른 사람 안에 흡수되는 것이다. 소수의 사람들과 친밀한 관계를 원하는 내향적인 사람의 성향에서 밀착은 명백히 존재하는 위험이다. 관계의 경험이 적고 젊은 내향적인 사람들은 다른 사람에 대한 불건강한 애착을 형성할 가능성이 특히 높다. 연인 관계는 상호 의존이 가장 흔히 발생하는 관계다. 하지만 밀착은 어떠한 관계에서도 나타날 수 있다. 밀착에 빠지면 한 사람과만 과도한 시간을 보내거나, 한때 당신에게 중요했던 사람들로부터 멀어지거나, 당신이 개인적으로 생각하고 느끼는 바에 대해 혼란을 느끼는 징후가 나타난다.

일방적 관계. 두 번째 함정은 불균형하고 일방적인 관계 패턴에 빠져드는 것이다. 일반적으로 내향적인 사람은 경청하는 데 익숙하고 적어도 겉으로는 차분해 보이기 때문에 감정적 결핍을 지닌 이들이 우리에게 쉽게 끌린다. 다른 사람들이 우리에게 다가오는 것에 대해 기뻐하다 보면 우리는 이런 만족감 없는 소모적 관계에 사로잡히기 쉽다. 내향적인 친구 한 명은 심리 치료사의 제안에 따라 자신의 인생에서 에너지를 소모시키는 요소와 에너지를 채워 주는 요소를 나타내는 다이어그램을 그렸다. 그는 자신이 맺고 있는 관계 대부분이 자기 에너지를 빼앗아 간다는 것을 깨닫고 놀랐다. 그는 항상 친구들과 가족들을 지원하는 역할을 수행했고 그들은 그에게 기대고 있었다. 그는 자기에게 화답해 줄 사람들과의 관계에 에너지를 더 쏟는 쪽을 선택해야 했다.

갈등 속의 내향적인 사람들. 내향적인 사람들이 공동체를 경계하는 이유는 관계나 집단 역학이 여지없이 갈등을 포함하기 때문이다.

『유능한 팀장은 팀원의 성격을 읽는다』Type Talk at Work, 더난출판사의 공저자 오토 크뢰거Otto Kroegger, 재닛 투센Janet Thuesen, 하일 러틀리지Hile Rutledge는 갈등이 언쟁을 수반하는 데다 내향적인 사람이 외향적인 사람만큼 빨리 대응하지도 못하기 때문에 그들이 갈등 상황에서 "홈그라운드의 이점을 포기한다"고 지적한다. 이 책의 저자들은 내향적인 사람들이 갈등에 휘말렸을 때 혼잣말을 하는 모습을 상상한다. "자, 이제 안으로 들어가 이다음에 할 일을 차근차근 시작해 보자. 나를 드러내지 말고, 바보가 되지 말고, 후회할 말은 하지 말고 후회할 일도 하지 말자. 무엇보다도 초연한 듯 차분하게 있자."[10] 이 묘사에는 다소 과장이 섞여 있지만 많은 내향적인 사람이 갈등 회피형이라는 점, 그래서 긴장이 발생하면 스스로의 내면으로 후퇴하리라는 점은 사실이다. 우리는 머릿속으로는 말싸움 상대를 이기는 상상을 할 수도 있고 가장 골치 아픈 문제를 해결할 수도 있지만, 다른 사람과의 갈등을 해결할 준비가 항상 되어 있지는 않다.

하지만 내향적인 사람들은 갈등 상황에서 발휘할 수 있는 큰 강점을 가지고 있다. 우리는 대개 차분하고 침착하다. 그것은 분위기가 과열되는 것을 막을 수 있다. 우리의 내적 처리 과정은 나중에 후회할 말을 하지 않도록 도와준다. 솔직히 말해서, 갈등처럼 선동적일 수 있는 것이나 관계처럼 중요한 것들은 섬세함과 신중함을 필요로 한다. 반사적으로 반응하는 외향적인 사람들은 갈등에 더 요령 있게 접근하는 내향적인 사람들의 사례를 보고 배울 수 있다. 나는 "듣기는 속히 하고 말하기는 더디 하며 성내기도 더디 하라"(약 1:19)는 야고보의 말이 갈등 상황을 염두에 둔 것이라고 확신한다.

하지만 내향적인 사람들끼리 갈등할 때면 침묵과 비언어적 암시와 수동 공격적 행동 전부를 짚어 줄 지도가 필요할 것이다! 대부분의 경우에 내향적인 사람들은 속으로 지레짐작하지 않고 내면의 웅성거림을 표현하는(비록 그 표현이 불완전하고 불분명하더라도) 일을 잘하게 될 것이다. 불만을 내면에 붙들어 두는 행동은 압력을 증가시킬 뿐이다. 우리가 그 불만을 놓아 주지 않는다면 이는 결국 분노의 폭발로 이어질 수 있다. 직접 대화하는 것이 시의적절하지 않다면, 우리는 기도하거나 가까운 친구와 대화하는 등의 방식으로 압력을 배출할 길을 찾아야 한다.

내 경우에는 외향적인 사람들과의 관계에서 갈등이 더 자주 일어났다. 외향적인 사람은 내향적인 사람에 비해 나의 에너지를 더 많이 소모시킨다. 왜냐하면 외향적인 사람을 대할 때 더 많은 집중력이 요구되기 때문이다. 따라서 외향적인 사람 앞에서 나는 과민함과 부족한 말솜씨로 어려움을 겪는 모습을 보이며 이는 갈등을 유발할 수 있다. 나와 함께하는 외향적인 사람들을 자극하는 또 다른 요소는 나의 침묵이나 외견상의 무표정인 것 같다. 외향적인 사람들은 내가 말하지 않은 부분이나 표현하지 않은 부분을 자신들의 추측과 해설로 채운다. 나는 주로 한 번만 말하는 경향이 있다. 말을 반복하거나 다시 설명하지 않는다. 말을 많이 하거나 길게 하는 데 익숙한 사람들은 그것을 무례나 무관심으로 받아들일 수 있다.

외향적인 사람들은 나를 속을 알 수 없는 사람이라고 보는 반면, 나는 외향적인 사람들이 무언가를 불쑥 말하고 나서 내가 그들이 말한 것에 반응하면 놀란 듯이 행동하는 그들의 성향을 이해하기 위해 애쓴다. 때로 나는 외향적인 사람들의 머릿속에서 여과 없이 입 밖으로 나오는 생각들에 충격을 받는다. 나는 갈등 상황에서 매우 신중하게 말을 고르기 때문에 그런 것들을 언급할 생각조차 하지 않는다. 나는 외향적인 사람들이 깊이 생각하지 않고 말하는 경향이 있다는 것을 유념해야 한다. 그리고 그들을 몰아세우지 말고 그들에게 자기가 한 말을 취소할 기회를 주어야 한다.

이런 능력은 건강한 자아 감각과 겸손한 자기주장을 필요로 한다. 아치볼드 하트Archibald Hart는 목회자들의 우울을 다룬 그의 대표적 저서에서 너무 많은 목회자(나는 이것을 모든 내향적인 사람에게 적용하려 한다)가 "스스로 옹호하지 못하는 자신의 무능력을 '그리스도인의 겸함'이라고 말하는 오류를 범한다"고 예리하게 관찰했다. 하트는 "건강한 자기주장이란, 아주 간단히 말하자면, 사람들이 죄책감 없이 자신을 옹호하고, 다른 이들이 그들을 조종하거나 자기들의 뜻을 그들에게 강요하는 것을 거부하고, 적대적이지 않은 방식으로 그들의 느낌을 표현하고, 위축되기를 거부하며, 용기 있게 갈등을 대면하는 것"이라고 명확하게 말한다.[11]

"용기 있게 갈등을 대면하는" 것은 우리가 다른 이들의 취약성을 발견했을 때 공격하는 것을 의미하지 않는다. 오히려, 용기 있게 갈등을 대면하는 것은 두 단계를 포함한다. 첫째, 진심으로 사람들의 이야기를 경청하는 것이다. 사람들이 우리에 대한 불평을 말할 수 있도록 시간을 제공하는 일에는 엄청난 힘이 필요하다. 그래서 우리의 경청 능력은 군중의 적의를 해소하기 위한 가장 중요한 기술이다. 내가 언급하는 경청은 사람들로 하여금 감정을 분출하도록 하는 것일 뿐 아니라 환경, 다른 사람들, 당신 스스로에 관한 새로운 통찰을 얻기 위해 듣는 것이기도 하다.¹² 당신은 경청을 통해 새로운 관점을 얻게 될 것이다. 그리고 당신의 경청 덕분에, 상황은 변함이 없더라도 상황에 대한 다른 사람들의 감정은 바뀔 수 있다. 왜냐하면 그들의 의견에 정말로 귀 기울여 주었다고 느낄 것이기 때문이다. 우리가 먼저 경청하면 아마도 다음번에는 다른 사람들이 우리의 이야기를 듣게 될 것이다. 우리가 다른 사람들의 이야기를 진심으로 경청하는 것이 상대방의 경계심을 풀 수 있음을 보면 계속 놀랍다. 특히 그런 반응을 기대하지 않는 경우가 많기 때문에 더 그렇다.

용기 있게 갈등을 대면하는 일의 두 번째 부분은 **자기주장을 하는 것**이다. 이것은 다른 사람들의 행동과 말보다는 자신의 경험, 생각, 감정에 초점을 맞추어 우리 자신을 명료하게 그러나 요령 있게 표현하는 것을 의미한다. 다른 이들이 대화의 규칙을 좌우하도록 할 필요는 없다. 만일 높아진 목소리와 언어적 공격 때문에 불편하다면 우리는 그것에 대해 이야기할 수 있다. 그런데도 그것들이 계속된다면 상호 작용을 끝내면 된다. 이런 종류의 대화를 위해서는 미리 준비하는 편이 내향적인 사람에게 도움이 될 것이다. 그런 상호 작용을 하기 전에 우리의 생각을 글로 쓰고 다른 사람과 논의한다면 생각은 명료해지고 불안감은 감소할 것이다.

기술과 관계. 내향적인 사람들은 현대 기술이 주는 가장 큰 혜택과 가장 큰 책무를 모두 받았다. 긍정적인 면에서 인터넷은 직접 접촉이 많이 필요하지 않은 관계의 기회를 제공해 준다. 인터넷은 내향적인 사람에게 알맞은 빈도와 수준의 상호 작용을 제공한다. 우리 중 많은 이는 인터넷이 아닌 다른 곳에서 이런 상호 작용을 정기적으로 추구할 에너지가 없다. 이메일은 우리로 하여금 소통이 이루어지기 전에 생각하고 자신의 속도에 맞게 대응하고 메일을 보내기 전에 내용을 고칠 수 있게 해 준다. 이메일은 직접적 대인 관계를 요구하지 않는다. 이메일은 우리가 방해받지 않고 소통하도록 한다. 게다가 이메일을 통한 소통에는 어느 정도의 거리가 있다. 그 거리 덕분에 우리는 일반적인 경우보다 훨씬 더 자신을 드러낼 수 있게 된다. 이와 비슷하게 온라인상의 관계에는 익명성이 존재한다. 소셜 미디어는 우리가 집이라는 사적인 공간에서 내면의 생각을 역시 글로 적어서(내향적인 사람은 의사소통 수단으로 대개 글쓰기를 선호한다) 다른 이들에게 표현하도록 돕는다. 다른 경우에, 소형 기기 기술 덕분에 우리는 고독의 시간을 가질 틈을 낼 수 있다. 내 친구 제시카Jessica는 이어폰이 만드는 차단막 덕분에 대인 관계의 부담에서 잠시 벗어날 수 있다고 말한다.

 그러나 기술이 모두 내향적인 사람들에게 좋은 것은 아니다. 어디서나 접속 가능한 개인 기기 때문에 다른 사람들은 우리와 언제든 연락할 수 있을 것이라고 기대한다. 이제 더 이상 마감 시간, 영업을 끝내고 불을 끄고 집으로 돌아가는 시간은 없다. 우리의 전화는 즉각적 응대를 요구하면서, 우리에게 기반이 되고 힘을 주는 내적 성찰이라는 필수적 작업으로부터 우리를 멀어지게 한다. 더 미묘한 위험은 우리의 기술이 친밀함의 (실체가 아닌) **환상**으로 우리를 꾀어 들인다는 것이다. 우리는 타인들과 규칙적으로 소통하지만 고통스러울 정도로 외롭다. 셰인 힙스Shane Hipps는 "만일 당신의 관계에서 매체를 통한 소통의 양이 지나치게 많다면 당신은 관계적으로, 영적으로, 감정적으로 영양실조에 걸리게 될 것"이라고 말했다.[13] 많은 글을 올리는 블로거였던 앤드루 설리번Andrew Sullivan은 그의 스마트폰이 "휴대용 토끼 굴"이 될 정도였다고 말한다. 스마트폰은 "우리를 초대하여 내부의 어디서든 어느 때든 우리가 무엇을 하고 있었든 길을 잃게 한다."[14] 기술은 우리가 숨을 곳이 되고, 우리가 부정적 감정과 경험에서 벗어나기 위해 복용하는 약물이 된다. 기술은 우리가 하는 상상의 그늘진 면을 드러내고 우리가 중독 상태를 유지할 수 있는 말로 표현하기 어려운 환상의 세계로 우리를 데려가며, 우리가 타인과 하나님과 심지어 자신으로부터 고립되었다는 느낌을 계속 악화시킨다. 우리는 이런 현대 기술의 덫을 조심해야 한다. 현대 기술의 풍성한 혜택을 누리되, 그것이 우리를 과도하게 지배하지 못하도록 해야 한다.

공동체에서 성공한 내향적인 사람들

내향적인 사람인 로이Roy는 서른여섯 살로, 캘리포니아 오렌지카운티에 산다. 관상과 사고를 많이 하는 그는 생각할 시간을 가지지 못하면 하나님과의 연결이 약해졌다고 느낀다. 그는 특히 말하라는 압박이 강하지 않다면 사람들 곁에 있는 것을 좋아한다. 가장 가까운 친구들과의 우정은 고등학교와 대학 시절부터 시작되었다. 친구들과 만날 때 그는 몇 마디 정도 대화에 끼어들기도 하지만 대부분은 듣는 쪽을 선호한다. 그는 친구들과의 우정을 "깊지만 아주 조심스러운" 관계라고 묘사한다. 그는 한 부부와 같은 집에 살고 있다. 친구들과 함께 사는 것을 좋아하지만, 그는 그들과의 관계에서 지치거나 때로 침해당하는 느낌을 받기도 한다.

로이는 지역 대학에서 수학을 가르치는 조교수다. 점심시간이면 그는 연구실의 개인 공간보다는 캠퍼스에서 학생들의 주위에 있는 것을 좋아하지만, 그들에게 말을 걸지는 않는다. 그는 수업마다 많은 내용을 준비한다. 그러나 그의 생각을 적어 둘 필요를 항상 느끼지는 않는다. 로이는 강의실에서 가르치는 일을 즐긴다. 그러나 일대일 상황에서 학생들을 가르치는 것도 좋아한다. 지역 자치 활동과 근처의 빈민층 공동체를 위한 개인 교사 프로그램에 활발히 참여하는 그는 다양한 집단과 교류하는 것이 매우 편안하다는 것을 알고 있으며 그것을 "목적 지향적 사회 활동"이라고 부른다.

아르메니아 사람인 그는 그 지역의 큰 복음주의 장로교회에 출석하는 사회적 소수자 가운데 하나다. 그는 고등학교 2학년 때부터 이 교회에 다니기 시작했으며 예배 시간마다 고정적으로 뒤쪽 회중석에 앉아 있는 신자가 되었다. 그다음 몇 년간 그는 그 교회에서 관악 합주단에 들어갔고 대학생 공동체에도 참여하기 시작했다. 그러나 그는 "친구를 사귀려고 간 것이 아니라 그렇게 하는 것이 옳다고 생각했기 때문"이라고 말했다. 다른 대학생들이 모임 후에 야외에서 농구를 할 때 로이는 실내에서 피아노를 치며 찬송을 불렀다. 대학 교목은 이것을 알고 다른 이들에게서 떨어져 혼자 있는 시간을 줄이라고 충고했다. 그래서 로이는 사교 모임에 더 자주 나가게 되었다. 비록 다른 학생들과 친밀함을 느낀 적은 결코 없었지만 말이다.

전반적으로 로이는 대화를 기반으로 하는 관계보다는 일을 중심으로 하는 관계를 선호한다. 그래서 그는 교회에 계속 출석하면서, 몇몇 위원회에 참여하고 젊은 세대에 초점을 맞춘 새로운 예배를 시작한 기획팀의 일원이 되기도 했다. 그는 주로 눈에 띄지 않는 자리에서 일하는 것을 좋아해서 예배를 위해 의자와 음향 장비를 준비한다. 그는 자신이 명확히 정해진 의제를 중심으로 진행되는 체계적 형식을 갖춘 위원회 회의를 선호한다는 것을 깨달았다. 그는 교회의 의사 결정 과정에 관심을 갖게 되어서 교회 리더십에 관심 있는 이들을 위한 강좌를 들었다. 위원회 활동 및 다른 활동에서 맺은 관계를 통해 로이는 서른한 살에 교회의 장로로 선출되었다. 사람들은 그의 깊은 신앙, 사려 깊음, 공동체를 향한 헌신, 새로운 관점을 잘 이해했다. 변함없이 내향적인 그는 저녁 모임이 끝나면 머릿속으로 회의 주제들과 거기서 오간 대화를 복기하면서, 토의했던 내용을 처리하느라 밤늦게까지 깨어 있곤 한다. 그는 교회의 지도자가 된 후 새로 만들어진 예배에서 인도자 역할을 받아들였고 금세 공동체에서 높이 인정받고 사랑받는 구성원으로 자리 잡았다.

내향적인 사람이 지도자가 될 수 있을까?

chapter 6

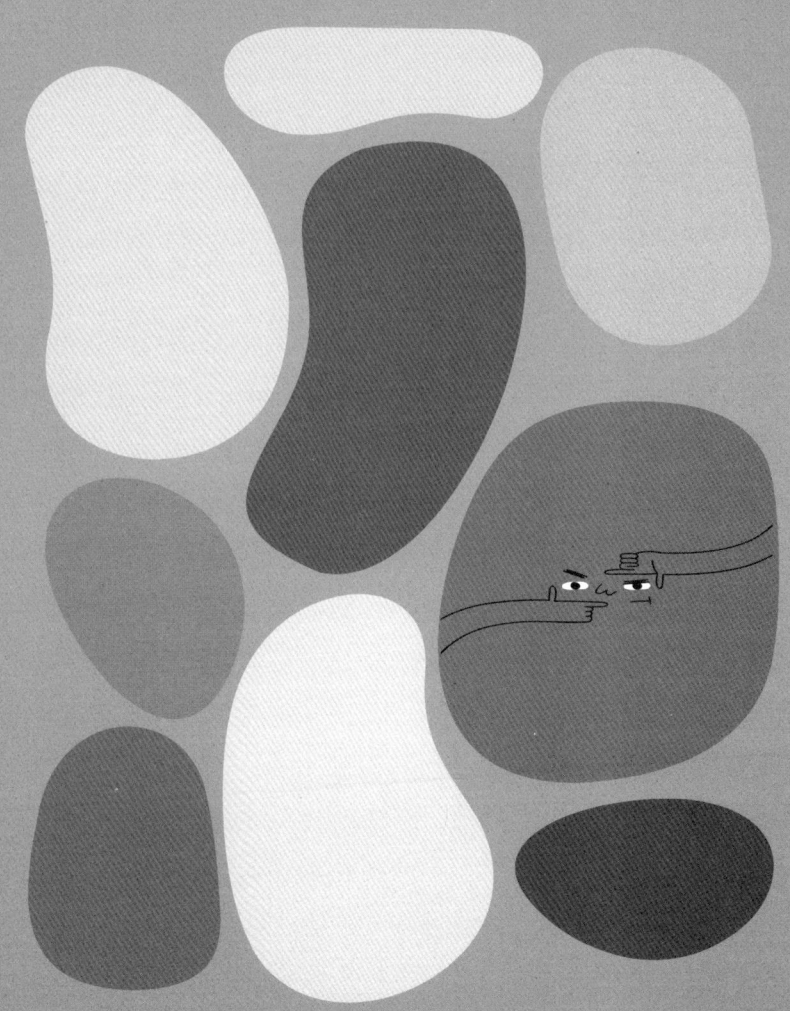

반세기 동안 내가 만나 함께 일했던 영향력 있는 지도자 가운데
어떤 이들은 집무실에 틀어박히곤 했고 다른 이들은 대단히 사교적이었다.…
어떤 이들은 재빠르고 충동적이었으며, 다른 이들은 공부에 공부를 거듭하느라
결론을 내리는 데 무척 오랜 시간이 걸렸다.
어떤 이들은 따뜻하고 즉시 '마음이 통하는' 사람들이었으며,
다른 이들은 나 같은 외부자뿐 아니라 몇 년을 함께 일한 사람들에게도 여전히 거리를 두었다.…
내가 만난 영향력 있는 사람들이 공통으로 가진 유일한 성격 특성은
바로 그들이 지니고 있지 않은 무언가였다.
그들에게는 '카리스마'가 거의 혹은 아예 없었으며,
그 단어나 그것이 의미하는 바를 거의 사용하지 않았다.

피터 드러커 Peter Drucker, 『카리스마는 죽었다』 *The Leader of the Future*, 책누리에 부치는 서문에서

그 화요일 아침에 담임 목사님과 나는 같은 시간에 교회 사무실로 걸어 들어갔다. 담임 목사님은 대형 장로교회인 이곳에서 지난 5년 동안 사역했다. 나는 대학생들 및 청년들과 일한 지 9개월이 되었다. 새로운 한 주의 시작에 교회 문을 열었을 때 우리는 로비에서 다음 주 예배 때 쓸 주보를 접고 있는 은발의 여성 두 명을 만나 인사를 나누었다. 그분들은 담임 목사님을 보자 표정이 밝아졌고 목사님이 사무실에 들어가기 전에 목사님을 붙들고 이야기를 나누었다. 15분 동안 세 사람은 안부 인사를 나누고, 성도들은 지난 일요일에 목사님이 했던 설교에 대해 칭찬을 쏟아 냈다. 그리고 이미 여러 번 반복한 고관절 수술과 겨울철 관절염에 대한 이야기를 했다. 그러고는 마지못해 원래 하던 주보 접기를 계속했다. 담임 목사님은 사무실로 이어진 통로를 걸으며 행정 직원 한 사람 한 사람과 긴 인사를 나누고 지난 주말에 대해 이야기했다.

그 와중에 나는 그 여성들에게서 몸을 피해 아무도 모르게 사무실 문을 통과했다. 안내 담당 직원에게 스치듯 인사를 하고 나서 안전한 내 사무실로 피신했다. 거기서 직원회의가 시작되기 전 30분 동안 장 칼뱅의 『기독교 강요』를 살펴보려 했다. 문을 닫아 놓았지만 방음 효과는 손톱만큼도 없었기에 나는 휴가용 방갈로, 새로운 옷차림, 비정상적으로 차가운 남부 캘리포니아의 날씨(그때 바깥 기온은 영상 11도 정도였다), 그리고 교회에서 새로 구입한(하지만 예전 커피와 마찬가지로 맛이 없는) 커피 브랜드에 관한 사무실 사람들의 대화를 빠짐없이 들을 수 있었다. 칼뱅의 성령론 교리에 집중하면서 그 내용을 저녁 설교에 어떻게 사용할지 고민하는 동안 내면의 다른 목소리가 이미 익숙한 질문들을 던지기 시작했다. '목회자는 원래 저렇게 해야 하는 걸까? 직원들은 내가 위축되어 있거나 사교성이 떨어진다고 생각하지 않을까? 나는 나한테 맞는 일을 하고 있는 걸까? 왜 교회들은 새로운 건물에는 수백만 달러를 쓰면서 근사한 커피는 살 수 없는 걸까?'

미국인의 삶에서 리더십으로서의 외향성에 대해서만큼 편견이 많은 측면은 없을 것이다. 지도자들은 미국 문화의 가치를 보여 주는 전형적 존재이므로 미국인들이 그들의 지도자가 외향적이기를 원하는 것은 놀랄 일이 아니다. 마티 올슨 래니는 세 번 모두 동일한 결론에 이르렀던 연구를 이렇게 인용한다. "[외향적인 사람과 내향적인 사람 모두] 이상적 지도자로 내향적인 사람과 외향적인 사람 중 어느 쪽을 선호하는지 질문을 받았다. 우리 문화의 선입견을 반영하여, 내향적인 사람과 외향적인 사람 모두 이상적 자아상이나 이상적 지도자로 외향적인 사람을 선택한다."[1] 임상 심리학자 레너드 홈즈Leonard Holmes도 지난 두 세기 동안의 미국 대통령들을 분석하면서 "위대한 대통령들은 고집스럽거나 무뚝뚝할 뿐 아니라 더 외향적이고 경험에 대해 개방적이고 적극적이고 성취를 이루기 위해 분투하고 흥분을 추구하고 환상을 더욱 환영한다"고 썼다.[2] 특별히 미디어를 활용하는 것이 선거에서 이기는 데 점점 더 중요해짐에 따라, 외향성은 백악관에 입성하려는 많은 이들의 핵심 속성이 되었다. 상황이 이렇다 해도, 내향적인 사람이 [선거 운동이 이루어지는] 18개월 동안 개인 생활이 낱낱이 관찰당하는 동시에 카메라를 향해 말하는 일과 과격한 군중에게 연설하는 일을 감당하기란 어려운 일이다.

리더십의
'이상적' 성향

외향적 리더십을 이상으로 여기는 것은 정치부터 기업, 교실, 교회에 이르기까지 모든 문화 영역에 스며들어 있다. 경영대학원 학생들은 첫 수업에서부터 외향적인 사람이 최고의 리더가 된다고 배운다. 스탠퍼드 경영대학원에서 진행한 연구는 유창한 말솜씨와 사회성이 졸업생의 성공에 대한 가장 중요한 두 가지 예측 변수라고 보았다.[3] 많은 학생이 보는 교과서인 『리더십 이론과 실무』Leadership Experience, 한 경사를 쓴 리처드 대프트Richard Daft는 여러 연구를 인용하여 성공적인 리더의 속성 다섯 가지를 골랐다. 이는 "성격의 주요 측면 다섯 가지"Big Five Personality Dimensions라고 불리는, 경험에 대한 개방성, 감정적 안정성, 성실성, 친화성, 외향성이다. 대프트는 단일한 리더십 모델이란 존재하지 않으며 모든 성격 유형의 사람들이 영향력 있는 리더가 될 수 있다고 보았지만, 한 리더십 연구 결과를 강조한다. "70년 넘게 진행된 성격과 리더십 관련 연구의 최근 요약본 하나는 다섯 가지 측면 중 네 가지가 성공적 리더십과 일관되게 관련이 있다는 증거를 찾았다. 그 연구자들은 외향성, 친화성, 성실성, 감정적 안정성에서 높은 점수를 받은 사람들이 성공적 리더라는 유의미한 증거를 발견했다."[4]

지난 20년간 기업 세계와 교회의 리더십 모델이 많이 바뀌었지만 리더십의 전형적 모델은 변함없이 유지되어 왔다. 최근 「하버드 비즈니스스쿨 워킹 날리지」Harvard Business School Working Knowledge에 실린 글은 이렇게 말한다. "일반적으로 자기 홍보에 능하지 못한 내향적인 사람들은, 리더 역할을 차지하려고 높은 직급으로 올라가는 외향적 동료들보다 더욱 많은 어려움을 겪는다. 내향적인 사람들이 외향적 동료들에 둘러싸여 있다면 특히 그럴 것이다. 외향적인 사람들은 적극적으로 사람들의 주의를 끌어 승진할 가능성이 더 높기 때문이다. 이는 위대한 지도자의 전형적인 모습과 잘 맞아떨어진다."[5]

우리의 집단적인 문화적 잠재의식은 변치 않는 형태의 리더십을 붙들고 있다. 그리고 우리 중 많은 이가 보기에 우리도 다른 사람들도 다음의 기준에 미치지 못한다.

카리스마적. 많은 사람에게 카리스마는 평범한 사람과 지도자를 구분 짓는 분명한 성향이다. 이것은 사람들을 자신에게로 자석처럼 끌어당기는 무형의 능력으로, 명확히 규정하기 어려우므로 그 양상을 서술하는 편이 낫다. 카리스마적 지도자는 연극적 능력이 있다. 그들은 무대 위에서 다른 배우들에게 둘러싸여 주인공 역할을 수행하기를 좋아한다. 대중의 관심은 그들이 가진 최고의 능력을 이끌어 내는 마약과도 같은 힘이다. 그들은 열정과 존재감으로 다른 이들에게 영감을 불어넣기도 하고 그들의 마음을 사로잡기도 한다. 그들은 록스타나 초인超人에 버금가는 페르소나persona를 가진다.

'카리스마'를 정의하려 할 때마다 나는 수년 전에 읽었던 케네디 대통령과 그의 1963년 탬파 방문에 대한 글이 떠오른다. 저자는 재기 발랄하게 글을 썼다. "그가 원래 주어진 5분을 넘어 20분 동안 국가의 경제 상태에 대해 이야기했지만, 누구도 그가 이야기한 내용을 듣지 않았다. 사람들은 오직 그가 말하는 방식에 집중했다. 청중은 최면에 걸린 듯 사로잡혀 있었다." 모터사이클을 타고 대통령의 자동차 행렬을 경호했던 경찰은 흥분된 감상을 쏟아 냈다. "저는 대통령이 악수를 하면서 두 눈으로 우리를 바라보고 각각의 이름을 불러 준 것을 기억합니다. 가슴 떨리는 경험이었습니다. 저는 악수한 손을 일주일 내내 씻지 않았습니다."[6] 카리스마를 가진 사람들에게는 묘한 능력이 있다. 친구 하나는 그들에 대해 이렇게 말했다. "그들은 수백만 명의 사람들에게 말하면서도 너에게만 말하는 것처럼 느끼게 만들지. 너는 그들을 몰라. 그들을 만날 일도 없어. 하지만 그들은 네 친구처럼 느껴지는 거야." 진정으로 카리스마적인 지도자는 근접할 수 없는 영웅적 페르소나와 다가가기 쉬운 호의적인 친구의 외양을 혼합하는 신비한 능력을 갖고 있다. 카리스마는 1960년대의 우락부락한 경찰을 비틀즈 콘서트에 간 10대 소녀처럼 녹아내리게 할 수 있다.

지배적. 지배적인 사람들은 에너지가 넘치고 공격적이며 명령 내리기를 좋아한다. 그들은 사람들에게 동기를 부여하기 위해 약간의 두려움을 포함한 순수한 의지력을 요구한다. 이 성향은 기본적으로 위치와 관련되어 있다. 말하자면, 지배적 지도자는 자신이 원하는 대로 다른 사람들을 움직이게 하기 위해 직급이나 직책의 권위에 의지한다는 뜻이다.[7] 우위적 지배는 "인간들이 으레 정체되어 쉬려고만 하니 그들을 움직이기 위해서는 동기를 부여하는 힘이 필요하다고 전제"한다.[8] 어떤 사람들은 매우 단호한 방식으로 말한다. 그 결과 사람들은 리더들의 말을 신뢰하고 갈등을 피하고자 자신의 선택을 그들의 권위에 맡기는 경향이 생긴다.

지배적 지도자에 관해서라면 꽤 크고 성공적인 청소년 사역 프로그램을 세운 외향적 목회자가 생각난다. 그는 항상 그 프로그램의 중심에 위치해 있었기에 그를 빼놓고서 그 사역을 생각할 수 없을 정도였다. 그는 항상 일을 진전시키고, 새로운 프로그램을 시작하고, 자기 아이디어를 중심으로 사람들을 집결시켰다. 그는 '아니요'라는 말을 대답으로 받아들이려 하지 않았다. 그는 상대방이 동의하거나 대화를 끝낼 때까지 논쟁하고 설득하고 압력을 가하곤 한다. 많은 사람이 그를 뛰어난 리더로 여긴다. 심지어 표면 바로 아래에 그를 향한 분노가 흐르고 있을 때조차도 말이다.

사교적. 사교적인 지도자들은 대화를 끌어가는 능력을 지녔다. 그들은 서로 다른 성격, 나이, 배경을 가진 사람들과 편안하게 관계를 맺는다. 그들이 대화 내내 말을 하기 때문이다. 그들은 대화를 주도하고 이어 가며 낯선 사람들과 함께해도 편안함을 느낀다. 가장 훌륭한 것은 그들이 말의 힘으로 사람들의 마음을 누그러뜨리고 갈등을 잠재운다는 것이다. 기독교 공동체에서 사교적인 리더들은 사람들을 환영하고 초대하는 친근한 얼굴이 된다. 그들은 회중 사이에 환대와 개방성의 분위기를 조성한다. 그들은 담소를 나누는 사역에 숙련되어 있어서 대화에 참여하여 어색한 침묵을 지운다. 사람들은 그들 주변에 있으면 곧 편안함을 느낀다.

언어가 고도로 발달한 문화에서 말은 힘을 동반한다. 아주 유창하게 언어를 구사하는 사람, 심지어 가장 많은 단어를 사용하는 사람이 권위를 손에 넣는다. 모임에서 사람들은 자기 의견을 가장 열심히 피력하려는 사람들에게 리더 자리를 위임한다. 그들의 아이디어가 가장 나은 것이라 할 수 없더라도 말이다. 말하는 것은 확신으로 이해되는 반면, 의견을 품고만 있는 것 혹은 전에 다루었던 주제에 대해서만 말하는 것은 소심함과 불확실성으로 이해된다.

기독교 리더십에 관한 고전으로 알려진 『영적 지도력』*Spiritual Leadership*, 요단출판사에서 오즈월드 샌더스 J. Oswald Sanders는 사도 바울을 완전히 외향적 방식으로 기술한다. "당신은 지도자들이 보유한 친구의 숫자와 질에 의해 그들을 평가할 수 있다. 그런 잣대로 판단해 보건대 바울은 친구 관계에 관한 한 천재였다. 그는 본질적으로 사교적인 사람이었다."9 샌더스는 이어서 잠재적 지도자들이 리더십 재능을 갖고 있는지 판단하기 위한 척도로 "낯선 사람들 사이에서 마음이 편안한지" 묻는다. 초대형 교회 목사인 릭 워런 Rick Warren은 영향력 있는 설교란 강단 밖에서 목회자에게 다가갈 수 있는지의 여부와 직접적 관계가 있다고 보았다.

가까이하기 쉬워야 한다. 서재에 숨어 있지 말라.…군중을 준비시키는 최고의 방법 가운데 하나는 설교하기 전에 가능한 한 많은 사람을 만나는 것이다. 군중 속으로 들어가 사람들과 대화하라. 이는 당신이 그들에게 개인적으로 관심 있다는 것을 드러내 준다. 많은 목회자들이 예배가 시작되기 전에 스태프나 주요 지도자들을 별도의 공간에 모이게 해서, 사람들이 모이는 사이에 기도하기를 좋아한다. 나는 예배를 위한 기도를 다른 시간에 해야 한다고 믿는다. 기회가 있을 때 사람들과 함께하는 시간을 놓치지 말라.10

슈퍼스타. 교회에서 리더십을 경험해 본 사람이라면 누구나 앞에 서 이끄는 일에 예상되는 과제가 다양하며, 심지어 서로 모순적인 경우도 있다는 것을 안다. 책임을 맡은 사람들은 비전적·지성적·행정적·재정적·사회적·영적·감정적 리더십을 제시하도록 요청받는다. 이런 슈퍼스타 지도자는 모든 면에서 뛰어난 흔치 않은 사람이다.

『MBTI로 보는 다양한 리더십』*Personality Type and Religious Leadership*, 조이선 교회의 공저자 로이 오즈월드Roy Oswald와 오토 크뢰거는 회중이 지도자들에게 능숙해져야 한다고 기대하는 과제들의 아찔한 목록을 제공한다.

- 예배 인도
- 설교 준비 및 전달
- 어른과 아이들 모두를 가르치기
- 환우, 유족, 죽음을 앞둔 사람들 심방
- 외부 설교 요청 수락
- 교회 행정 운영
- 교회 내의 갈등 해결 및 화합 도모
- 새 신자를 방문하여 데려오기
- 개인적 어려움을 겪는 사람들 상담
- 초교파적 사안에서 교구를 대표하기
- 꾸준히 전문적·영적 발달을 이루기
- 사회의 방치나 불의, 편견의 희생자들을 돕기
- 청소년 사역

- 세례식, 결혼식, 장례식 집전
- 모금 활동 주관
- 소속 교파의 활동에 참여
- 교회 내의 유대감 조성
- 교회의 목표 설정을 이끌고 그 목표를 이루도록 돕기
- 교회 지도자들을 세우고 훈련시키기
- 성도 가정 심방
- 교회 활동에 대한 열정을 고취하기[11]

내가 인터뷰한 어느 목회자는 회중이 자신에게 모든 일에 능숙하기를, 어떤 상황에서든 항상 앞에서 이끌어 주기를, 항상 준비되어 있기를 기대한다고 말했다. 단독 목회자로 사역하는 또 다른 친구는 다음 말에 동의한다. "대부분의 교회 문화는 한 사람이 결코 채울 수 없는 요구 사항을 목회자에게 기대한다. 그들은 심오하고 사려 깊고 잘 준비된 성경적 설교를 원한다. 그러나 동시에 사람들과 잘 어울리는 활발하고 외향적인 사람을, 그리고 실력 있는 최고 경영자를 바란다. 한 사람이 이 모든 요소를 갖추기는 어렵다. 이것은 많은 이들이 5년 혹은 10년 안에 목회 사역에서 떨어져 나가는 이유일 것이다."

우리가 지도자에게 원하는 자질을 살펴보면서 나는 이제 조지 바나George Barna가 던졌던 질문을 되풀이할 수밖에 없다. "그 누가 이런 이질적 기대가 포괄하는 넓은 범위를 만족시킬 수 있을까?"[12] 만일 도달할 수 없는 기준으로 지도자들을 측정한다면 그것은 그들을 실패할 수밖에 없는 함정에 빠뜨리는 것이다.[13] 그러므로 이 문제는 외

향적인 사람과 내향적인 사람 중 어느 쪽이 더 나은 지도자가 될지에 대한 문제일 뿐만 아니라 리더십 모델이 갖는 건전성에 대한 질문이다. 기적처럼 하늘의 별들이 그 앞에 도열하는 몇몇 사람들만이 탁월한 능력과 영향력으로 지도자가 될 수 있다고 말하는 것은, 리더십에 관한 문화적 이상에는 맞지 않지만 지도자로서 큰 가능성을 가진 사람들을 좌절하게 한다. 이는 그리스도의 몸에 해를 끼치는 일이 된다. 이런 식의 리더십 모델은 목회자들을 은혜를 베푸는 사람으로 보고 나머지 회중을 수혜자라고 보는, 대중적이지만 비성경적인 기대감만 품도록 할 뿐이다.

복된 소식

'이상적인' 서구 사회 지도자의 특징들이 성격 유형의 중심축이 되고, 사람들이 내향성보다는 외향성을 선호한다는 점이 명백하지만, 복된 소식 하나가 준비되어 있다. 이런 고정관념들이 이제는 무너지기 시작했다는 것이다. 조직을 장기적으로 유지하는 일은 중심 지도자의 성격 유형에 좌우되지 않는다. 그 사람이 제아무리 매혹적이어도 말이다. 기업 세계, 교실, 교회에서 이루어지는 논의들은 성공적 리더를 구성하는 자질에 대한 새로운 관점을 찾고 있다.

와튼스쿨의 애덤 그랜트Adam Grant, 하버드 경영대학원의 프란체스카 지노Francesca Gino, 노스캐롤라이나 대학교의 데이비드 호프만David Hoffman, 이렇게 세 곳의 경영대학원 교수들이 주도한 최근 연구는 사실 내향적인 사람들이 더 외향적인 고용인들 사이에서 가장 영향력 있는 리더가 될 수 있다는 점을 밝혔다. 그들은 "내향적인 지도자들이 더 잘 듣고 처리하고 열성적인 팀의 아이디어들을 시행한다"고 이야기한다. 내향적인 지도자들은 사람들이 각자의 공헌을 인정받고 공동 목표를 위해 함께 일하는 팀의 일원으로 존중받는 것을 느끼도록 하는 협력적 환경을 창조할 수 있다. 그러나 내향성이 강한 팀에는 외향적인 지도자가 필요하다. 그렇지 않으면 "스태프들의 회의는 퀘이커교도들의 모임을 닮아 가기 시작할 것이다. 침묵은 과도한 반면 말수는 지극히 적은 상태가 되는 것이다."[14]

리더십 경향이나 개념들은 빠른 속도로 변화한다. 한 해 동안 유행했던 것도 다음 해에는 잊히고 만다. 이제 리더십에 관한 여러 이야기들 중에서도 품성, 봉사, 겸손, 타인에 대한 헌신과 같은 성경적 리더십의 가치와 가장 유사한 개념들을 강조하려고 한다. 이런 가치들은 결코 잊히지 않는 것들이다.

5단계 리더십. 짐 콜린스 Jim Collins의 책 『좋은 조직을 넘어 위대한 조직으로』 *Good to Great*, 김영사는 경영적 리더십에 관한 기존 패러다임을 무너뜨린 대표적 저술이다. 콜린스는, 화려하고 역동적이며 경력 좋은 최고 경영자들이 실제로는 기업의 장기적 성공에 장애가 된다는 것을 발견했다. 카리스마적 지도자들은 자연스럽게 사람들을 자기 주위로 끌어당기기는 하지만 그들을 조직 자체의 사명이나 가치로 이끄는 일에는 그리 능하지 못하다.[15]

콜린스는 강한 개성을 지닌 유명 인사 지도자들을 "4단계 지도자들"로 분류한다. 그들은 스포트라이트를 받는 것을 즐기며, 자신의 거물 같은 페르소나를 중심으로 회사를 세운다. 그들은 대단한 성공을 거둘 수도 있지만, 회사가 오래 지속되는 것이나 직원들의 복지보다는 자기 개인의 명성에 더 신경을 쓴다. 나는 4단계 지도자와 함께 일해 본 적이 있다. 그는 거만하고 뻔뻔한 성격을 기반으로 회사를 시작했다. 그는 그 분야에서 성공한 사업가가 되었고 사람들은 그를 떠받들었다. 그러나 그는 젊은 직원들을 지도하는 것에는 관심을 기울이지 않았으며, 아무 질문 없이 자신의 업무 지시에 따라 감흥 없이 일할 사람들을 채용하곤 했다. 사람들은 다른 일을 찾아 회사를 떠날 때 기회를 주어서 고맙다는 인사조차 남기지 않았으며 그것은 그의 마음에 상처가 되었다. 나는 언제든 그가 떠나고 나면 회사는 곧 무너질 것이라고 본다.

그러나 콜린스의 말에 의하면 "좋은 조직을 넘어 위대한 조직으로" 성장할 회사들은 5단계 지도자들이 이끄는 회사들이다. 다소 놀랄 만한 주장이다. 그는 이 유형의 지도자들이 갖는 특징을 다음과 같이 정리한다.

- 5단계 지도자들은 눈에 띄게 겸손하고 자기를 내세우지 않으며 절제되어 있다. 반대로 비교 대상인 회사들 가운데 3분의 2는 거대한 개인적 자아를 가진 사람들이 지도자로 있으며 그로 인해 회사의 종말을 앞당기거나 평범한 상태에 그치게 한다.
- 5단계 지도자들은 장인과 같은 근면함을 보인다. 그는 쟁기를 끄는 말이지 경연 대회에 나가는 말이 아니다.
- 5단계 지도자들은 다음 세대가 이룰 더 큰 성공을 위해 후계자

들을 세운다. 반면에 자기중심적인 4단계 지도자들은 실패를 바라며 후계자들을 세우곤 한다.[16]

콜린스는 "최근 역사에서 가장 해로운 경향 가운데 하나는 화려한 유명인 지도자들을 선택하고 가능성 있는 5단계 지도자들을 탈락시키는 것"이라고 말한다.[17] 나는 지난 30년간 미국 복음주의 교회의 명성과 포부가 이 4단계 모델에 달려 있었음을 말하려 한다. 성공으로 가는 길은 그(이런 목회자의 성별은 거의 항상 남성이다)의 발이 땅에 닿지 않는 록스타 목회자를 찾는 일에 달렸다. 그런 교회들이 그 목회자가 떠나고 난 뒤 잊힌 경우가 얼마나 많은가?

그러나 겸손, 자기희생, 조직에 대한 헌신을 개인의 영광보다 위에 놓는 행위를 칭송하면서 콜린스는 리더십의 오래된 전통에 놓인 핵심에 도달한다. 바로 섬기는 지도자에 대한 성경의 묘사다. 신약성경 저자들은 매력을 보이는 일에는 열심이고 겸손에는 소홀한 지도자들을 조심하라고 말한다. 성경은 화려한 개성을 드러내는 사람이 지도자라고 말하는 문화적 경향성을 뒤엎고서 하나님과 타인에게 신실한 종들을 우리에게 소개한다. 이 사람들은 가장 작은 자가 되어 다른 이들을 존귀하게 하고자 한다. 섬기는 지도자들은, 마지막 밤에 수건을 들고 제자들의 발을 씻기신 예수님의 모델로 돌아가고 또 돌아간다.

카리스마를 넘어서는 성품. 카리스마는 사람들을 끌어당기는 자석 같은 힘을 가진 반면 그 힘은 덧없이 사라질 수 있다. 본질과 일관성으로 뒷받침되지 않는 한 끌어당기는 힘은 빠르게 사라져 버리곤 한다.

리더십 분야의 구루guru라 불리는 피터 드러커는 "실제로 카리스마는 지도자가 실패하는 원인이 될 수 있다. 카리스마로 인해 지도자들은 융통성 없고 자신의 오류를 인정하지 않으며 변화하지 못하는 사람이 된다"고 말한다.[18] 그런 이유로 우리 시대의 리더십 논의는 카리스마보다 성품character을 더 높이 친다.

성품이란 개인의 도덕성과 윤리적 결정을 포함하기는 하지만 그것들 이상의 무엇이다. 성품의 중심 요소는 진정성이다. 훌륭한 성품을 지닌 사람은 하나님이 주신 본성 및 성격에 맞게 행동한다. 반대로 훌륭한 성품을 지니지 못한 지도자들은 개인의 성공과 타인으로부터 얻는 인기라는 물결에 이리저리 휩쓸린다. 그리고 그 과정에서 진정한 자아를 잃어버리곤 한다. 훌륭한 성품을 지닌 지도자들은 하나님이 지으신 그들만의 고유한 모습과 조화를 이루는 자아 정체성을 찾는다.

리더십의 성경적 묘사가 성격 유형을 포함하지 않는다는 점은 아무리 강조해도 지나치지 않다. 그 대신 성경은 지도자들을 존경받을 만한 한결같은 성품의 소유자들로 묘사한다.

너희 중 장로들에게 권하노니 나는 함께 장로 된 자요 그리스도의 고난의 증인이요 나타날 영광에 참여할 자니라. 너희 중에 있는 하나님의 양 무리를 치되 억지로 하지 말고 하나님의 뜻을 따라 자원함으로 하며 더러운 이득을 위하여 하지 말고 기꺼이 하며 맡은 자들에게 주장하는 자세를 하지 말고 양 무리의 본이 되라. (벧전 5:1-3)

내가 너를 그레데에 남겨 둔 이유는 남은 일을 정리하고 내가 명한 대로 각 성에 장로들을 세우게 하려 함이니 책망할 것이 없고 한 아내의 남편이며 방탕하다는 비난을 받거나 불순종하는 일이 없는 믿는 자녀를 둔 자라야 할지라. 감독은 하나님의 청지기로서 책망할 것이 없고 제 고집대로 하지 아니하며 급히 분내지 아니하며 술을 즐기지 아니하며 구타하지 아니하며 더러운 이득을 탐하지 아니하며 오직 나그네를 대접하며 선행을 좋아하며 신중하며 의로우며 거룩하며 절제하며. (딛 1:5-8)

진정한 리더십은 스포트라이트를 받는 곳에서 자라지 않는다. 그 대신 그것은 전장의 참호에서 얻을 수 있다. 하나님이 주시는 리더십의 표식은 자석처럼 끌어당기는 힘을 가진 성격이 아니라 훈련이다. 훈련이야말로 성품을 계발하기 때문이다. 우리는 기도를 통해, 우리에게 가장 중요한 관계를 견고하게 함으로써, 우리가 원하는 모습의 사람이 될 수 있게 해 주는 선한 습관의 연습을 통해, 하나님의 변화시키시는 힘에 우리 자신을 개방함으로써 훌륭한 성품을 얻게 된다. 진정한 지도자들은 다른 사람들이 원하는 모습에 맞추어 사람들을 인도하지 않는다. 그러므로 훌륭한 성품을 지닌 내향적인 사람들은 내향적인 모습으로 사람들을 이끌 것이다. 우리는 외향적인 사람이 되려고 하지도 않으며, 우리의 성격이 갈 수 없는 길로 자신을 욱여넣지도 않는다. 지도자로서 그리고 사람으로서 성장할 길을 모색하는 한, 우리는 진실한 상태에 머무는 일에 헌신하게 된다. 우리가 베풀 수 있는 가장 위대한 은사는 우리 자신의 원래 모습으로 사람들을 이끄는 것이기 때문이다. 사람들은 자신의 원래 모습대로 살고 행동하고 일하는 것이 가능한지 알기를 간절히 원한다. 그러니 진정성을 구현하는 내향적 지도자들은 다른 사람들에게 그들 자신의 모습대로 살아갈 자유를 줄 것이다.

학습하는 조직. 우리 시대의 리더십의 모습을 새롭게 변화시키는 다른 요인은 "학습하는 조직"이다. 『학습하는 조직』 The Fifth Discipline, 에이지 21을 쓴 피터 센게Peter Senge는 정보가 주도하고 기술에 의해 움직이는 속사포처럼 빠른 세상에서 성공은 개인/공동체의 조정과 적응과 학습 능력에 달려 있다고 주장한다.[19] 그래서 학습하는 조직은 성찰 및 평가 과정을 조직 체계에 포함시킨다. 지도자들은 스스로 학습에 집중해야 하며 전반적으로 학습할 수 있는 환경을 조성해야 한다. 그러므로 행동하기 전에 생각하고 말하기 전에 듣는 사람들은 매우 영향력 있는 지도자가 될 수 있다. 깊이 성찰하고 사고하는 사람은 말을 멈출 수 없는 사람들에게는 불가능한 방식으로 배울 수 있을 뿐 아니라 배우기를 격려할 수 있다. 이런 경우에 최고의 지도자들은 사람들이 해야 할 일을 말하지 않는다. **최고의 지도자는 최고의 질문을 던진다.**

학습하는 조직의 지도자들은 조직 안에 있는 사람들을 성장시키는 일에 헌신한다. 이 지도자들은 최종 결산이나 기업 목표 성취를 최우선으로 놓고 움직이는 유형(이는 '업무적' 리더십이라 불린다)이 아니다. 업무적 리더십은 전통적인 당근과 채찍 전략을 써서 금전적으로 보상하고 사람들로 하여금 경고를 따르도록 한다. 이것보다 나은 것은 '변혁적' 리더십일 것이다. 이 유형의 지도자들은 사람들의 직업적·개인적 발전에 투자하고 그들과 협력하여 공동의 비전을 발전시킨다. 변혁적 모델에서 학습은 직원들이 지도자들에게서 배우고 지도자들은 직원들로부터 배우는 식으로 순환하며 이루어진다.

내향적인 지도자들에게 더욱 격려가 되는 것이 있는데, 바로 하버드 경영대학원 명예 교수 크리스 아지리스Chris Argyris가 "이중 고리 학습"이라고 부르는 것이다. 그는 학습의 궤적이 두 방향으로 진행되어야 한다고 설명한다.

> 사람들은 학습을 단순히 "문제 해결"이라는 지나치게 좁은 개념으로 정의한다. 그래서 그들은 외적 환경에서 문제를 찾아내고 바로잡는 데 초점을 맞춘다. 문제 해결은 중요하다. 그러나 만일 학습이 굽힘 없이 지속하는 것이라면 관리자와 고용인들은 내면을 또한 살펴야 한다. 그들은 자신의 행위를 비판적으로 성찰하여, 의도치 않게 조직의 문제들을 키우는 데 일조하는 방식을 식별해야 한다. 그리고 난 뒤에는 행동 방식을 바꿔야 한다. 특별히 그들은 자신이 문제를 규정하고 풀어 가는 방식이 그 자체로 문제의 원인이 될 수 있음을 배워야 한다.[20]

내적 성찰은 학습하는 조직의 성공에 중심 역할을 수행한다. 기능 장애나 비효율성은 시스템이 나쁘기 때문이거나, 의도는 좋았지만 행동이 잘못된 탓에 발생하는 것이 아니다. 지도자들은 자신이 지닌 동기, 가정, 맹점에 관심을 기울여야 한다. 이런 면에서 볼 때 자기를 성찰하는 성향을 지닌 사람들은 학습하는 조직의 지도자로서 분명한 장점이 있다.

살면서 가장 나의 관심을 끌었던 지도자들은 자신의 실수를 인정하고, 타인에게 잘못을 전가하지 않는 사람들이었다. 권위 있는 위치에 있으면서 "내가 틀렸습니다. 그건 내 실수였습니다"라고 말하고 그런 무익한 행동을 바꾸기 위해 헌신하는 사람에게는 강력한 힘이 있다. 이렇게 신뢰와 공감을 형성하는 데는 긴 여정이 필요하다. 내가 보기에 많은 지도자는 정반대로 생각한다. 그들은 다른 이들의 신뢰를 얻기 위해 강점과 자신감을 겉으로 드러내고 모든 약점은 그 아래로 감추어야 한다고 여기는 것 같다. 나는 학습을 향한 신뢰와 헌신은 우리 모두가 인간이라는 인식으로부터 온다고 본다. 갈 길이 멀다. 그러니 우리는 그 길을 함께 가야 할 것이다.

의미 부여. 이것은 리더십의 본질에 관한 심도 깊은 이해다. 다만 지금은 비꼬는 듯한 부정적인 이름 뒤에 가려져 있을 뿐이다. 하지만 잘 들어 보라. 창조적 리더십 센터Center for Creative Leadership의 윌프레드 드래스Wilfred Drath와 찰스 팔루스Charles Palus는 "리더십에 대한 기존 이론, 모델, 정의는 대부분 사람들로 하여금 무언가를 하게 하는 일을 다룬다"고 말한다.[21] 그런데 드래스와 팔루스는 리더십이란 "사람들이 함께하는 일에 의미를 부여하여 사람들이 그것을 이해하고 그것에 헌신하게 하는 과정"이라고 새롭게 규정한다.[22] 이렇게 보면, 리더십은 이 단어를 어떻게 해석하느냐에 달려 있다. 지도자는 사람들로 하여금 더 넓은 목적의 관점에서 그들의 일과 경험을 이해할 수 있도록 렌즈와 언어를 제공한다. 그들은 다른 사람들의 정신적 틀이 형성되는 것을 돕는다. 그렇게 해서 사람들은 조직의 사명과 방향성에 기여하고 공동의 목적을 위한 공동체에서 일하게 된다.

풀러 신학교의 리더십 계발 교수 스캇 코모드Scott Cormode는 이와 같은 의미 부여를 교회의 리더십에 적용한다. 그는 "목회자들이 영적 의미를 만들기 위해 하나님의 백성에게 신학적 범주를 제시하는 방식으로 그들을 지도한다"고 말한다.[23] 다르게 표현하자면, 그들은 엉뚱한 이야기를 하고 있는 것이다. 당신은 생존을 위한 좁은 삶, 단조로운 일상의 좁은 삶을 살아가지 않는다. 당신은 하나님 나라의 드넓은 지평 가운데 풍요롭게 살아간다. 그리고 당신에게 맡겨진 필수적 역할이 있다. 나는 당신이 은사를 받았다는 사실과 당신만을 위한 부르심을 발견하도록 도울 것이다. 그리고 우리는 당신의 삶에 이미 존재하는 더 깊은 의미를 함께 발견할 것이다.

이런 유형의 리더십을 실천하는 방식 중에, 나는 리더십에 대한 의문으로 늘 씨름하는 내향적인 사람들과 함께하는 것을 가장 선호한다. 나는 내향적인 친구들이 리더십을 이해하기 위해 새로운 지적 영역으로 들어서서, 다른 이들을 섬길 수 있는 그들만의 은사를 찾는 것을 돕는 일이 좋다. 우리는 리더십에 관해 널리 퍼진 근거 없는 믿음에 대항하여 싸워 왔으며, 지도자가 성공하는 데 도움이 되는 자질에 관한 전혀 다른 이야기를 해 왔다.

내향적 리더십에 대한 성경의 의미 부여

리더십이란 획득할 수 있는 지위나 위치가 아니다. 오히려 그것은 하나님의 선물이다. '카리스마'라는 단어에는 (문화적 정의는 훨씬 광범위하지만) '은사'라는 의미가 있다. 이는 하나님의 은혜의 구체적 표현으로서 선물을 주신 하나님의 능력으로 채워져 있다. 다른 이들을 이끄는 능력을 포함해서 우리가 가진 모든 것은 하나님께로부터 온 것이다. 바울은 그의 사역 전체를 은혜라고 묘사한다. "이 복음을 위하여 그의 능력이 역사하시는 대로 내게 주신 하나님의 은혜의 선물을 따라 내가 일꾼이 되었노라. 모든 성도 중에 지극히 작은 자보다 더 작은 나에게 이 은혜를 주신 것은 측량할 수 없는 그리스도의 풍성함을 이방인에게 전하게 하시고"(엡 3:7-8). 하나님의 은사는 우리가 그것을 받을 자격이 있는지 또는 우리가 그것을 사용하기에 적절한지를 따지지 않는다. 그리고 그것은 성격 유형에 따라 좌우되지도 않는다. 하나님은 리더십의 은사를 내리기 전에 그가 외향적인지 확인하지 않으신다. 또한 실수로 은사를 내리지도 않으신다. 하나님은 당신의 은사와 그 은사를 받을 이들을 끝까지 지켜보시며, 은사를 받아들여 교회의 유익을 위해 사용할 능력을 그들에게 허용하신다.

사실, 하나님은 은사를 품기에 부적절해 보이는 사람들에게 은사를 주시는 일에 독점권을 갖고 계신다. 하나님은 가장 예상 밖의 사람들을 선택하셔서 지도자, 예언자, 선포자 역할을 맡기심으로써 기대를 반전시키는 것을 기뻐하신다. 하나님은 형인 에서 대신 동생 야곱을 선택하시고 이스라엘 민족의 조상이 되도록 하셨다. 하나님은 이새의 아들 중 인상적 외모를 지닌 이들은 모두 지나치시고 섬세한 외모의 목동 소년 다윗에게 기름을 부어 이스라엘의 왕으로 지목하셨다. 메시아의 계보는 왕비들의 순수한 혈통을 통해서가 아니라 기생 라합이나 이방 여자 룻 같은 이들을 통해 이어졌다. 예수님은 교육받지 못한 어부와 민족의 배신자로 여겨지던 세리들을 선택하여 세상 끝까지 갈 사절단으로 세우셨다. 예수님 자신도 흔들리는 승리의 깃발 사이로 백마를 타고 예루살렘에 들어서지 않으셨다. 예수님은 짐 나르는 짐승을 타고 천천히 나아가셨다. 하나님은 기세등등하게 그리스도인들을 박해했던 바울에게 나타나셔서 그의 인생의 방향을 뒤집어, 그를 혐오의 대상이었던 이방인을 위한 사도로 세우셨다.

하나님은 항상 기대를 흩어 버리는 일을 하셨다. 그리고 우리 문화에서 리더십에 관한 기준은 외향적이다. 그러니 하나님이 문화적으로 '부적합한' 예상 밖의 인물, 말하자면 내향적인 사람 같은 이들을 당신의 더 큰 영광을 위해 교회의 지도자로 택하시는 것은 성경의 흐름에 완벽하게 부합한다. 사도 바울은 이런 역설에 놀라워했다. "내 은혜가 네게 족하도다. 이는 내 능력이 약한 데서 온전하여짐이라 하신지라. 그러므로 도리어 크게 기뻐함으로 나의 여러 약한 것들에 대하여 자랑하리니 이는 그리스도의 능력이 내게 머물게 하려 함이라"(고후 12:9).

내향적 지도자

이제껏 살펴본 우리 시대 리더십 논의의 모든 것은 사고하고 성찰적인 성향이 강하며 배우기를 열망하는 사람들을 가리킨다. 이 사람들은 관찰과 경청에 능숙하고 정직하게 자신을 평가할 능력이 있으며 그렇게 할 의지도 충분하다. 그들은 큰 그림을 보고, 머릿속에서 방대한 양의 정보를 조합할 수 있다. 요약하자면, 이제 리더십의 문은 내향적인 사람과 그들이 지닌 강점 앞에 활짝 열려 있다.

여전히 외향적인 사람들이 이상적인 지도자로 보일지라도 그리고 지도자가 된 내향적인 사람들이 자기가 그 자리에 있는 것이 잘못된 일이라고 느낄지라도, 기업 세계와 비영리 단체와 교회에서 지도자로 일하는 내향적인 사람들이 존재한다는 것은 사실이다. 리처드 대프트는 "비록 외향성이 지도자에게 중요한 자질로 여겨질지라도, 실제 세계의 지도자들 중에는 외향적인 사람과 내향적인 사람의 비율이 반반이었다"고 이야기하며 놀라워했다.[24] 일레인 에런Elaine Aron은 내향적인 사람들이 "조언자 집단"에 속한다고 말하면서 그다지 놀라는 기색을 보이지 않는다. 조언자 집단이란 다른 이들을 상담하고 가르치는 이들로서 "전사 계층" 곧 조언자들의 지도를 받는 세상의 실천가들과 비교된다고 말했다.[25] 실제로, 최근 「유에스에이 투데이」 USA Today 는 최고 경영자 열 명 가운데 네 명이 내향적인 사람이라고 밝혔다.[26] 그리고 2006년 바나 연구에 따르면, 개신교 목회자의 24퍼센트가 스스로를 내향적인 사람으로 보았다.[27] 내 생각에는 심신을 지치게 하는 외향성의 외투 아래 자기를 감추고 있는 내향적 지도자들이 더 있을 것이다. 만일 당신이 내향적 목회자이거나 어떤 영역에서든 내향적인 지도자라면, 이제 **당신이 혼자가 아님**을 믿어도 된다. 내향적인 사람은 당신 생각보다 훨씬 더 많다.

역사에서 내향적인 신앙의 영웅들을 더 찾아볼 수도 있다. 테레사 수녀Mother Teresa, 마틴 루서 킹Martin Luther King Jr., 조나단 에드워즈Jonathan Edwards는 교회에서 그리고 세상에서 내향적인 사람으로서 사람들을 이끈 이들이다.

테레사 수녀: 고동치는 사명의 심장으로서 긍휼. 1947년 3월, 테레사는 담당 대주교에게 콜카타의 거리로 가도록 허락해 달라고 요청했다. "저를 보내 주세요. 그들에게 저를 줄 수 있게 해 주세요. 환영받지 못하는 가난한 이들에게, 거리의 작은 아이들에게, 아픈 이들에게, 죽어 가는 이들에게, 구걸하는 이들에게 저 자신과 저를 따르는 사람들을 내줄 수 있게 해 주세요. 저로 하여금 그들의 구덩이로 들어가서 그들의 가정에 그리스도의 기쁨과 평화를 가져다주게 해 주세요."[28] 이후 50년 동안 테레사 수녀와 사랑의 선교회Missionaries of Charity는 "가난과 황폐"의 비참한 가면을 쓰신 예수님을 돕고자 했다. 내향적인 사람으로서 테레사는 고통받는 사람들 각각에게 부드러운 인격적 관심을 기울였다. 다른 이들은 그들에게서 수치와 죽음을 본 반면 테레사 수녀는 그들에게서 존엄성과 인간성을 보았다.[29] 그는 선교회가 "어느 불행한 가정에 기쁨을 가져다주고, 거리의 순수한 아이가 예수님을 위해 정결을 지키게 해 주고, 죽어 가는 사람이 하나님과 화목한 가운데 세상을 떠나게 한다면…모든 것을 내어 주는 일은 가치 있는 일이 될 것이다. 그것이 예수님의 마음에 큰 기쁨을 주기 때문이다"라고 확신했다.[30]

많은 내향적인 사람처럼, 테레사 수녀는 본을 보임으로써 사람들을 이끌었다. 그의 섬김과 겸손의 엄청난 행동은 그가 조용히 한 말의 능력을 무색하게 만들었다. 그의 저돌적 용기, 그의 무모한 사랑

앞에서 그 무엇도 테레사 수녀와 콜카타 사람들 사이를 가로막을 수 없었다. 그는 아픈 이들과 가난한 이들을 돌보기 위해 거침없이 에너지를 쏟는, 기꺼이 그리고 열정적으로 베푸는 사람이었다. 그가 자신을 그들에게 내주는 것은 곧 자신을 예수님께 드리는 것이었다. 그는 가장 친밀한 방식으로 그분을 알기 원했다. 사역을 준비하는 시간에 그는 어둠 속에서 당신의 빛이 되라고 부르시는 예수님의 환상을 보았다. 테레사 수녀의 예수님을 향한 부드러운 애정을 아는 사람들은 그를 "예수님의 응석받이 신부"라고 놀렸다.[31]

그러나 최근에야 세상은 그의 영혼 안에 있었던 큰 대립을 알게 되었다. 모든 이들에게서, 모든 것에서 예수님의 임재를 찾으라고 가르친 그 여성은 사실 평생 예수님의 부재를 느꼈다. 그는 극심한 고통 가운데서 썼다. "제가 그분을 원하면 원할수록, 그분은 저를 원치 않으십니다. 저는 그분이 사랑받으신 적 없는 것처럼 그분을 사랑하기를 원합니다. 그러나 거기에는 분리와 끔찍한 공허, 하나님이 부재하신다는 느낌만이 존재합니다."[32] 가난한 이들의 어두운 구덩이로 들어간 성녀 자신의 영혼 가운데 공허가 존재했다. 그리고 그는 주위 사람들이 자신이 겪는 아픔 속으로 들어오지 못하게 한 채 외로운 침묵 속에서 고통을 겪었다.

동시에 테레사 수녀는 자신의 영적 어둠 가운데서 그가 매일 마주하는 구김지고도 아름다운 사람들을 향한 긍휼의 샘물을 발견했다. 그는 무너진 마음으로부터 사역을 일구었다. 그는 물리적 가난이 고통스럽긴 하지만 그것이 거절당하고 사랑받지 못하는 느낌이 주는 가난과 비교할 수 없음을 몸소 이해했다. 그는 내적 혼란으로 고통받는 가운데 나환자들, 고아들, 버림받은 이들과 자신을 동일시했다. 그리고 그들을 향한 사랑이 잔물결처럼 세상으로 퍼져 나감을 깨달았다.

마틴 루서 킹: 진정한 카리스마의 근원인 이상에 대한 헌신. 많은 사람이 마틴 루서 킹에게 매우 발달된 내향적 성향이 있음을 알고 놀라워한다. 카리스마와 천재적 언변으로 넘쳐 났던 사람, 인종 차별의 담벼락을 향해 쩌렁쩌렁 울렸던 목소리를 가진 이 사람은 젊은 시절 "조용하고" "속내를 드러내지 않은" 것으로 보인다. 그를 가르쳤던 대학교수 가운데 한 사람은 그가 "조용하고 자기 성찰적이고 매우 내향적이었다"고 말했다. 전기 작가 데이비드 개로David Garrow는 "대부분의 사람들이 킹을 조용하고 말수가 적은 젊은이, 항상 교실 뒤편에 앉아 있던 '평범한 학생'으로 보았다"고 말한다.[33] 다른 사람들은 그가 "밤낮으로 책에만 몰두하는" 학구적인 사람이었다고 말한다.[34] 킹은 스스로를 '양향적인'ambivert 사람이라고 말했다. 양향적인 사람이란 반은 내향적이고 반은 외향적인 사람으로서 "내면세계로 물러나 자신이 돌보는 사람들이 겪는 문제에 오랫동안 흐트러짐 없이 집중하고, 그러고 나서 그를 대중의 지도자로 만드는 성격과 확신의 힘을 발휘할" 수 있다.[35]

마틴 루서 킹은 원래 지식인이었으며 인종 평등을 지지하라는 하나님의 부르심을 깨닫고 나서 스포트라이트를 받게 되었다. 킹은 목회자의 아들로 자랐지만, 그가 흑인 교회의 "감정주의"emotionalism라고 불렀던 것에 자신의 지적 성향을 일치시킬 수 있을지 확신하지 못하는 상태로 신앙에 대하여 신중한 태도를 유지했다. 그렇지만 개인적 위기가 그를 회심으로 이끌었다. 어느 날 밤에 앨라배마의 몽고메리를 떠나지 않으면 그의 집과 가족을 불살라 버릴 것이라는 협박 전화가 걸려 왔다. 그는 주방 식탁에 앉아 기도했다.

그 순간 내면의 소리를 들었던 것 같다. "마틴 루서, 공의를 위해 일어서라. 정의를 위해 일어서라. 진리를 위해 일어서라. 그리고 보아라, 내가 세상 끝 날까지라도 너와 함께할 것이다."…나는 싸우라고 계속 말씀하시는 예수님의 음성을 들었다. 그분은 결코 나를 떠나지 않으리라고, 나를 홀로 두지 않으리라고 약속하셨다. 나는 결코 홀로 남지 않으리라.

그는 "거의 일순간에 두려움이 사라지기 시작했다. 나의 불확실함은 사라졌다"고 말하며 크게 기뻐했다.[36]

마틴 루서 킹의 이상 그리고 죽음의 위기 가운데서도 흔들리지 않았던 이상에 대한 헌신은 그의 카리스마의 원천이었다. 그것은 하나님이 주신 은사로서, 그를 위험한 사명으로 강하게 이끌었으며 그로 하여금 그와 동행한 사람들의 꿈, 결국에는 모든 사람의 꿈을 분명히 표현할 수 있게 해 주었다. 그의 열정적인 시적 언변은 청중을 사로잡았다. 그러나 그의 이상은 흑인 운동을 촉발하는 것이었다. 그의 시위 방법은 비폭력 저항이었다. 그가 예수님과, 자신처럼 내향적인 사람이던 마하트마 간디Mahatma Gandhi로부터 배운 것이다. 당연히 비폭력 저항은 시민 불복종의 가장 내향적인 유형이다.

조나단 에드워즈: 빛과 열로 이끌기. 조나단 에드워즈에 대한 악평은 그

의 악명 높은 설교 "진노하시는 하나님의 손안에 있는 죄인들"Sinners in the Hands of an Angry God에 등장하는 이미지, 곧 불꽃 위에 매달려 있는 거미 그림에서 나왔다. 그러나 그 소름 돋는 세부 요소들만큼이나, 그 설교가 1730년대와 1740년대에 미 대륙 식민지를 휩쓸었던 종교 부흥 운동, 곧 1차 대각성 운동의 핵심이었음을 아는 사람은 드물다. 몇몇 사람들은 죄를 슬퍼하고 하나님을 찬양하는 극적 전개로 표현된 부흥의 종교적 과도함을 비난했지만, 에드워즈는 그 시기 부흥의 가장 사려 깊은 수호자였다.

에드워즈는 카를 융의 집단 무의식 이론보다 200년 앞선 시대를 살았지만, 나는 그가 내향적인 사람이었으리라고 확신한다. 역사가 존 길리스John Gillies는 부흥 설교가 조지 윗필드의 불같은 언변과 대조적으로 에드워즈가 "낮고 부드러운 목소리와 자연스러운 전달 방법을 선택했으며, 하나님이 그 자리에 계신 듯이 바라보고 말하는 몸에 밴 대단한 엄숙함을 제외하고는, 몸을 흔드는 것처럼 관심을 증폭하기 위한 방법은 전혀 사용하지 않았다"고 말한다.[37] 그가 고독, 연구, 저술 활동에서 행한 훈련은 고도로 훈련받은 직업 군인의 자기 관리와 견줄 만했다. 매사추세츠, 노샘프턴의 큰 회중교회 목회자로 일하는 20년 동안 그는 하루에 열세 시간씩 연구에 몰두했다. 초기의 전기 작가 한 사람은 "그가 다른 사람들의 사상을 정독하고 마음에 새기는 일보다 훨씬 힘든 일들로 시간을 보냈다. 그는 어려운 주제들을 조사하는 일, 사상의 기원을 밝히고 정리하는 일, 논증을 전개하는 일, 진리와 원리를 발견하는 일에 시간을 들였다"는 데 놀라워했다.[38]

에드워즈의 지적 능력은 거대했다. 그의 인기 있는 저서였던 선교사 데이비드 브레이너드David Brainerd의 전기뿐만 아니라 『신앙감정론』, 『의지의 자유』*The Freedom of the Will*, 부흥과개혁사, 『천지창조의 목적』*The End for Which God Created the World*, 솔로몬같이 그가 집필한 신학 논문들은 무수한 학자들, 목회자들, 선교사들의 사고에 큰 영향을 미쳤다. 많은 내향적 지도자는 그가 보여 준 목회자-신학자 모델을 자연스럽게 받아들일 것이다. 비록 열세 시간 동안 공부하는 것이 좀 과하다 싶을지라도 말이다.

천재라 할 만한 에드워즈의 지성 자체도 놀랍지만, 내가 더 놀란 것은 그가 인격적·경험적 방식으로 예수 그리스도를 알고자 했던 열정이다. 그에게 이성의 "빛"은 감정의 "열" 없이는 불완전한 것이었다. 그는 자신이 부지런히 성경을 공부하는 이유를 설명했다. "신적인 것에 관하여 이성적 지식을 갖게 될수록, 성령께서 당신의 심장을 가득 채우실 때 그 지식의 탁월함을 보고 그 달콤함을 경험할 기회를 더욱 많이 가질 수 있다."[39] 에드워즈는 지성을 넘어서는 앎, 하나님에 대한 거의 신비주의적 경험으로 그를 휩쓸어 데려간 것으로 보이는 앎의 방식으로서의 "감각"에 대해 이야기했다. 그는 개인적 이야기를 쓴 글에 이 경험을 적어 놓았다.

1737년 언젠가 건강을 위해 숲속으로 말을 타고 들어갔을 때, 늘 그랬듯이 후미진 곳에 도착해 말에서 내려 거룩한 관상과 기도를 하면서 걷는데 특이한 광경을 보았다. 그것은 하나님과 인간 사이의 중보자이신 성자의 영광, 그분의 놀랍고 위대하고 충만하고 순수하고 상냥한 은혜와 사랑 그리고 온유하고 부드러운 겸손의 모습이었다. 진정 고요하고 상냥하게 나타나신 그 은혜는 하늘을 넘어설 만큼 위대하기도 했다. 그리스도의 위격은 모든 사상과 개념을 집어삼킬 만큼 형언할 수 없을 정도로 탁월한 모습으로 나타나셨다.…그 광경은 내가 판단하건대 한 시간 정도 이어졌다. 그리고 눈물과 부르짖음 가운데 더 위대한 시간이 이어졌다. 나는 (이것을 달리 표현할 방법을 모르겠는데) 비워지고 소진되기를 간절히 바랐다. 재 가운데 누워 그리스도로만 충만하기를, 그분을 거룩하고 순전하게 사랑하기를, 그분을 신뢰하기를, 그분께 기대어 살기를, 그분을 섬기며 따르기를, 거룩한 하늘의 순전함으로 완전히 성화되고 순전하게 되기를 열망하는 영혼을 느꼈다. 나는 거의 동일한 내용의 광경을 몇 번 보았으며 그것은 늘 동일한 영향을 미쳤다.[40]

조나단 에드워즈는 삶에서 무엇에든 피상적으로 다가간 적이 없다. 그는 성경의 지식과 그 시대 신학적 이슈를 지적 능력을 총동원하여 연구했다. 그러나 또한 목회자로서 그의 우선 과제는 하나님을 관계와 애정과 내면 차원에서 알아 가는 것이었다. 에드워즈를 따라 탐구하는 지성을 개인적 헌신과 결합하려는 내향적인 사람들은 복음의 빛과 열 모두를 내뿜을 것이다.

테레사 수녀, 마틴 루서 킹, 조나단 에드워즈는 사람들을 인도하는 일에 관하여 부름받은 우리 같은 사람들에게 본이 된다. 그들은 우리가 내향적인 사람으로서 받은 은사로부터 멀어지지 말고, 그 은사를 함양하여 타인을 위해 사용하도록 설득한다.

chapter 7

본래
모습으로
지도자 되기

모세가 여호와께 아뢰되 오 주여, 나는 본래 말을 잘하지 못하는 자니이다.
주께서 주의 종에게 명령하신 후에도 역시 그러하니 나는 입이 뻣뻣하고 혀가 둔한 자니이다.
여호와께서 그에게 이르시되 누가 사람의 입을 지었느냐?
누가 말 못 하는 자나 못 듣는 자나 눈 밝은 자나 맹인이 되게 하였느냐?
나 여호와가 아니냐? 이제 가라. 내가 네 입과 함께 있어서 할 말을 가르치리라.
모세가 이르되 오 주여, 보낼 만한 자를 보내소서.

출애굽기 4:10-13

이것은 주저하는 지도자의 전형적 이야기다. 준비되지 않은 사람이 불가능한 과업을 위해 부름받을 때마다 하나님의 부르심에 대해 모세가 했던 거절의 말이 되풀이된다. 모든 성격 유형의 지도자들이 그런 부르심 앞에서 주저하기는 하지만, 모세는 내향성의 특징을 숨김없이 드러낸다. 출애굽기 4:10의 히브리어를 해석하면 다음과 같다. "저는 말의 사람이 아닙니다.…저는 혀가 무겁고 입이 무겁습니다." 여기서 우리 중 많은 이들은 혀가 입안 바닥에 들러붙은 느낌, 입술이 말을 만들어 보려 애쓰는 느낌에 공감할 수 있다. 우리는 머뭇거리며 말을 더듬고 우리 정신은 생각한 다음에 말하라고 외친다. 우리가 깊이 생각한 말들은 천천히 그리고 신중하게 입 밖으로 흘러나올 것이다. 모세와 더불어 우리는 실패가 두려워서, 부분적으로는 무대 위에서 유창하게 말하지 못했던 악몽 같은 경험 때문에 하나님이 우리에게 리더십 같은 끔찍한 과제를 면제해 주시기를 간절히 바란다.

모세 이야기의 시작에서 명료하게 드러나는 주제는 **숨는 것**이다. 모세의 어머니는 갓난아이의 눈을 바라보고는, 피에 굶주린 이집트인들에게서 아이를 **숨겨야** 한다는 것을 알았다. 감추기 어려울 만큼 아이가 자랐을 때, 어머니는 아이를 위해 상자를 만들어 강기슭 갈대숲 사이에 **숨겼다**. 아이는 발견되었고 파라오 딸의 집에서 양육되었다. 어느 날 모세는 동족 히브리인이 이집트인에게 맞고 있는 것을 보았다. 그는 결국 그 이집트인을 죽였고 시신을 모래 속에 **숨겼다**. 파라오는 그 소식을 듣자 모세를 죽이려 했다. 모세는 도망쳤고 낯선 땅에 몸을 **숨겼다**. 이제 미디안 땅에서 목자가 된 모세는 양 떼를 "광야 너머로" 이끌었다(출 3:1). 모세는 가능한 한 멀리 도망치는 것

같이 보인다. 전사가 목자로, 지도자가 이방인으로, 내향적인 사람이 난민으로 변모했다. 주께서 불꽃 가운데서 그에게 당신의 이름을 선포하시고 당신의 백성들에게 돌아가라고 말씀하셨을 때조차 모세는 두려움 뒤에, 이후에는 말 잘하는 형 뒤에 숨었다. 이후 모세는 아론의 옷 뒷자락을 붙잡고서 히브리 민족 앞에 섰고 파라오의 궁정으로 갔다.

나의 지도자로서의 경험에 비추어 볼 때 그리고 내향적 목회자들과 신학생들, 어떤 지위든 교회에서의 지도자 위치를 고려하는 내향적인 사람들과 이야기할 때, 나는 숨는 것이라는 유사한 주제를 떠올린다. 우리는 학업이라는 보호막, 우리를 따뜻하게 품어 주는 책, 고매한 신학 및 소명과 영성에 대한 색다른 이해의 뒤로 숨어든다. 우리는 다른 이들의 기대 혹은 우리 자신의 기대에 못 미칠까 봐 두려워서 진짜 성격을 외향적 페르소나 뒤에 숨긴다. 때로 우리는 위험을 감수하거나 불편한 일을 하지 않으려고 '내향적 사람이라는 카드'를 쓰기도 한다.

내 삶의 더 어두웠던 시간에, 나는 내향적 지도자들이 사역의 감정적 강도와 관계상의 필요와 피할 수 없는 피곤과 갈등과 실패의 순환으로 인한 사역의 변화를 견딜 수 있는 것인지 자문하곤 했다. 나는 사람들과의 상호 작용에서 에너지를 잃는 우리가 우울과 탈진의 상황을 피할 수는 없는지 고민해 왔다. 나와 함께 일했던 내향적인 한국계 미국인 동료 보Bo는 최근 대학 사역을 그만두면서 가슴 아픈 말을 남겼다. "저는 사람들과 함께하는 것을 세상 무엇보다 사랑하는데, 어째서 그것이 저를 가장 지치게 만드는 걸까요?" 내가 보의 말에 변명하지 못하고 움츠러들 정도로 리더십 전문가들이 교회 사역을 외향적 직업이라고 말하는 데도 이유가 있다.[1] 대인 관계적 요구를 충족시키고 끊임없이 다른 사람들의 기대에 맞서 분투하는 일은 기력을 소모시킨다.

교회의 리더십은 모든 내향적인 사람을 위한 것은 아니다(모든 외향적인 사람을 위한 것도 아니다). 당신이 스스로의 성격과 관계의 지경을 확장하고자 하지 않는다면, 당신이 하나의 대인 관계 상황에서조차 피곤을 느낀다면, 혹은 대부분의 상황에서 말하기가 꺼려진다면, 지도자 역할은 당신에게 맞지 않는다. 어느 내향적 목회자가 나에게 말했듯이, "목회 사역이 사람들을 대하는 일이라는 사실을 벗어날 길은 없다. 따라서 목회자들은 사람들과 함께 일하고 사람들을 가르치고 사람들과 상담하고 사람들과 연결되어야 한다. 내향적인 사람이 사람들과 함께하기 위해 자신의 내면세계로부터 나올 능력이나 의지가 없다면, 그는 다른 일을 찾아야 할 것이다."

그러나 20년간 그리스도인 지도자로 일하면서, 나는 내향적인 사람들이 다른 사람들을 크게 돕는 모습을 보았고 영향력 있는 내향적 리더십 모델들을 배웠다. 그러므로 우리는 어떤 과제를 위한 우리의 에너지 수준과, 동일한 과제를 위한 우리의 은사를 구별해야 한다. 우리가 어떤 일을 하면서 에너지를 잃는 것이 우리가 그 일에 맞지 않는다는 의미는 아니다. 나는 성격 유형이 아니라 부르심이 지도자로서의 모습을 갖추고 그 역할을 지속하는 데 결정적 요소라고 확신한다. 하나님이 모세가 도망치려고 했던 바로 그 장소에서 그를 만나신 것은 우연이 아니다. 모세가 다른 양 떼, 곧 하나님의 백성들을 동일한 광야로, 하나님의 거룩한 산으로 이끈 것도 우연이 아니다. 하나님의 부르심은 우리가 숨어 있는 가장 어두운 장소에 빛을 비추신다.

내향적 지도자들과 나눈 대화에서 확연하게 내 눈에 띈 것은, 하나님의 능력을 힘입어 일한다는 그들의 굳은 확신이었다. 그들은 어쩔 수 없이 사역을 선택한 것이 아니다. 그들은 자신의 은사와 성격 유형에 완벽하게 맞는 일을 찾은 것이다. 내 친구 크리스Chris는 대부분의 시간을 자신의 약점을 드러내면서 일해야 한다는 사실에도 불구하고 이렇게 말했다. "나는 여전히 하나님이 나를 목회 사역으로 부르셨다고 믿어. 나는 하나님이 당신의 더 큰 영광을 위해, 사람들을 그들에게 완벽하게 들어맞지 않는 일로 부르신다고 결론지었어." 또 다른 목회자도 이렇게 말했다. "나는 카리스마를 지닌 사람이 아니야. 하지만 나는 그것을 어떤 일을 하지 않을 이유로 사용하지는 않아. 성령의 능력은 우리가 그 능력 없이는 할 수 없는 일을 하도록 힘을 주시지. 어떤 일을 이루기 위해 두 시간 동안 카리스마적 지도자가 되어야 한다면, 나는 하나님이 그렇게 하실 능력을 갖고 계신다고 생각해."

모세가 타오르는 떨기나무 앞에서 자신이 말에 서투르다며 사명을 거절했을 때, 하나님은 동의하지 않으셨다. "그것은 진실이 아니다, 모세야! 나는 네가 말하는 것을 들었다. 그리고 네가 내게 영감을 주었다. 너는 선포자로서 그곳에 갈 것이다." 그리고 하나님은 말씀하셨다. "**내가 네 입과 함께 있어서 할 말을 가르치리라**"(출 4:12). **내가 너와 함께할 것이다. 내가 너에게 할 말을 줄 것이다.** 이 말은 하나님이 지도자의 자리로 부르시는 이들에게 주시는 반석 같은 보증이다. 우리의 리더십 자격은 주님의 지혜와 성령으로부터 나온다. 하나님은 지도자 역할이 쉽거나 늘 평탄하리라고 보장하지 않으신다. 하나님은 단지 당신이 부르신 이들과 함께하시리라 약속하신다. 그리고 그분의 임재 안에 인간의 모든 능력을 넘어서는 능력이 있다. 지도자들이 다른 사람들을 돕는 것은 자기 능력이 아니라 하나님의 능력으로부터 나오는 것이다.

초자연적 재앙과 타오르는 떨기나무의 불꽃과 연기로 가득한 산들이 있었지만, 모세 이야기의 가장 극적인 순간은 대명사의 변화에서 일어났다. 그의 부르심, 출애굽, 율법이 내려오는 이야기 전반에서 모세는 항상 히브리인들을 "당신의 백성", 하나님의 소유라고 부른다. 그는 동족으로부터 거리를 둔다. 그러나 출애굽기 34장에서 하나님은 당신의 영광을 보여 주시고, 기대하지 않았던 신적 현현으로 모세를 스쳐 지나가셨다. 그때 모세는 그 산의 틈에 숨어 있었으며 그의 눈은 하나님의 충만한 위엄으로부터 보호받았다. 그리고 그는 하나님께 이렇게 기도한다. "주여, 내가 주께 은총을 입었거든 원하건대 주는 우리와 동행하옵소서. 이는 목이 뻣뻣한 백성이니이다. 우리의 악과 죄를 사하시고 우리를 주의 기업으로 삼으소서"(출 34:9). 하나님 **우리**와 동행하소서. **우리**의 악과 **우리**의 죄를 사하시고 **우리**를 주의 기업으로 삼으소서. 모세는 마침내 숨어 있던 곳으로부터 나왔다. 그의 백성을 그의 진정한 기업이며 운명이라고 부른 것이다. 하나님의 영광을 바라볼 때 우리는 그분의 백성을 우리의 백성이라고 부르게 된다.

사역 안에서의 성장

부르심은 하나님께 속한 것이다. 그리고 그것은 내향적인 사람들이 지도자 역할을 감수하는 근본적 이유가 된다. 부르심에 대한 인식은 우리를 지탱해 준다. 비록 우리가 우리의 부르심을 결정하지는 못하지만, 우리는 부르심 가운데서 자기 돌봄, 영적 훈련, 에너지를 사용하는 방법에 대한 숙고, 교회 내 사역에서 우리의 역할에 대한 건강한 관점을 통해 그것을 지킬 방법을 배울 수 있다.

자기 돌봄. 지도자가 사역을 오래 유지하는 데 가장 필수적인 요인은 자기 돌봄일 것이다. 다른 사람들의 영적·감정적 필요를 돌보는 일에 너무 많은 시간과 에너지를 쓰다 보면 자신의 필요를 소홀히 하게 된다. 이는 우리 자신에게도 손해이지만 장기적으로는 우리가 돌보는 이들에게도 손해가 된다. 스스로에 대해 주의를 기울이는 일이 적을수록 장기간에 걸쳐 타인에게 줄 것이 줄어든다.

많은 내향적 목회자들은 사역에서 가장 어려운 일이 다른 이들을 실망시키는 것과 그들의 기대에 미치지 못한 명백한 결과를 다루는 일이라고 고백한다. 사람들이 그들의 리더십 능력에 만족하지 못했음을 드러내는 것은 가장 괴로운 일이다. 다른 이들의 실망을 마주하는 것은 특히 내향적인 사람에게 더 큰 타격을 준다. 왜냐하면 우리는 습관적으로 모든 것을 내면화하는 데다 갈등을 피하려는 성향이 있기 때문이다. 어느 내향적 목회자는 자신이 비판을 개인적으로 받아들여서, 다른 사람들도 실수할 수 있다는 생각은 떠올리지도 못한 채 항상 부끄러워하며 "제가 뭘 잘못한 거죠?"라고 묻기부터 한다고 탄식했다.

로이 오즈월드와 오토 크뢰거는 모세의 리더십을 분석하면서 내향적 지도자들이 겪는 분투를 살핀다.

사역 전반에 걸쳐 모세는 이스라엘 자손들에게 계속 화가 나 있었다. 그들의 불평과 푸념과 넋두리는 그를 미치게 만들었다. 그는 절망과 분노가 너무 커서 그것을 하나님께로 가져갔다. "제가 광야에 있는 동안 내내 이 백성들을 품어야 하는 어미입니까?" 그는 사역 후반에 이렇게 기도한다. "하나님, 당신이 자비하신 분이라면, 바로 이 자리에서 저를 데려가소서. 저의 비참함을 더 이상 보지 않게 하소서."2

모세는 다른 이들의 불평이 그의 영혼 속에서 곪아서 산성 용액처럼 되어, 그의 소명에 대한 지각과 하나님을 섬기는 기쁨을 녹이도록 내버려 두었다. 우리 중 꽤 많은 이가 그 느낌을 안다.

돌보는 일을 직업으로 하는 사람들에게서 나타나는 상태를 가리키는 심리학 용어가 '동정심 감퇴'compassion fatigue다. 이는 두 가지 형태로 나타나곤 하는데, 가장 힘든 경우에는 돌봄자가 두 가지 모두에 시달린다. 둘 중 하나는 우울로서 타인의 슬픔이 이들에게 전염된 것이다. 다른 하나는 타인의 아픔에 대한 냉담이다. 나는 17개월 동안 호스피스 병원의 전임 원목으로 일했는데, 그때 여섯 차례의 동정심 감퇴를 겪었다. 어느 주말에는 시한부 환자를 돌보고 기도한 후에 집에 돌아와서 공허와 원망을 느꼈다. 그때 내가 원한 것은 어디론가 숨어 버리는 것이었다.

자기를 돌보는 것은 **내면**과 **외면** 모두의 방향으로 이루어져야 한다. 내향적 지도자들은 영적·감정적 삶에서 온전함을 추구해야 한다. 테레사 수녀는 동역하는 수녀들에게 "우리의 내면은 외면을 위한 힘의 주요 동력이 되어야 합니다"라고 조언했다.[3] 우리는 영적 훈련을 실천하는 일에 힘써야 한다. 이것이 많은 내향적인 사람이 타고난 강점이다. 기도, 글쓰기, 성경 묵상, 금식 같은 영적 훈련에서 우리는 의식적으로 하나님의 임재 안에 자리를 잡는다. 내향적인 사람들은 때로 절망과 자기 의심으로 우리를 몰아가는 머릿속의 음성들과 전투를 벌인다. 그러나 영적 훈련은 하나님의 음성을 듣도록 길을 열어 주고, 하나님의 음성은 우리 영혼을 회복시키신다. 영적 훈련은 하나님의 음성이 다른 소리들과 싸울 수 있는 경기장을 마련한다. 건강해지기 위해서는 하나님의 은혜와 사랑의 음성이 의심과 실패의 소리들을 몰아내야 한다.

많은 내향적 목회자들이 규칙적으로 개인 피정을 간다. 외향적인 사람들은 지나치게 긴 고독으로 인해 화가 날 수도 있다. 그러나 내향적인 사람들에게 피정은 하나님을 재발견하고 자신을 다시 정립하는 시간이다. 나의 동료 원목 한 사람은 자신이 묵언 피정을 갈 때면, 머릿속에 계속 이어지는 생각을 사라지게 하는 데 24시간이 걸린다고 말했다. 또 다른 목회자는 8월이 되면 일주일씩 근처 수도원으로 피정을 가서 가을 사역을 영적으로 준비하고 다음 설교 시리즈를 위한 주해 작업을 시작한다고 말했다. 선교사 친구 하나는 정기적으로 캘리포니아 사막에 있는 가톨릭 수도원에 가서 4일 동안 피정을 하면서 수도원의 거룩한 시간 divine hours 수행에 참여한다. 그는 자기 교회에서의 수다스러운 교제와 느슨하게 짜인 예배보다는 침묵과 예술과 의식을 통해 하나님과 연결되는 것이 훨씬 쉽다는 점을 알고 있다.

이와 동시에 우리의 자기 돌봄은 치유를 주는 건강한 관계를 향해 **외적** 방향으로도 움직여야 한다. 아치볼드 하트는 목회자들의 우울증을 다룬 자신의 대표 저서에서 이렇게 말했다.

> 사역의 외로움은…사역자를 지원 체제로부터 단절되도록 할 수 있다. 그것은 사역자가 일하면서 발생하는 문제들을 논의할 만한 가까운 친구를 갖지 못하게 할 수 있다. 누구나 생각만 해서는 갈등을 해결하거나 문제를 명료하게 할 수 없다는 것은 심리학적 사실이다. 외부로부터 얻는 것 없이 혼자 이야기하고 내적으로 성찰하는 것은 왜곡과 비합리성으로 이어질 수밖에 없다. 반면에 다른 사람과 문제를 나누는 것은 그 사안을 명료하게 하고 왜곡을 제거하는 데 도움이 될 수 있다. 모든 사역자에게는 이런 명료화 과정에 도움이 될 가까운 친구, 즉 그가 소속된 회중의 동료 직원이나 가족, 다른 사역자들, 신뢰할 만한 일반 성도들이 있어야 한다.[4]

외부의 영향을 받지 않는 자기만의 성찰은 왜곡으로 이어진다는 하트의 언급은 특별히 내향적 지도자들을 위한 예리한 통찰이다. 우리의 내적 과정이 놀라운 가치를 지니기는 하지만, 큰 소리로 외치는 데서 오는 명료함도 있다. 하나님은 가장 내향적인 사람이라 할지라도 다른 사람과 무관하게 살도록 하지 않으셨다. 고립은 결코 영적 건강의 지표가 아니다. 내향적 지도자로서 우리는 우리의 사각지대에 빛을 비추며 우리를 판단하지 않고 받아 줄 믿을 만한 사람들을 주변에 두어야 한다. 우리가 있는 모습대로 받아들여질 때, 우리는 내면에서 실제로 발생하는 일을 대면할 용기를 낼 수 있다.

우리에게 필요한 지원을 얻을 곳은 많다. 많은 내향적 지도자들이 내향적 동료들과의 관계를 즐긴다. 경험을 공유한 사람들은 우리가 내향적인 사람으로서 겪은 경험을 평범한 것으로 받아들이도록 돕는다. 서로 이야기와 분투를 주고받기만 해도 우리는 더 큰 자기 수용을 얻는다. 심리 치료를 위한 환경은 내향적인 사람에게 매우 유용하다. 그 일대일 환경은 내향적인 사람에게 딱 맞는다. 나는 치료가 이루어지는 환경은 습관적으로 경청하는 사람인 내가 스스로에 대해 털어놓아야만 하는 상황임을 깨달았다. 비밀이 지켜지는 환경은 일반적으로는 다른 이에게 드러내지 않는 내 인생의 내밀한 부분을 드러내도록 도와주었다. 내향적인 사람들이 외향적인 사람보다 빨리 탈진하는 경향이 있음을 고려할 때 정기적 심리 치료, 영적 지도, 혹은 신뢰할 만한 상담자와의 관계 유지는 내향적 목회자들에게 꼭 필요하다.

내향적 목회자들이 사역자로서의 삶에 대해 자주 염려를 표하는 한 가지는 그들의 사역과 가정생활 사이의 균형 유지다. 이런 긴장은 분명 모든 목회자에게 해당되는 염려다. 하지만 내향적인 사람들은 다른 이들을 돌보느라 하루를 보낸 후 다시 가족들에게 쏟을 에너지를 찾기가 다른 사람보다 더 힘들다. 외향적인 사람들이 종종 에너지가 충만한 채로 일터에서 집으로 돌아오는 반면, 내향적인 사람들은 예외 없이 지친 모습으로 집에 돌아온다. 어떤 목회자는 이렇게 탄식했다. "어느 날 힘겹게 사람들과의 모임을 마친 후 집에 돌아가면, 내가 원하는 것은 스스로의 내면으로 들어가는 것이다. 그러나 그곳에는 나의 관심을 원하고 또 당연히 받아야 할 남편과 두 아이가 있다." 외향적인 사람인 그의 남편은 그 목회자와는 완전히 다른 방법으로 스트레스를 처리한다. 그 목회자는 자신에게 일어나는 일을 내면화하고 보통은 그것을 혼자서 처리한다. 반면 그의 남편은 대화하면서 스트레스를 처리한다. 그가 남편의 말을 들어 줄 에너지가 없을 때 혹은 남편이 그가 자기에게 곁을 주지 않는다고 생각할 때 갈등이 발생한다.

일정 짜기. 성공적인 내향적 지도자들은 자신의 에너지 수준을 살피는 법을 익히고 에너지를 보존하는 법과 회복시키는 법을 잘 안다. 만일 사역과 개인적 삶에서 인내와 기쁨을 원한다면 신중하게 일정을 짜야 한다. 유연성과 즉흥성이 높은 쪽을 선호하는 사람들은 이런 제안을 받아들이지 않을 것이다. 그러나 신중한 계획이 탈진을 예방하는 핵심 요소라는 것이 나의 결론이다.[5]

호스피스 병원의 원목으로 일할 때, 나는 환자들과의 약속 사이에 간격을 두어서 만남 사이사이에 회복 시간을 가지는 법을 배웠다. 긴급한 연락이 오지 않는다면 매일 한 시간 정도 점심시간을 가졌다. 일을 마친 후에는 할 수 있는 한 고독의 시간을 만들어 냈다. 단 15분도 충분한 시간이 될 수 있다. 때로 나는 출퇴근 시간을 혼자만의 여유를 즐길 기회로 삼았다. 다른 내향적인 사람의 경우 대인 관계로 지치게 하는 일을 하기 전에 짧은 산책이나 낮잠이 사역의 리듬을 이어 나가는 데 도움이 된다는 것을 발견한다. 나는 한 주 전체를 계획하면서 환자들을 방문하는 일정을 넷째 날까지만 잡았다. 그렇게 해서 다섯 번째 날에는 그동안의 방문들에 대해 기록하고 집에서 필요한 전화 통화를 할 수 있었다. 매주 혹은 두 주에 한 번씩은 '내향적인 사람을 위한 밤'을 정해서 그날 저녁에는 내가 선택한 방식으로 시간을 보냈다. 크게 보자면 나는 4주나 6주마다 하루 정도씩 쉬었고, 석 달에 한 번은 일주일 전체를 휴가로 보냈다. 이 무렵이면 동정심 감퇴가 일어날 때였다. 분명히 해 둘 것은, 그때 내가 한 일은 과도하게 에너지를 소진하는 일이었고, 호스피스 병원에서는 1년에 4주의 휴가와 7일의 휴무일을 주었다. 자신과 자신에게 필요한 것을 가장 잘 아는 사람은 자기 자신이다. 가장 중요한 것은 강력한 방문 요청—내가 스스로를 돌보는 시간을 방해하는—을 거절하는 법을 배워야 했던 것이다. 내향적 지도자에게 꼭 필요한 마법의 단어는 '부탁합니다'가 아니라 '아니요'일 것이다. 내가 아는 내향적 목회자는 잘 알려진 학술회의 강사인데, 그는 일정이 많은 달에 '아무것도 하지 않는' 날을 미리 정해서 달력에 적어 둔다. 한 달에 며칠 정도는 어떤 행사나 회의 참석도 금하는 것이다. 그리고 그 달력을 신뢰하는 친구 몇 명과 공유한다. 그들은 그 며칠이 빈 채로 남아 있도록 지켜 준다.

그런데 우리가 일정 짜기에 대해 의지를 갖고 있다 해도, 여전히 하나님이 놀라운 일을 이루실 여지는 남겨 두어야 한다. 헨리 나우웬은 노터데임 대학교의 교수 한 사람과 대화를 나누면서 놀라운 이야기를 들었다. "아시겠지만…저는 살면서 내내 제 일이 방해받는 다고 불평했습니다. 그러다가 제 일이 바로 그런 방해라는 것을 깨달았죠."6 우리의 일정 계획과 감정적 경계가, 우리의 정체성과 사역에 엄청난 영향을 미칠 하나님의 개입을 막아서는 안 된다. 하나님의 신비로운 사역 중 많은 부분이 우리에게 방해로 다가올 수 있다. 고독에 대한 우리의 애정이 우리가 그러한 방해에 닫힌 상태가 아니라 열린 상태로 있게 해 주기를 바란다.

내향적인 사람으로서 사람들을 이끌기

설교와 가르침. 내향적 행동의 전형—부끄러워하고 어색해하며 속내를 말하지 않고 소심한—만 아는 사람들은 내향적인 사람이 대중 연설을 절대로 하지 못할 것이라 생각한다. 나는 신학생일 때 어느 교회에서 견습으로 사역했는데, 거기서 심술궂은 아일랜드인 여성과 사무실을 같이 썼다. 내가 일요일 아침 설교를 할 것이라는 이야기를 듣자 그는 강한 아일랜드식 억양으로 안내 직원에게 말했다. "어떻게 애덤이 교회에서 설교를 할 수 있지? 말 한마디 하지 않는데 말이야!"

그러나 내가 아는 내향적 지도자들 대부분은 설교하고 가르치는 것을 편안해한다. 우리는 상대적으로 적은 청중 앞에서 조금이나마 더 편안함을 느낄 것이다. 그러나 이것은 대부분 사람들도 마찬가지다. 우리 중 많은 수가 설교와 가르치는 일을 자신의 가장 큰 장점이

자 자기 일에서 가장 좋아하는 부분이라고 생각한다. 공부, 연구, 글쓰기를 지향하는 우리의 타고난 성향은 영향력 있는 말하기로 이어진다. 내 동료 신시아는 사역에서 **가장 쉬운** 부분이 설교라고 말한다. 실제로, 지도자 역할을 맡은 내향적인 사람 대부분은 스티로폼 컵처럼 가장 견고한 단열재로 포장해도 에너지가 빠르게 소진되는 것을 감출 수 없는 예배 이후의 교제보다는 청중을 향한 연설이 덜 힘들다는 것을 잘 안다. 큰 교회를 다니는 어떤 사람은 그 교회의 내향적 목회자가 '양극성 장애' 같다고 말했다. 그는 강단에서는 에너지 넘치고 붙임성 있어 보이는데, 강단에서 내려오고 나면 지치고 어색하다는 것이다. 우리는 복음을 전하기 위해 스스로를 부풀릴 수 있다. 그러나 자리로 돌아가 앉자마자 곧 기가 꺾이기 시작한다.

자신감은 설교할 때는 쉽게 나타날 수 있다. 왜냐하면 설교는 방해 없이 소통하는 호사를 제공하는 통제된 상황과 관련이 있기 때문이다. 우리는 미리 자료를 준비할 수 있다. 그리고 재빨리 대응해야 하는 주고받기식 대화에서처럼 말을 더듬지 않아도 된다. 나는 가르치고 설교하는 일을 잘 할 수 있다. 왜냐하면 그것이 내가 발언할 기회임을 알고 있기 때문이다. 대부분의 다른 상황에서, 해당 주제에 관하여 내가 전문 지식을 더 많이 가지고 있음을 안다 해도 나는 주로 다른 사람들이 말하는 것을 듣는 편이다. 내가 즉흥적으로 무대를 사로잡는 경우는 매우 드물다. 그러나 강단에 설 때 나는 드디어 내가 말할 차례가 왔음을 안다.

최근에 나는 작가이자 테드 강연의 탁월한 강사인 말콤 글래드웰 Malcolm Gladwell이 발표할 내용을 단어 하나까지 미리 준비한다는(비록 실제 강연에서는 그 노트를 사용하지 않더라도) 사실을 알고는 마음이 편해졌다. 나는 항상 설교 원고를 세세하게 작성하고 전체 개요를 강단에 가지고 올라간다. 마티 올슨 래니는 내향적인 사람들이 "단어를 생각해 내는" 메커니즘이 다소 느리다고 말한다.7 나는 내가 빈틈없이 준비하지 않는다면 내가 하는 말이 동일한 품격과 우아함을 갖지 못하리라는 것을 알고 있다. 글래드웰은 또한 대중 앞에서 강연을 하는 것은 외향성의 행위가 아니고 공연 행위이며, 내향적인 사람과 외향적인 사람 모두가 공연을 할 능력이 있다고 말한다. 수전 케인은 글래드웰의 말을 인용하여 이렇게 말했다. "강연을 할 때, 나는 하나의 역할에 들어간다. 그것은 이야기를 하는 역할인데, 무대 위에 있을 때가 아니라면 나는 그 역할에 들어가지 않는다. 나는 저녁 식탁이나 파티에서는 말을 많이 하지 않는다." 케인은 내향적인 강연자 모두에게 희망이 될 만한 말로 결론을 짓는다. "당신이 타고난 이야기꾼이 아니라는 점에 누가 관심을 두겠는가? 당신은 당신의 이야기를 사전에 다듬을 수 있고 연습할 수 있고 나눌 수 있다. 스포트라이트가 당신을 비추는 그 짧은 순간을 위해서 말이다. 그리고 당신은 무대에서 내려와 당신의 원래 모습으로 돌아갈 수 있다."8

내가 알게 된 획기적이지만 다소 불안을 느끼게 하는 사실은, 교회가 설교의 질을 평가할 때 설교자가 하는 생각의 탁월함이 아니라 그 설교자를 인격적으로 얼마나 신뢰할 수 있느냐로 평가한다는 것이다. 설교에 대한 최근의 연구는 설교자의 신뢰도가 그가 청중과 맺은 **관계**와의 함수에 달려 있다고 보았다. 이 연구는 이런 결론을 내렸다. "관계가 긍정적으로 받아들여지는 곳에서 그리고 일반 성도들이 설교자가 진정으로 자기들을 염려한다고 여기는 그때(예를 들면 개방성과 따뜻함을 보이고 자신들의 의견을 친절하고 진중하게 다루는 경우), 청중은 하나님의 말씀이 선포되고 있다고 생각한다."⁹ 가장 탄탄한 성경 해석과 신학적 성찰조차도 사람들이 설교자를 신뢰하지 않는다면 전혀 호응을 얻지 못할 수 있다. 이것은 때때로 내가 낯선 청중에게 설교할 때면 추수감사절 만찬 자리에서 억지로 끌려 나와 관중 앞에서 연기하는 궁정 광대 같다고 느끼는 이유를 설명해 준다. 그러나 내가 편하게 여기는 사람들 앞에서 설교할 때는 내가 전화번호부를 읽더라도 그들이 눈물을 흘리고 방언으로 기도할 것 같다는 느낌이 든다.

설교할 때 **우리**는 우리가 말하는 메시지를 전달하는 매체다. 메시지는 인격체로서의 우리 안에 존재한다.¹⁰ 이것은 성경에서 가장 핵심적인 말씀 선포 사건이 산상수훈이나 오순절 베드로의 설교가 아닌 이유를 설명해 준다. 가장 핵심적인 말씀 선포의 순간은 성육신, 곧 영원하신 하나님의 말씀, 모든 우주가 합치되는 지혜가 인간이 되신 순간이었다. 하나님이 계시를 전하시는 최상위 매체는 하늘로부터 전달된 말씀이나 하늘에서 떨어진 두루마리가 아니라, 우리 사이를 거닐고 가르치고 먹고 울고 사랑한 살아 숨 쉬는 인간이었다.¹¹

비록 내가 (양이 아니라 질의 측면에서) 말에 기초한 은사를 가지고 있다 해도, 다른 이들의 신뢰를 얻지 않는 한 영향력 있는 전달자가 될 수 없다. 내가 다른 이들의 신뢰를 얻는 방법은 본을 보여 사람들을 이끄는 것 그리고 그들의 삶에 나를 헌신하는 것이다. 이는 내가 상아탑에서 내려와서 구체적인 일에 참여해야 한다는 뜻이다. 내향적 목회자로서 나는 설교와 가르침, 비전 제시, 모임 인도 같은 '큰' 소통 방식에 능숙하다. 그러나 나는 한담, 사람들이 인정과 감사를 받았다고 느끼게 해 줄 작은 일을 언급하기, 사람들의 삶의 소소한 일에 관심을 표명하기, 혹은 부재중 통화에 즉시 회신하기 같은 '작은' 소통은 힘들어한다. 어쨌든 하나님이 구원과 구속 같은 큰 문제들뿐만 아니라 매일의 삶의 일상적 상황에도 관여하신다고 설교하려 한다면, 우리 지도자들은 사람들의 삶 속의 일상적 사건에 관심을 보여야 한다.

당신의 삶을 나누기. 나의 리더십과 설교 모두에 기초가 되는 성경 구절은 바울이 데살로니가 성도들에게 전한 부드러운 말이다. "우리가 이같이 너희를 사모하여 하나님의 복음뿐 아니라 우리의 목숨까지도 너희에게 주기를 기뻐함은 너희가 우리의 사랑하는 자 됨이라"(살전 2:8). 여기서 확연하게 눈에 띄는 것은 우선 바울이 데살로니가 성도들에게 품었던 깊은 애정이다. 짧은 한 구절에서 두 번이나 강조된 것처럼, 복음을 전달하기 위한 그의 동기는 성도들을 향한 그의 관심과 사랑이다. 더욱 놀라운 것은 바울이 신앙의 내용인 복음뿐만 아니라 그의 삶을 나누는 일에도 헌신적이었다는 사실이다. 그는 데살로니가 성도들을 무척이나 사랑해서 예수 그리스도의 메시지보다 더 많은 것을 나누었다. 그는 자기 자신을 나누었다. 복음의 본질은 삶의 나눔 그리고 진정성 있는 인격적 관계를 통해서만 온전히 전해질 수 있다.

그리스도인 지도자들은 내향적인 사람이라 할지라도 타인의 세계로 들어가라는 그리고 자신의 삶에 타인이 들어오게 하라는 부르심을 받았다. 우리는 우리의 강점 및 승리와 더불어 우리의 연약함과 실패, 심지어는 우리가 내향적인 사람으로서 겪는 어려움을 타인에게 보여 준다(물론 분별 있게 사용해야 한다). 우리가 타인에게 베풀어야 할 가장 큰 은사는 우리 자신이다. 왜냐하면 사람들은 우리의 상처받기 쉬운 연약한 인간성 가운데서 하나님의 무조건적 사랑과 구원하시는 은혜를 가장 명료하게 보게 되기 때문이다. 개인적 삶에서 감당하는 연약함을 드러내어 다른 이들의 분투하는 삶에 공감을 형성하는 지도자들은 헤아릴 수 없이 많은 강력한 성경의 권면보다 더 강한 영향력을 미치곤 한다. 나는 특히 해결되지 않은 나의 개인적 이야기, 즉 승리나 영웅주의로 끝나지 않는 개인적 이야기를 나눌 때 이것이 진실임을 알게 된다. 이런 이야기는 내가 십자가의 길을 걸어가는 동료 순례자임을 보여 준다.

오늘날의 문화 속에서 사람들은 자기 성찰에 본이 될 모델, 내면을 들여다보고 자신의 동기나 선택을 평가하는 법을 알려 줄 지도자들을 필요로 한다. 신학교를 졸업하고 처음 목회 일을 할 때, 나는 매일의 삶을 보내는 방식과 선택을 주도하는 우선순위에 대해 성찰하는 사람이 거의 없어서 어려움을 겪었다. 마치 피할 수 없는 문화적 강압, 즉 지나치게 조용한 교외 생활에 지친 사람이 강하게 열망하는 삶의 방식처럼 살도록 요구하는 거침없는 외부의 힘이 있는 것 같았다. 나는 사람들이 삶의 속도를 늦추기를 두려워하는 이유가 무엇인지 그리고 그들이 차분히 내면의 소리에 귀 기울이면 무엇을 깨달을지 궁금했다. 그러나 그들에게 어떻게 살아야 하는지에 대해 말하는 것은 내가 동일한 문화적 강압과 싸울 때 씨름했던 풀리지 않는 질문들과 생활 방식에 따른 선택들에 대한 내적 성찰 과정을 보여 주는 것만큼 효과적이지 못했다. 헨리 나우웬은 이렇게 말했다. "우리의 과제는 사람들로 하여금 그들의 삶에 실재하지만 종종 감추인 하나님의 역동적 임재에 집중하도록 돕는 것이다. 그러므로 교회의 모든 조직 활동의 지침이 되는 질문은 사람들을 어떻게 바쁘게 일하도록 할까가 아니라, 사람들을 바쁘게 해서 침묵 가운데 말씀하시는 하나님의 음성을 더는 들을 수 없게 만드는 것들을 어떻게 멀리하게 할까 하는 것이다."[12]

영적 지도. 영적 지도 사역에서 내가 받은 훈련과 경험은 나의 리더십과 경청, 내가 일반적으로 사람들과 함께하는 방법을 변화시켰다. 이 말은 과장이 아니다. 영적 지도는 사람들이 하나님의 음성을 듣기 위해 협력하는 고대의 관습이며, 현대 교회가 천천히 재발견하고 있는 분야다. 보통 영적 지도는 영적 지도자와 지도를 받는 사람이 있는 일대일 환경에서 이루어진다. 물론 그보다 큰 규모의 모임으로 진행할 수도 있다. 이 관습은 우리가 대화를 주도하지 않는다는 개념에 근거한다. 하나님은 이미 우리 가운데서 말씀하시고 움직이고 계신다. 창세기 1장에서 성령께서 수면 위를 운행하신 것처럼 말이다. 우리의 역할은 경청하고 반응하는 것이다. 영적 지도자는 지도받는 사람이 성령의 목소리에 주의를 기울이도록 돕는다. 저넷 바크는 이렇게 설명한다. "오늘날 영적 지도자들은 답을 알려 주지 않으며 지도받는 사람이 하나님과의 관계에서 혹은 삶의 선택을 할 때 무엇을 해야 할지 말하지도 않는다. 대신에 그들은 지도받는 사람과 더불어 하나님의 영이 어떻게 임재하시고 활동하시는지를 듣는다. 영적 지도자들은 지도받는 사람들이 하나님께 귀 기울이고 응답할 때 그들을 지원하고 격려한다."[13]

지도하고 지도받는 두 방향 모두에서 영적 지도에 참여하면서, 나는 이 사역이 내향적인 사람들에게 안성맞춤이라고 확신하게 되었다. 내가 참여한 영적 지도 훈련 프로그램의 동기들 대부분이 내향적인 사람이었다. 내향적 지도자들은 평소에는 그들의 약점을 딛고 활동한다고 느끼지만 영적 지도는 우리의 강점에 부합한다.

1 영적 지도는 일대일 환경에서 이루어진다. 이는 내향적인 사람들이 가장 편안하게 느끼는 상황이다.
2 관계는 지속되고 때로 수년간 이어지며, 서로에 대한 헌신을 수반한다. 거기에는 깊이 있는 대화와 관계가 있다. 내향적인 사람들은 시간이 흐를수록 더 나아진다.
3 영적 지도자의 기본 역할은 듣는 것이지 말하는 것이 아니다. 좋은 영적 지도자는 침묵을 편안하게 받아들이며 면밀하게 살피는 질문을 던질 줄 안다. 그들은 또 과도한 충고와 훈계가 지혜와 성숙으로 가는 길을 망칠 수 있음을 이해한다.
4 영적 지도자들은 말의 미묘한 차이와 말로 표현되지 않은 바에 귀를 기울인다. 그들은 동시에 세 개의 주파수를 들을 수 있다. 성령이 일으키시는 파장, 지도받는 사람의 경험과 생각, 그리고 그들 가운데 일어나는 감정적·영적 움직임이다.
5 영적 지도자들은 영적 관찰자다. 그래서 그들은 스스로를 제거하여 하나님이 다른 이들의 삶에서 하고 계신 일을 '지켜볼' 수

있고 그렇게 해서 그들이 본 것을 알려 준다.

나는 내향적 지도자들에게 알맞은 영적 지도라는 영역뿐만 아니라 이 사역에서 실행되는 일반적 습관도 제안하고 싶다. 내 생각에 이 일반적 습관은 모든 목회 환경에 적용할 수 있다. 선교 단체에서 사역하는 내향적인 목사인 친구 스캇Scott은 자신을 "관상하는 존재"로 여긴다고 말한다. 어떤 상황에 있든 그는 사람들이 하는 말의 함축적 의미뿐만 아니라 그 바닥에 흐르는 감정에도 귀 기울이려 노력한다. 그는 스스로에게 질문을 던진다. '사람들이 한 말의 이면에 있는 감정과 전제는 무엇인가?' '성령은 무엇이라고 말씀하시는가?' '내 안에서는 무슨 일이 일어나는가?' 그가 의미심장한 무언가를 '듣고 있다면' 적당한 때에 그 내용을 나눌 것이다. 이것이 그가 특별히 모임을 계획하면서 적용하는 훈련이다. 왜냐하면 그는 영적 공동체가 경청에는 소홀한 반면 사업 계획 같은 것에는 불미스럽게 빠져드는 경향이 있음을 알기 때문이다.

지난 10년간 목회자들과 상호 작용하면서 나는 그들 가운데 경청하는 훈련에 능숙한 사람이 거의 없다는 사실에 당황스러웠다. 사역에 들어가기 전에 갖추어야 할 요건은 온갖 중요한 말하기 능력―가르침, 설득, 교정―에 국한된다. 그 외의 것은 특정한 '측면' 사역으로 격하되었다. 우리의 신학교들은 미래의 목회자들에게 철저한 의사소통과 설교 수업을 듣게 한다. 그렇지만 경청에 관련된 수업은 본 적이 없다.

나는 때로 예수님이 설교하신 내용이 아니라 그분이 듣고 섬기셨던 이야기가 붉은 글자로 인쇄된 성경이 있었으면 하고 바란다. 예수님은 마음을 꿰뚫어 보는 경청의 능력을 가지셨다. 예수님은 사람들을 벌거벗겨서 그들의 동기와 약점과 바람과 소망을 드러나게 하는 경청을 행하셨다. 요한복음 4장을 보면, 야곱의 우물가에서 사마리아 여자와의 유명하고 다소 불명예스러울 수 있는 대화에서 예수님은 여자가 말하는 내용뿐만 아니라 말하지 않은 내용에도 주의를 기울이셨다. 여자는 우물과 물에 관해 이야기했지만, 예수님은 그의 영혼에 있는 휑한 우물을 인지하셨다. 여자는 불만족스러운 관계로 그 우물을 채우려 했다. 그리고 나서 예수님은 집으로 돌아가 "남편"을 데려오라는 충격적 요청으로 여자의 벽을 부수고 그로 하여금 영혼의 갈증을 해소하는 생명의 물을 받아들이도록 하셨다.

많은 사람이 고통에 대해 말할 때 신중을 기한다. 사람들은 자기를 보호하려는 의도에서 수치심과 절망 같은 감정에 관해 이성적 태도로 이야기한다. 그들은 자신의 상황에 영적 의미를 부여하거나 자신의 아픔을 신학적 이슈로 규정하려 할 것이다. 만일 누군가가 무언가를 논리적 태도로 이야기한다면, 우리는 자연스럽게 동일한 방식으로 반응할 것이다. 그러나 고통과 관련된 상황에서 동일한 방식으로 반응한다면, 우리는 요점을 놓치고 우리와 대화하는 사람도 놓치게 된다. 우리는 경청하고 그들이 말로 표현하지 않은 내용에 대해 질문해야 한다.

나는 대학생 퍼트리샤Patricia가 모여 있는 학생들 앞에서 했던 질문을 기억한다. "애덤, 당신은 자신이 그리스도인인지를 어떻게 아시나요?" 나는 한동안 학생들이 그 대화에 참여하도록 두었다. 그들은 성경을 인용하고 경험을 이야기하고 신학적 논증을 제시했고 증거와 반대되는 개념으로서의 신앙에 관해 이야기했다. 나는 학생들이 말을 이어 가는 동안 퍼트리샤의 마음속에 점점 더 화가 차오르는 것을 느끼고 있었다. 그것은 누군가가 자기가 던진 질문에 대한 답을 들을 수 없을 때 느끼는 감정이었다. 나는 퍼트리샤의 진짜 질문은 그가 방금 던졌던 질문 아래에 묻혀 있는 것이 아닌가 생각하기 시작했다. 감에 따르면(나는 이 감이 나에게 주어졌다고 믿는다) 그의 질문은 사람들이 자기를 도와줄 만큼 관심이 있는지 측정하는 방식이었다. 얼마 후에 나는 물었다. "퍼트리샤, 지금 외롭다고 느끼나요?" 눈물이 그의 뺨을 타고 흘렀다. 그리고 퍼트리샤는 자신의 인생과 거절당할까 봐 두려워하는 것에 대해 마음을 열고 이야기했다. 우리는 그를 둘러싸고서 그를 위해 기도할 기회를 얻게 되었다. 나는 퍼트리샤가 좀더 사랑받는다는 느낌, 조금은 덜 외롭다는 느낌, 하나님께 좀더 가까워졌다는 느낌을 받고 그 자리를 떠났으리라고 생각한다.

어떤 것에 대해 질문하지만 정작 다른 답을 원하는 이런 패턴은 집단 차원에서도 발생한다. 예를 들면, 교회 구성원들이 성도 수와 교회 예산을 늘릴 지도자들을 원한다고 말한다 해도, 지혜로운 지도자들은 종종 그런 수치 아래를 들여다보아야 한다는 점을 알 것이다. 많은 사람이 자신의 가장 깊은 욕구를 표현하기를 꺼린다. 그래서 그들은 성공이라는 외관을 형성하는 피상적·양적 수치에 그 욕구들을 투사한다. 그들은 잠재의식 속에서 그런 목표들을 성취하는 것이 자신들의 영혼에 치유를 가져오기를 희망한다. 물론 그럴 일은 절대 없다. 그들은 교회의 성장을 원한다고 말할 것이다. 그러나 때로 그들이 원하는 바는 훨씬 더 개인적인 것이다. 그들은 큰 성취를 이루거나 자신의 가치를 증명하지 않아도 하나님이 그들을 있는 모습 그대로 사랑하신다는 것 그리고 하나님이 그들의 작은 모습을 기뻐하신다는 것을 알아야 한다. 최고의 지도자들은 사람들이 요구하는 바를 주지 않아야 할 때도 있음을 안다.

함께하는 사역. 나이가 들수록 그리고 삶이 주는 심적 고통을 더 많이 볼수록, 함께함presence이야말로 우리가 타인에게 줄 수 있는 가장 가치 있는 은사라는 확신이 든다. 나는 우리에게 카리스마적 지도자보다는 진실로 함께하는 지도자가 필요하다고 생각한다. 누군가 아파할 때 사람들은 그 문제를 해결하는 것이 자신의 역할이라고 생각하는 경우가 많다. 그들은 응급실 의사처럼 상황을 통제하기를 원한다. 급하게 달리고 상태를 진단하고 제세동기를 사용하고 정맥주사를 놓고 다음 절차가 계속 이어진다. 그러나 고통을 겪는 상황은 속**도를 늦추어야** 할 시간이다. 천천히 듣고 천천히 대화하고 오래 멈추고 깊이 숨을 들이마시는 시간 말이다. 상처받은 사람에게는 그를 괴로움으로부터 건져 줄 분명한 대답이나 간결한 인용구가 필요하지 않다. 이것은 텔레비전 드라마가 아니다. 진실은, 다른 이들이 그들의 '지혜'를 한 사람의 분투에 투여할 때 양극단의 결과가 나타날 수 있다는 것이다. 그런 행위는 그들이 얼마나 그 사람의 상황에 대해 알지 못하는지를 드러낼 것이며, 결국 고통 가운데 있는 사람은 더욱 큰 고립감을 느끼게 된다. 침묵을 불편해하는 사람들이 늘어놓는 입에 발린 대답이나 초조한 수다는 그만큼이나 한 사람의 고통을 증폭시킨다. 나는 고통받는 상황에서 옳은 것만을 말하는 사람들이 심히 의심스럽다. 내가 믿는 한, 고통스러워하는 사람을 바라보고서 말을 더듬거나 할 말을 잃은 듯 주춤거리지 않는다면, 당신은 그 사람의 고통과 진심으로 함께하는 것이라 할 수 없다.[14]

고통 가운데 있는 사람에게 필요한 것은 가장 깊은 인간적 수준에서 혼자라고 느끼지 않는 것이다. 그들은 단순히 그곳에 있으면서, 늘 무언가를 고치려 들지 않으며 짐을 지고 가는 것을 도와줄 사람들이 필요하다. 욥의 "위로자들"이 가장 잘한 일은 욥과 함께 땅에 앉아 이레 동안 침묵한 것이다. 그들이 말을 시작하자마자 상황은 추하게 흘러갔다. 말은 의미를 가질 수 있다. 그러나 동시에 그것은 무시하고 경시하는 오만한 모습도 될 수 있다. 침묵은 진실로 함께하는 사람을 보여 주는 가장 신뢰할 만한 지표일 것이다.

내향적 리더십은 어떤 모습인가

내향적인 사람으로서 내가 받아들인 것 가운데 하나는 내가 영향을 미칠 수 있는 사람들의 숫자가 외향적인 목회자들보다 적을 것이라는 점이다. 나는 나와 같은 위치에서 광범위한 영향력을 가진 외향적인 사람과 나 자신을 부정적으로 비교해 왔다. 그러나 나는 이 '한계'를 내가 영향을 미치는 사람들을 더 깊이 감화시킬 기회로 보게 되었다. 외향적인 사람들은 너무 많은 분야에 관여하거나 사람들에게 피상적으로만 영향을 미친다는 면에서 실수를 범할 수 있다. 내향적인 사람으로서 나는 소수의 사람들에게 헌신하는 것이 더 만족스러움을 깨닫는다. 나는 나의 노력이 결국에 교회와 세상을 변화시킬 성숙한 제자들과 지도자들을 탄생시키기를 소망한다.

성서학자들은 예수님이 복음의 씨앗을 멀리 또 널리 퍼뜨리셨지만 특별히 마가복음에서 그분 사역의 대부분이 열두 제자의 영적 삶과 이해를 함양하는 일에 집중되었음을 발견했다. 예수님은 이 초점을 더욱 좁히셔서 특히 세 명을 성장시키는 데 더욱 깊이 헌신하셨다. 바로 베드로와 야고보와 요한이다. 예수님은 이 셋에게 별명을 지어 주셨다. 그리고 이들만이 예수님의 변화된 모습과 야이로의 딸이 되살아나는 것과 겟세마네에서 예수님이 겪으신 고뇌를 목격하는 특권을 누렸다.

비록 우리 내향적 지도자들이 때로는 필요에 의해 때로는 죄책감 때문에 대단위 집단을 상대하는 법을 배운다 해도, 우리는 선천적으로 '소수의 사람들'에게 헌신하기를 바란다. 타인의 삶에 깊이 들어가 경청하고 지혜를 나누는 친밀하고 지속적인 관계는 우리가 많이 사용하는 '모두스 오페란디'*modus operandi*: 작업 방식—옮긴이다. 나의 사역에서 가장 만족스러운 결과는 영적 지도, 멘토링, 혹은 지속적 상담으로 이어 온 관계를 통해서 이루어졌다. 이런 사역에서 나는 사람들로 하여금 은사를 발견하고 하나님이 그들의 삶을 이끄시는 길을 분별하도록 도울 수 있다. 이런 관계야말로 나에게 힘이 되고 나를 즐겁게 한다.

구비 사역. 모세의 장인 이드로가 주께서 이스라엘 백성들에게 행하신 일을 보기 위해 사막으로 갔다가, 가르침과 중재를 구하는 혼란스러운 백성들 한복판에 있는 모세를 보고 걱정스러운 마음이 들었다. 그는 모세에게 예리한 조언을 주었다.

모세의 장인이 그에게 이르되 네가 하는 것이 옳지 못하도다. 너와 또 너와 함께한 이 백성이 필경 기력이 쇠하리니 이 일이 네게 너무 중함이라. 네가 혼자 할 수 없으리라. 이제 내 말을 들으라. 내가 네게 방침을 가르치리니 하나님이 너와 함께 계실지로다. 너는 하나님 앞에서 그 백성을 위하여 그 사건들을 하나님께 가져오며 그들에게 율례와 법도를 가르쳐서 마땅히 갈 길과 할 일을 그들에게 보이고 너는 또 온 백성 가운데서 능력 있는 사람들 곧 하나님을 두려워하며 진실하며 불의한 이익을 미워하는 자를 살펴서 백성 위에 세워 천부장과 백부장과 오십부장과 십부장을 삼아 그들이 때를 따라 백성을 재판하게 하라. 큰 일은 모두 네게 가져갈 것이요 작은 일은 모두 그들이 스스로 재판할 것이니 그리하면 그들이 너와 함께 담당할 것인즉 일이 네게 쉬우리라. 네가 만일 이 일을 하고 하나님께서도 네게 허락하시면 네가 이 일을 감당하고 이 모든 백성도 자기 곳으로 평안히 가리라. (출 18:17-23)

내가 인터뷰했던 내향적 목회자들은 사역을 제공하는(그리고 나머지 사람들 모두가 사역을 제공받는 위치로 자리매김하는) 것이 자신의 역할이 아님을 분명히 했다. 오히려 그들의 사역은 다른 이들로 하여금 교회 사역을 수행하도록 구비시키는 일이다. 그들 대부분은 에베소서 4:11-13을 자기 이해의 근거로 삼는다.

그가 어떤 사람은 사도로, 어떤 사람은 선지자로, 어떤 사람은 복음 전하는 자로, 어떤 사람은 목사와 교사로 삼으셨으니 이는 성도를 온전하게 하여 봉사의 일을 하게 하며 그리스도의 몸을 세우려 하심이라. 우리가 다 하나님의 아들을 믿는 것과 아는 일에 하나가 되어 온전한 사람을 이루어 그리스도의 장성한 분량이 충만한 데까지 이르리니.

이 세 구절은 리더십에 관한 통찰로 가득하다. 우리는 하나님이 서로 다른 종류의 지도자들을 창조하셨으며, 따라서 그들이 본연의 모습과 부여받은 은사로 사람들을 이끈다는 것을 알 수 있다. 우리는 또한 자기가 가진 다양한 은사와 기능으로 다른 이들을 사역에 준비시키고 그들이 성숙에 이르도록 길을 내 주는 것이 지도자의 주요 책무임을 배운다. 그러니 성경적 부르심에 신실하기 위해 그리고 사역을 끝까지 감당하기 위해 목회자들은 다른 사람들이 교회 사역을 수행하도록 보내 주어야 한다.

미국 북동부에서 장로교회 목회자로 사역하는 내향적인 친구 크리스는 구비시키는 일을 강조하는 성경 말씀에 함축된 의미를 이해하기 위해 노력해 왔다. "단독 목회자이기 때문에 나는 적합한 사람들을 찾아야 하고, 그들이 다른 기능들을 수행할 권한을 주어야 해. 이것은 내가 그 기능들을 수행하는 것을 돕는다는 의미가 아니야. 그것은 그들이 그 과업을 수행한다는 의미이고, 나는 내가 할 수 있는 방법으로 그 일에 기여하지. 또한 그것은 일반 성도들로 하여금 이전에는 목회자에게만 주어지고 기대되던 방식으로 이끌도록 해 주는 것을 의미하기도 해."

나와 대화하면서 크리스는 자신이 팀을 세우지 못하는 것을 안타까워했다. 그것은 그가 사람들과 개인적으로 관계를 맺을 수는 있지만 공동체 안의 **다른 사람들 사이에서** 생겨야 할 관계를 촉진하는 일에는 숙련되지 못했다는 뜻이었다. 크리스에게 좋은 소식은, 우선 그가 대인 관계에서 지칠 줄 모르고 사람들을 모으기 좋아하는 외향적인 사람의 역할을 수행할 필요는 없다는 것이다. 그는 그 일을 할 다른 사람을 찾으면 된다! 더 좋은 소식은, 권한을 나누는 협력적 환경을 조성하는 것이 그 자체로 팀을 세우는 활동이라는 것이다. 자기들이 공헌한 바가 높이 평가된다고 느낄 때 사람들은 공동체에 대한 주인의식을 가지고 그곳에 오래 머물 동기를 얻는다.

팀 리더십. 성경에서 리더십은 주로 함께하는 활동으로 제시된다. 구약성경에서 가장 칭송받는 지도자 모세조차 팀을 이루어 백성들을 이끌었다. 아론은 대변인이며 모세의 입이었다. 그리고 미리암은 히브리인들이 해방된 후 승리의 노래를 부르는 것을 이끌었던 예배 인도자였다. 이 셋은 노예였던 백성이 해방된 후 율법의 통치를 받는 독립된 민족으로 전환되는 일을 함께 감독했다.

출애굽 사건의 세 지도자로부터 급성장하는 이스라엘 민족의 지파 지도자들, 예수님의 하나님 나라의 사명을 이어 가도록 그분의 지명을 받은 사도 공동체, 나아가 바울의 이방인 사역에서 볼 수 있는 동역자 관계에 이르기까지 팀 리더십은 성경 전통에서 중추적 위치를 차지한다. 괴로운 고립을 겪었던 구약성경의 선지자들을 생각해 보면 팀 리더십이 성경이 말하는 리더십의 유일한 형태는 아니다. 그렇지만 나는 내향적 지도자들에게 주로 팀 리더십을 추천한다. 정상에 홀로 있는 lonely-at-the-top 리더십 모델을 많은 내향적 지도자들이 따르고픈 유혹을 받겠지만, 이 모델은 영적으로도 위험하고 우리의 자원을 효율적으로 활용하지 못하는 것이다.

다행스럽게도 팀 리더십은 일반적인 문화의 규범이 되고 있다. 과거에 조직은 계급의 형태를 택했다. 그 가운데서 사람들은 지위와 전문 기술에 따라 서로를 분류했다. 오늘날에는 평등하고 협력적인 형태의 리더십이 대세를 이룬다. 이러한 새로운 환경에서 훌륭한 지도자는 지위나 법 조항이 아니라 대인 관계 기술과 설득으로 타인에게 동기를 불러일으킨다. 지도자의 자리는 더 이상 '당대의 실세들'에 의해 임명되지 않는다. 진정한 지도자의 자리는 그들이 신뢰를 얻은 공동체에 의해 주어진다. 우리는 대인 관계 에너지를 덜 쓸 수 있는 방식이라는 이유로 다른 사람보다 높은 곳에 앉아 원거리에서 그저 명령을 내려서 이끌고 싶은 유혹과 싸워야 한다. 단순히 사람들에게 할 일을 알려 주는 것과 섬김의 리더십을 조화시키기란 내게도 어려운 일이다.

팀 리더십은 지도자 개인에게 집중되는 압박을 줄여 주고, (특별히 내향적인 사람을 괴롭히는) 정상의 자리에서 경험하는 외로움을 덜 수 있게 돕는다. 종종 기업의 최고 경영자들과 대형 교회 목회자들이 이런 숙명에 굴복한 것처럼 보이지만, 나는 그런 고립은 현실이 될 필요도 없고 그래서도 안 된다고 생각한다. 복음주의 세계에서 지도자들이 상당한 압박과 제한적 지원이라는 상황에 계속 처해 있는 바람에 너무 많은 문제가 발생했다. 스테인드글라스로 장식된 예배당에서조차 권력은 부패한다. 팀을 이루어 사람들을 이끄는 것은 한 사람에게 쏟아지는 스포트라이트를 줄여 주고 책임을 분산시킨다.

팀으로 사역하는 환경에서 리더십은 사람들이 이루는 공동체에 의해 공유된다. 이런 리더십은 목회자들이 그들 자신의 생각과 형상으로 공동체를 형성하려는 경향을 막아 준다. 조지 바나는 팀 사역 리더십으로의 전환에 관해 이렇게 진술했다.

> 팀 환경에서 목회자의 리더십 역할은 회중 전체를 이끄는 역할로부터 지도자들의 지도자가 되는 역할로 이동하고 있다.…이런 팀 리더십 모델은 목회자가 모든 사람에게 모든 역할을 해 주어야 하는 상황이나 중요하게는 모두에게 아무 역할도 해 주지 못하는 상황에서 겪는 스트레스를 감소시킨다. 그 대신 목회자가 상대적으로 적은 숫자의 동료 지도자들에게 자신이 가진 것을 부어 주면 동료 지도자들은 교회가 필요로 하는 리더십의 넓이와 깊이를 제공할 것이다.[15]

팀 리더십은 내향적 지도자들이 자신의 열정과 강점에 집중하고 더 많은 시간을 투자하도록 한다. 비록 우리 에너지의 일차적 자원은 고독에서 오지만 내향적인 사람들은 자신의 영적 은사와 관심에 맞는 역할에서도 에너지를 발견한다. 우리의 본모습에 맞지 않는 직무상 요구만큼 우리의 에너지를 빠르게 소모시키는 것은 없다. 호스피스 병원 원목으로서 몇 년을 보내면서 엄청난 것을 얻었다 해도, 대부분의 시간을 위기에 처한 사람들과 보내는 자리는 내가 원하는 바가 아니었다. 나는 교사이자 영적 지도자이자 작가가 되기를 바랐고 그런 일을 할 때 생명과 에너지를 얻는다.

내향적인 사람과 외향적인 사람의 동역 관계. 나는 내향적 지도자와 외향적 지도자—전문 사역자와 평신도 사역자 모두—의 동역이 교회를 이끄는 일에 꼭 필요하다고 본다. 그들의 상호 보완적 강점들은 사역에 활력과 온전함을 가져다준다. 그들의 동역 관계는 공동체에서 내향적인 사람과 외향적인 사람 모두에게 신실함의 본이 된다. 공동체에서 개인들이 본모습대로 사람들을 이끌면서 본인의 성격 유형을 드러내는 것이 얼마나 타당한 일인지는 아무리 말해도 지나치지 않다.

내가 외향적인 사람과 나누었던 가장 성공적인 동역 관계는 대학 캠퍼스 사역에서 발달했다. "발달했다"라고 말하는 이유는 그 관계가 쉽게 이루어진 것이 아니기 때문이다. 조니Jonny는 대학 사역이 전문 분야인 팀 지도자였고 나는 신학대학원 교육과 설교 및 병원 원목 사역이라는 배경으로 뽑힌 신규 스태프였다. 조니는 내가 만난 사람 가운데 가장 외향적인 사람이어서 누구와 무엇에 대해서도 대화를 이끌어 갈 수 있었다. 그는 복음 전도와 공동체 구축의 은사를 지녔고 사람들은 최고의 유명인을 따라다니는 파파라치처럼 그의 주위에 몰려들었다. 나는 조니가 잠도 자지 않았을 것이라고 확신한다. 그는 사람들과의 상호 작용에서 오는 에너지만으로도 살 수 있었기 때문이다. 한편 나는 가르침과 목회에 은사를 가졌으며 깊이 생각하고 내향성이 강한 사람이었다. 그는 내가 사람들과 보내는 시간이 너무 적은 반면 독서에 할애하는 시간은 너무 많다고 생각했다. 그리고 나는 왜 그가 항상 공동체의 다른 사람들과 시간을 보내는지 이해하지 못하는 사람들을 위로하는 일을 계속했다.

우리가 서로를 이해하는 데는 몇 달이 걸렸다. 우리는 서로를 용서해야 했고 서로 다른 두 사람이 동일한 공동체를 이끌고자 할 때 겪을 수밖에 없는 성장통을 견뎌야 했다. 하지만 얼마 후 우리는 공동체에 대한 각자의 기여를 대체할 동역 관계를 발달시켰다. 나는 공동체가 나아갈 바를 보여 주는 비전을 만들었다. 공동체의 동향을 잘 아는 조니는 공동체 가운데 동지애와 열의를 키웠다. 나는 그가 간과했을 법한 내향적 지도자들을 멘토링했고 그는 그의 에너지에 이끌린 외향적 지도자들을 제자로 훈련시켰다. 우리의 설교 방식도 서로 균형을 이루었다. 졸업생 하나가 훗날 내게 말하기를 조니는 공동체 전체를 향해 설교하는 것처럼 느껴졌고 나는 공동체의 각 개인을 향해 설교하는 것처럼 느껴졌다고 말했다. 내가 곱씹을 만한 질문거리가 있는 주제들을 주었다면 그는 관계를 향한 열정을 전했다.

자기 자리를 찾기. 그 동역 관계에서 나는 내가 앞장서는 목회자 위치와는 한 걸음 떨어진 역할을 선호한다는 것을 알게 되었다. 나는 스포트라이트에서 벗어나 있는 그늘을 즐긴다. 나만의 일정을 결정할 수 있는 엄청난 자유를 누릴 때가 그렇다. 최고 지도자로 있는 동안 나는 타인들의 변덕에 휘둘리는 경우가 너무 많았고 상황을 이끌기보다는 반응하는 데 더 많은 시간을 써야 했다. 한쪽으로 물러서 있을 때 나는 사랑하는 일에 더 많은 시간을 투자할 수 있고 더 여유로운 속도로 움직일 수 있다. 내 친구 찰스Charles도 자신이 팀에 기여하는 일을 즐기지만 중심 지도자 역할은 좋아하지 않는다는 데 동의한다. 그는 성경 인물 바나바를 통해 자신의 사역을 이해한다. 바나

바는 다른 사람들과 함께했고 그들을 지도자로 키웠지만 자신은 뒷배경에 머물러 있었다.

한편 다른 내향적 지도자들은 이와는 정반대 방식이 자신에게 잘 맞는다는 것을 발견하기도 한다. 친구 캐런Karen은 소형 교회에서 단독 목사로 사역했고, 중형 교회에서 협동 목사로 사역했으며, 이제는 성도가 650명인 장로교회의 담임 목사로 사역하고 있다. 단독 목사 자리는 캐런에게 고독의 시간을 많이 제공했다. 한 주 동안 그는 사무실에 혼자 있는 경우가 많았다. 그러나 협동 목사 자리는 프로그램에 이끌려 다니고 특히 끊임없이 자원봉사자들을 발굴하기 위해 늘 사람들 사이에 있어야 하기 때문에 외향적인 사람에게 더 적합하다고 여겨졌다. 이런 이유 때문에 캐런은 현재 사역하는 교회에서 최근 협동 목사를 구할 때 동역자로 외향적인 사람을 찾아 달라고 제안했다. 이 모든 자리 중에서 캐런은 담임 목사 자리를 선호한다. 사람들이 예배 설교자인 그가 공부하고 글을 쓰는 일에 어느 정도 시간을 보내기를 기대하기 때문이다. 행정 책임자 및 감독자로서 그는 종종 활동의 중심으로부터 한발 물러나서 다른 스태프들과 장로들의 성장을 돕기 위해 시간을 쏟는다.

서로 다른 유형의 사람들을 이끌기

외향적인 사람들을 이끌기. 우리가 자신의 기질의 깊이를 즐기는 방법을 배우다 보면 저 바깥에 우리를 완전히 이질적으로 보는 외향적인 사람들이 있음을 망각하기 쉽다. 『유능한 팀장은 팀원의 성격을 읽는다』는 "모든 내향적인 사람의 경우가 그렇듯, 내향적 지도자들은 표면 아래에 많은 것이 혼합되어 있다. 그들은 그 가운데 작은 일부만을 드러내거나 나눈다"고 말한다.[16] 이런 행동은 외향적인 사람들의 관점에서는 이해하기 어렵거나 조금 의심스러울 수 있다. 우리들이 잠시 침묵하면 외향적인 사람들은 우리가 그들과 거리를 둔다고 생각한다. 혹은 브레인스토밍을 위한 대화에서 우리가 침묵하면 그들은 이를 자기 아이디어에 대한 거절이나 동의라고 해석할 수 있다. 하지만 이는 불가능하다. 왜냐하면 그 시점에 우리는 대개 아무것도 결정하지 않은 상태이기 때문이다. 그들은 우리의 타고난 성찰적 태도를 무관심이나 우유부단함으로 보는 실수를 범할 수도 있다.

나는 사역을 할 때 소통이 부족하다는 비판을 받곤 하는데, 특히 '내향적인 사람'의 수수께끼 같은 멋진 언어를 구사할 줄 모르는 이들이 그런 비판을 한다. 보통 그들의 비판은 그들이 품고 있는 소통에 관한 외향적 기대를 고스란히 드러낸다. 외향적인 사람들에게 다른 이들과 아이디어를 논의하거나 자주 연락하거나 피드백을 구하는 것은 자연스러운 일이다. 그러나 내향적인 사람들에게 이런 일들은 의식적·지속적 노력을 요한다. 우리는 독자적으로 생각하고 행동하는 경향이 있다. 우리가 다른 이에게 의지하거나 그들의 의견을 구하기 위해서는 훈련이 필요하다.

과도한 소통. '과도한 소통'에서 '과도한'이라는 말은 내향적인 사람만 인지할 수 있는 것이다. 외향적인 사람에게는 '소통'만이 있을 뿐이다. 우리에게 수수께끼 같은 침묵을 보이는 경향이 있음을 인식한다면, 내향적 지도자들은 자신에게 부자연스러운 소통을 실천함으로써 외향적인 사람들을 향한 사랑과 이해를 행동으로 보여 줄 수 있다. 우리는 우리가 필요하다고 생각하는 것보다 더 많은 피드백과 지지를 보내 주어야 한다. 중요한 부분을 다룰 때는 우리가 했던 말을 몇 번이라도 반복해야 한다. 때로는 생각이 아직 마무리되지 않았더라도 그 생각을 표현해서, 우리가 대화에 함께하고 있음을 외향적인 사람들이 알 수 있게 해 주어야 한다.

교육. 내향적 지도자로서 나는 사람들에게 내 성격 유형에 관해 가르칠 때 외향적인 사람보다 더 많은 노력을 기울여야 한다. 나는 강단이나 리더십 모임, 목회적 상호 작용 그리고 격식 없는 대화 등 다양한 환경에서 그렇게 해 왔다. 이런 교육의 목적은 나 자신을 정당화하는 것이 아니라 상호 이해다. 나는 내향적인 사람으로서의 삶에 대한 아주 약간의 설명조차도 근거 없는 믿음을 몰아내고 이해를 증진하는 데 지속적으로 도움이 된다는 것을 발견했다. 이것은 내향적인 사람들을 이해하기 시작하는 외향적인 사람들에게, 그리고 자신과 비슷한 지도자들과의 상호 작용을 통해 자신의 경험이 정상 범주에 속한다는 것을 알게 될 내향적인 사람들 모두에게 도움이 된다. 나는 내가 그동안 참여했던 공동체들이 하나님이 우리를 창조하신 서로 다른 방식을 포용하기 위해 노력했다는 것 덕분에 격려를 받았다. 내가 왜 나만의 시간이 필요한지, 내가 무엇을 즐기는지, 내가 무엇과 분투하는지, 나의 침묵이 무엇을 의미하고 무엇을 의미하지 않는지에 대해 예의를 갖춰 설명했을 때, 그들은 내게 감사했고 협조했다. 나의 꿈은 많지 않은 교육으로도 교회들이 외향적인 사람만큼이나 내향적인 사람을 높이 평가하게 되는 것이다.

내향적인 사람들을 이끌기. 내향적인 사람들을 이끄는 것이 우리에게는 훨씬 자연스러운 일임에도, 때로 우리는 외향적인 사람들의 세계에서 많은 시간을 보내는 바람에 우리 사이에 있는 내향적인 사람을 소홀히 한다. 우리는 지도자로서 내향적 동료들에게 (그들이 원한다면) 말할 시간을 제공하는 것으로 그들을 섬길 수 있다. 나는 우리 가운데 타인과 나눌 만한 깊은 깨달음을 지녔지만 말수가 적은 사람들이 말할 수 있는 자리를 만들 책임이 지도자들에게 있다고 믿는다. 불행히도 주장이 강하고 종종 외향적인 화자 몇 명이 대부분의 모임을 주도한다. 두세 사람의 목소리만 오간 채로 모임 전체가 흘러가 버릴 수 있다. 대부분의 내향적인 사람들 그리고 주장이 강하지 않은 외향적인 사람들은 말할 기회를 얻기 위해 경쟁하려 들지 않을 것이다. 그러나 말을 많이 하는 소수가 결정에 큰 영향을 미치면 결국 문제가 생기고 만다.

내향적인 사람을 곤혹스럽게 하거나 과도한 압력을 가하는 일 없이 그들로 하여금 말을 하도록 격려할 수 있을까? 간단한 방법 하나는 사람들에게 모임 안건을 며칠 전에 미리 알려 주는 것이다. 그러면 말하기 전에 생각할 여유가 필요한 이들은 안건에 대해 미리 생각할 기회를 갖게 될 것이다. 모임 자체에서는 단체 토론을 위한 기본 규칙을 세워 두어야 한다. 우리는 의견을 내기 위해서만이 아니라 다른 이들의 이야기를 듣기 위해서도, 다른 이가 말하는 도중에 끼어드는 것은 예의가 아님을 분명히 해야 한다. 내 생각에 "지금껏 조용히 계셨던 분들은 덧붙이실 말씀이 없으십니까?"라고 묻는 것도 중요하다.

또한 모임 순서에 개인적 성찰의 시간을 넣을 수도 있다. 중요한 결정을 내리기 전에 사람들에게 방 밖으로 나가 각자의 의견을 생각해 볼 시간을 주는 것이다. 그 짧은 시간 후에 누가 목소리를 높이는지를 보고 당신은 놀랄 수도 있다.

성경 공부를 인도할 때면 나는 단체 토론을 시작하기 전에 본문을 살피고 각자 질문을 개인적으로 생각해 보도록 한다. 나는 대개 탁자 주위를 돌아다니면서 각 사람에게 자기 질문을 이야기하도록 하는데, 그렇게 하면 모두가 모임에 기여할 기회를 얻게 된다. 나는 토론 중에 각자의 여건을 고려하여, 이전에 입을 연 적이 없는 사람을 호명한다. 이런 전략은 주의해서 사용해야 하며 그 사람과의 개인적 관계 그리고 모임 내 상호 작용에서 그들이 편안함을 느끼는 정도를 잘 이해하며 사용해야 한다. 지도자는 대화와 토론이 무르익을 때까지 사람들을 호명하지 않아야 한다. 그래야 내향적인 사람들이 생각을 정리할 시간을 가질 수 있다. 그리고 사람들이 당신의 요청을 명령이나 그들의 침묵에 대한 비난이 아니라 초대로 여기도록 하려면 적당한 요령이 필요하다.

내향적 청소년
돕기

여덟 살 때 방학 맞이 성경 학교에 마지못해 참여했던 나는 노래에 맞춰 움직이도록 배운 손동작들이 불필요한 것이라고 생각했다. 처음에 갔던 조용한 루터교회와 그다음에 다녔던 활기찬 침례교회의 청소년부에서 경험한 일들에 대해서는 감사한다. 하지만 이제 나는 그 교회들이 가졌던 대인 관계에 관한 기대들이 얼마나 외향적이었는지 안다. 진실로 그 루터교회에서 유일하게 외향적이었던 공간이 청소년부였다. 그곳은 마치 청소년기에는 신앙이 외향적으로 성장한 다음, 졸업 후에는 문명화된 내향성에 정착해야 한다고 말하는 것 같았다.

교회의 내향적 청소년들을 섬기는 일에 대해 이야기하려면 최고의 청소년 사역 지도자가 외향적이라는 지배적 가정으로부터 시작해야 한다. 나는 청소년 사역자에게 기대되는 엄청난 양의 업무 목록을 본 적이 있다. "이상적인 후보자는 역동적 성격을 지녀야 하고, 사람들 사이에서 에너지를 얻어야 하며, 사무실 바깥 관계에 참여할 능력도 있어야 한다." 이 말을 번역하면 오직 외향적인 사람만 합격할 수 있다는 것이다. 교회들은 재미있고 카리스마 넘치는 연기자가 전면에 나서서 오락적 요소가 강한 현란한 프로그램을 진행하는 '멋진 쇼'를 제작해야 한다는 압박을 느낀다.

성격 유형을 맹신하는 목소리가 높긴 하지만, 나는 진짜로 영향력을 지니는 것은 개인에 대한 관심이라고 주장하고 싶다. 청소년 사역자가 부모와 같은 모습이라면, 당신은 친구들을 전부 웃겨 줄 부모를 원하는가, 아니면 당신의 생일을 기억해 주는 부모를 원하겠는가? 내가 대학 목회자였을 때, 가장 성숙하고 복음을 잘 이해한 상태로 대학에 온 학생들에게는 어김없이 그들에게 개인적 관심을 가진 청소년부 목사나 신앙의 멘토가 있었다.

청소년 사역 지도자로 거친 외향적인 사람만을 찾는다면 그것은 최고의 그리스도인은 외향적인 사람이라고 청소년들—그 가운데 절반이 내향적이다—에게 말하는 셈이다. 내향적인 청소년들도 외향적인 청소년부 목회자를 좋아하고 존경할 것이다. 그러나 그들이 그 사역자처럼 행동하려고 할 때마다 실패할 것이다. 내가 보기에 이것은 비극이다. 청소년 사역은, 감수성이 예민하고 크게 성장하는 인생의 단계에서 청소년들로 하여금 그들의 본모습으로 하나님을 사랑하는 법을 가르칠 절호의 기회다. 만일 우리가 아이들에게 이른 나이부터 그들의 독특한 성격과 은사에 대해 감사하는 법을 보여 준다면, 그것이야말로 그들에게 평생의 깨달음과 신앙의 모험으로 나아가도록 문을 열어 주는 일이 될 것이다.

그렇다면 교회와 청소년부 목회자들이 내향적인 청소년들을 도울 방법은 무엇인가? 첫째, 내향적인 어른들을 지도자 위치에 두는 일을 과소평가하지 말아야 한다. 이것은 지도자로 고용된 경우와 지도자로 자원한 경우 모두를 포함한다. 내가 본 가장 성공적인 중등부 사역에는 연령대와 성격 유형이 다양한 열두 명 정도의 자원봉사자들이 참여했다. 각 봉사자는 청소년 소그룹을 이끌었다. 그곳의 청소년부 목회자는 꽤 외향적이었지만 봉사자들 가운데 절반은 내향적이었다. 거기서 청소년들이 큰 모임 뒷자리에 소그룹 멘토들과 함께 편안한 상태로 조용하고 안전하게 앉아 있는 모습은 꽤 감동적이었다. 나는 확신에 찬 내향적 지도자들이 확신에 찬 내향적 후배들을 양성하는 모습을 거듭해서 목격해 왔다.

청소년부 지도자들 가운데 한 명인 제이미Jamie는 차분한 열정과 부드러운 음성을 지닌 여성이었으며, 다른 성인 멘토들보다 자신의 학생들의 삶에 대해 많은 것을 알고 있었다. 그가 학생들 한 명 한 명에게 헌신한 정도는 참으로 인상적이었다. 삶의 소소한 상황에서 보여 주는 개인적 헌신은 교회 안에서 내향적인 아이들에게 다가가는 두 번째 방법이자 아마도 가장 중요한 방법이다. 꽤 많은 교회가 청소년들이 멘토와 그리고 서로와 진정한 관계를 형성하도록 돕는 일보다 그저 청소년들에게 오락거리를 제공하는 데 에너지를 너무 많이 쓴다. 모든 사람이 시끄럽고 열광적인 분위기에서 친구를 사귈 수 있는 것은 아니다. 어떤 이들은 더 규모가 작고 조용한 환경을 필요로 한다. 그리고 그들이 마음을 여는 데는 더 긴 시간이 필요하다. 어떤 경우 대규모 모임 환경은 과도하게 불편할지도 모른다. 하지만 그래도 괜찮다. 어쨌든 가장 오래가는 친구 관계는 조용한 환경에서 형성된다.

세 번째 방법은 학생들에게 기도나 조용한 예배 참여, 경청 그리고 적정 연령이 되었을 경우에 묵상집 읽기와 성경 묵상 같은 영적 훈련을 실천하는 법을 가르치는 것이다. 주기도문이나 하나님께 간구하는 방법뿐 아니라 경청하는 기도, 청소년 버전의 '렉티오 디비나' 그리고 나이에 맞는(청소년들이 혼자 할 수 있는) 영적 훈련을 가르치라. 모임 바깥에서 곱씹을 질문을 주라. 나는 아이들이 재미를 느끼게 해 주는 것이 우리의 주된 역할이라고 여기기 때문에 우리가 아이들의 진정한 영적 깊이를 과소평가한다고 믿는다. 아이들이 하나님의 임재를 인식하도록 돕는다면 어떨까? 이것이야말로 모든 사역의 진정한 목표가 아닐까?

내향적인 어른들처럼 내향적인 청소년들도 다른 방식으로 공동체 안에 들어오고, 수전 케인의 말을 반복하면 다른 방식으로 대인 관계를 맺는 것은 놀랄 일이 아니다. 5장에서 언급했던 로이를 생각해 보라. 다른 학생들이 대학부 모임 후에 서로 교제하고 운동 시합을 즐기는 동안 그는 피아노를 연주했다. 공동체에 관해 쓴 5장에서 내가 제안한 기술을 내향적인 청소년들에게 적용할 수 있다. 그들에게 어울리는 역할 또는 자리를 발견하도록 도우라. 그들에게 창의적 아이디어를 품는 법을 가르치라. 친구들의 이야기를 경청하는 것을 칭찬하라. 그들이 긍휼과 사려 깊음의 은사를 함양하도록 도우라. 모험은 새로운 일을 하고 새로운 사람들을 만나는 것이자 동시에 그들 자신에게 편안하게 정착하는 것 사이의 균형을 찾도록 돕는 것이다. 새롭고 낯선 것에 더 민감한 내향적인 청소년은 아마도 천천히 움직일 것이고 활동을 시작하기 전에 관찰부터 하고 싶어 할 것이다. '그들의 동굴에서 나오도록' 그들을 과하게 몰아세우지 말아야 한다. 그 작은 은신처는 마법으로 가득 차 있으니 말이다.

영향력 있는
내향적 지도자

스티브는 남부 캘리포니아에 있는 300명 규모의 라베르네하이츠 장로교회 La Verne Heights Presbyterian Church의 목회자로 15년간 사역했다. 매우 강력한 목회적 은사를 소유한 내향적인 사람인 스티브는 가능하다면 자기 사무실에서 일대일 양육을 하는 데 그의 시간 대부분을 사용하곤 했다. 그는 내향적인 사람치고는 놀라울 정도로 말을 잘해서 긴 설교도 할 수 있지만 그의 사역 중심에 자리 잡은 것은 경청이다. 그의 설교는 성찰을 위해 자주 멈추는 것이 특징이다. 그리고 그는 예배에도 정기적으로 침묵하는 시간을 포함시킨다. 그는 목회를 위한 대화에서든 예배에서든 기도할 때면 입을 떼기 전에 잠시 침묵한다. 그의 말은 부드럽고 감정으로 풍성하다. 듣는 사람들은 하나님의 품으로 인도되는 것 같은 느낌을 받곤 한다.

2003년에 스티브는 다발성 경화증 판정을 받았다. 이 일로 사람들은 그가 사임해야 하는지 면밀하게 살펴보았다. 그러나 스티브와 회중 모두는 교회 사역의 본질을 다시 정립하고 그가 겪는 위기를 더 협동적인 공동체를 창조하는 기회로 삼았다. 그는 설교 사역을 감당하는 목회자와 장로 팀의 일원이 되었고, 회중은 성경에 대한 다른 목소리와 관점을 듣는 즐거움을 누리게 되었다. 나아가 스티브는 자신의 사역 범위를 더 줄여서 목회적 은사를 발휘할 자유를 더 많이 누리게 되었으며 다른 지도자들은 가르침과 행정과 공동체 형성에 그들의 은사를 활용할 기회를 더 얻을 수 있었다. 그들이 선교와 대외 봉사 활동을 이끌게 되면서 교회는 로스앤젤레스 도심의 빈곤 지역을 위한 중요한 사역을 발전시킬 수 있었다. 이런 분위기 덕분에 스티브는 내향적인 사람으로 성장하여 물러남과 참여의 리듬을 포용하고 자신의 강점에 더 많은 시간을 투자했다. 그리고 그가 섬겼던 교회 공동체는 교회에 대한 성경적 비전에 충실하고 건강하다.

chapter **8**

내향적인 사람의 복음 전도

내가 스스로에게 던지는 질문은
"이번 주에 얼마나 많은 사람에게 그리스도에 대해 이야기했는가?"가 아니다.
오히려 "이번 주에 그리스도 안에서 얼마나 많은 사람의 이야기에 귀 기울였는가?"다.

유진 피터슨, 『목회자의 영성』 *The Contemplative Pastor*, 포이에마

"내향적인 복음 전도자? 그것은 모순어법 아닌가요?" 70세 된 호스피스 병원 원목에게 이 장에 대해 들려주었을 때 내가 들은 대답이다. 그 순간 전까지 그는 온유함과 뛰어난 사교술로 알려져 있었다. '내향적'이라는 말과 '복음 전도자'라는 말을 한데 묶는 것이 실제로 모순어법을 만들어 낸다면, 그것은 본래 존재하는 모순 때문이 아니라 복음 전파에 대한 과장된 묘사, 즉 문화적으로 왜곡된 이해 때문이다.

기독교 사회에서나 비기독교 사회에서나 '복음 전도'는 부정적 이미지, 민망함, 심지어 으르렁거림에 가까운 거부 반응을 이끌어 내는 믿기지 않는 힘을 가지고 있다. 가장 최악은 그 단어가 지옥 불이나, 길모퉁이에서 걸음을 재촉하는 사람들에게 장광설을 늘어놓는 설교자의 모습을 연상시킨다는 것이다. 그 정도가 아니더라도 기껏해야 '복음 전도'는 재빠른 기지와 수다의 재능으로 무장한 요란한 외향적인 사람의 모습을 떠올리게 할 뿐이다.

내향적인 사람들이 기도에 관해 책을 쓰는 사람들이라면, 외향적인 사람들은 복음 전도의 통로에서 시장을 장악하는 사람들이다. 그래서 전형적인 복음 전도에 관한 책들은 비행기 안을 가장 유리한 환경으로 설정한다. 1만 미터 고도에서는 복음 듣기를 싫어하는 불신자들이 달아날 곳이 없기 때문이다.

복음 전도에 관한 가장 씁쓸한 기억은 대학 2학년 때 캘리포니아 남부에서 시애틀로 가는 비행기 안에서 벌어진 일이었다. 나는 기말시험을 끝내고 성탄절 방학을 맞아 집으로 돌아가는 길이었다. 지난 밤을 꼬박 새웠기에 뿌듯한 기분이었지만 정신이 몽롱했다. 그러나 앞 좌석에서 벌어지는 대화를 들을 만큼의 의식은 있었다. 앞자리에는 나처럼 집으로 가는 학생 두 명이 있었다. 한 명은 우리 대학과 가까운 인문대학의 학생이었으며 다른 한 명은 약 24킬로미터 떨어진 기독교 대학의 학생이었다. 성급하게 자기를 소개한 후, 기독교 대학 학생이 다른 학생에게 종교가 무엇인지 물었다. 그러고는 상대가 제대로 답하기도 전에 장황하게 복음을 제시했다. 그는 두 시간 반의 비행 동안 복음을 전하고 자기 경험을 간증했는데, 무척이나 피곤한 비행 내내 짧은 문장 몇 개만 겨우 말할 수 있었던 옆자리 학생은 매우 불쾌했을 것이다. 주위에 앉아 있던 사람들의 불편함에 대해서는 말할 것도 없다. 비행기에서 내릴 때 나는 졸린 상태로 기도했다. "하나님, 오늘의 대화 때문에 저 옆자리 학생이 복음으로부터 영원히 멀어지는 일은 없도록 해 주세요."

비행 동안 나는 그 대화에 끼어들거나 내 옆에 앉은 사람에게 영적 주제에 관한 대화를 시도할 의도가 없었다. 진실로 내가 아는 내향적 그리스도인들 대부분은 외향적 동료들이 복음 전도를 위해 들이는 노력에 대해 축복하고, 고독과 관상의 생활로 점잖게 돌아가기를 기뻐할 것이다. 문제는 성경이 꾸준히 복음 전도를 우리 신앙의 전반적 진보와 연결한다는 것이다. 내향적인 사람이라고 해서 복음 전도가 면제되지는 않는다.

나는 내향적인 사람들이 복음 전도에 적합하지 않다고 생각하지는 않는다. 내 생각에는, 오늘날 대세를 이루는 복음 전도 방식들이 내향적인 사람들에게 적합하지 않은 것이다. 『예수의 더러운 발』*Jesus with Dirty Feet*, 규장의 저자 돈 에버츠Don Everts는 내게 이렇게 써서 보냈다. 복음 전도에 관한 유명한 가르침에는 "언급되지 않은 메시지가 있는데, 그것은 뛰어난 대인 관계 능력을 타고난 사교적인 사람만이 영향력 있는 증인이 될 수 있다는 것이다. 이는 우리 모두가 복음 전도라는 멋진 모험에 참여하도록 부르심 받았다는 사실에 어두운 그림자를 드리운다." 휘턴 대학의 전도학 교수 릭 리처드슨Rick Richardson은 복음 전도자에 대한 일반적 이미지를 "영적 영업 사원"이라고 언급했다.

많은 그리스도인은 자신이 말할 내용을 누군가에게 쏟아붓고 그들과의 계약을 체결해야 하며, 그렇게 못 한다면 그들이 자신의 신앙을 진실로 나누지 못한 것이라고 생각한다. 영업 상담을 매듭지으려는 개인이라는 관점에서 복음 전도를 이해하는 기본 패러다임은 복음주의자들의 의식 전반에 만연하다.…이런 복음 전도 패러다임은 그리스도인들에게 장애물이 된다. 왜냐하면 그리스도인들이 복음 전도에서 할 수 있는 것이 없다고 느끼게 하기 때문이다. 그들이 외향적이지도 않고 설득을 잘하지도 않으며 자기가 파는 상품에 대해 질문을 받을 때마다 대답할 만큼 숙련되지도 않고, 계약을 체결하도록 밀어붙일 능력이 있는 전문가가 아니라면, 그들은 복음 전도를 자기 삶과 은사의 일부로 받아들이지 않을 것이다.[1]

만일 복음 전도가 그 상품을 팔 만큼—온전한 복음을 제시하고 결단을 이끌어 낼 만큼—충분히 오랫동안 낯선 사람을 붙들어 두는 것으로 정의된다면, '내향적 복음 전도자'라는 말은 모순어법으로 남을 것이다. 우리는 복음 전도라는 그리스도인의 핵심 훈련에 대한 진정성 없는 해석으로부터 벗어나야 한다. 그리고 그것을 재정립해서 우리의 본모습으로 복음 전도를 실천할 방법을 배워야 한다. 나는 내향적인 사람들에게 더 잘 맞는 복음 전도의 다른 모델을 제안하고자 한다. 나는 우리가 영적 상품을 파는 영업 사원이 되는 대신 신비를 함께 탐험할 것을 제안한다.

함께
신비를 탐험하기

깊도다, 하나님의 지혜와 지식의 풍성함이여. 그의 판단은 헤아리지 못할 것이며 그의 길은 찾지 못할 것이로다.

"누가 주의 마음을 알았느냐?
　누가 그의 모사가 되었느냐?"
"누가 주께 먼저 드려서
　갚으심을 받겠느냐?"
이는 만물이 주에게서 나오고 주로 말미암고 주에게로 돌아감이라. 그에게 영광이 세세에 있을지어다. 아멘. (롬 11:33-36)

형제들아, 내가 너희에게 나아가 하나님의 증거를 전할 때에 말과 지혜의 아름다운 것으로 아니하였나니 내가 너희 중에서 예수 그리스도와 그가 십자가에 못 박히신 것 외에는 아무것도 알지 아니하기로 작정하였음이라. 내가 너희 가운데 거할 때에 약하고 두려워하고 심히 떨었노라. (고전 2:1-3)

사도 바울은 뛰어나고 면밀한 하나님의 신비 앞에서 다른 사람보다 더 놀라워했을 것이다. 바울은 심판의 굉음이나 권세의 거침없는 표현이 아니라 갈라진 로마식 십자가에 달린 예수, '실패한' 메시아 안에 담긴 하나님의 온전함을 보았다. 예수님의 죽음과 부활은 모든 사람을 향해 구원의 문을 열어젖히고 바싹 말라 시들어 가는 세상에 새로운 창조를 선언했다. 하나님의 신비는 인간의 기발한 재간으로 풀 수 있는 수수께끼가 아니다. 그것은 우리 자신의 왜소함과 연약함을 드러내는 형언할 수 없는 아름다움이 펼쳐진 전경이다. 바울은 이런 심오한 신비의 계시에 대한 적절한 반응은 두려워 떠는 것뿐임을 알았다.

하나님의 본성과 예수 그리스도의 복음에 관해서라면, 나는 항상 대답보다는 질문이 많다. 하나님은 내가 슬쩍 볼 수 있을 만큼만 커튼을 열곤 하셨다. 그러나 내가 더 많이 배울수록 하나님의 나라는 더 광대해진다. 너무나 오랫동안 우리는 정답의 화살통을 멘 사람이 질문을 품은 사람을 공격하는 모습으로 복음 전도를 그려 왔다. 아니면 또 다른 이미지에서는 정상에 서 있는 사람과 정상을 향해 오르다 미끄러지는 사람 사이에 구분 선이 그어져 있다. 오히려 나는 우리 모두를 하나님의 신비를 탐험하는 이들이라고 생각한다.

동료 탐험가들은 신뢰와 우정, 공유하는 열망과 분투로 엮여 있다.

함께하는 탐구자들 사이의 우정은 친밀함과 상처를 두려워하지 않는 마음을 더욱 깊어지게 한다. 우정이 깊어질수록 대화가 궁극적 의미의 문제로 다가가는 것은 당연하다. 그리고 여기야말로 내향적인 사람이 지닌 깊이가 복음을 나누는 일에 가치 있는 자산이 되는 지점이다. 우리는 자기 영혼 깊은 곳으로 들어가는 사람들이다. 우리는 하나님의 사랑이 어떻게 우리 삶의 어두운 부분에 도달하는지에 관한 통찰을 가지고 있다. 우리가 약함을 드러낼 때 치유의 능력을 지니신 그분과 만나게 되고, 다른 이들을 그분과 만나도록 해 준다는 것은 복음의 역설이다. 복음 전도는 강자와 약자로 이루어진 관계를 수반하지 않는다. 복음 전도는 각자의 한계와 상처를 알고 하나님으로부터 그리고 서로로부터 힘을 이끌어 내는 관계다. 릭 리처드슨은 이렇게 말한다. "당신은 진정한 우정을 키우면서 자신의 위대한 자산을 보고 놀랄 것이다. 그것은 당신의 인간성이다. 당신이 가진 연약함, 의심, 그리고 질문이다. 오늘날 사람들 대부분은 당신의 대답에 곧바로 관심을 보이지 않는다. 오히려 그들은 당신의 질문과 분투에 즉시 공감하고 동일시할 것이다."[2]

하나님의 신비를 함께 탐구하면서 우리는 '전문가'가 되어야 한다는 요구에서 벗어난다. 전에는 창피한 대답이었던 "저는 모릅니다"라는 말이 이제는 가능한 대답이 되고 심지어 심오한 대답이 되기도 한다. 로널드 롤하이저는 다음과 같이 주장했다. "관상자는 하나님이 근본적으로 그리고 총체적으로 우리 자신 및 우리의 실재와 다르시기 때문에 우리는 답이 없는 듯한 역설이나 고통과 불의에도 불구하고 인내 가운데 살면서 하나님을 믿을 수 있다고 믿는다."[3] 한때는 어색한 일시 정지 상태로 여겨졌던 것이 이제는 성스러운 침묵이 된다. 우리는 함께 하나님의 계시를 기다린다.

여행의 동반자로서 신비를 탐사한다면, 우리 대화의 어조는 내향적인 사람에게 불쾌한 논쟁으로부터 멀어진다. 너무 많은 복음 전도가 방어를 목적으로 시도된다. 어떤 이가 그리스도인들이 비논리적이고 관용도 없으며 위선적이라고 공격한다. 그러면 우리는 득달같이 방어에 나서서 그들의 비난이 틀렸음을 입증하고자 한다. 이는 격론이 벌어질 상황을 조성하고 그 결과 사람들을 궁지로 몰아갈 뿐이다. 함께 신비를 탐구하는 일에서 쓰이는 언어 수단은 대결이나 설교가 아니라 대화다. 우리는 우리가 다른 이들에게 제기하는 것과 동일한 질문에 종속되어 있다. 따라서 우리가 함께 그 질문들을 살펴본다면 서로의 논리를 무너뜨리려 할 때는 결코 도달할 수 없는 놀라운 결론에 이를 것이다. 열린 질문들은 상대방에게 응답할지 말지 선택할 자유를 준다. 그 질문들은 던져진 뒤에도 오랫동안 우리 곁에 머물거나 심지어 뇌리에서 떠나지 않는다. 그 과정은 즉시 내리는 결정보다 더 의미 있다.

나의 역할이 영적 대화를 주도하는 것이 아니라 하나님이 주위 사람들 가운데 이미 일하고 계신 방식에 대해 반응하는 것임을 이해하기 시작했을 때 복음 전도에 대한 나의 이해는 극적으로 바뀌었다. 주도하는 것은 반응하는 것에 비해 더 많은 에너지를 필요로 한다. 하지만 우리가 복음 전도를 하나님이 이끄시는 사역에 대한 우리의 반응으로 본다면, 우리는 이를 통해 더 많은 에너지와 즐거움을 얻게 될 것이다. 복음 전도는 영적 인식을 함양하는 일 그리고 우리가 만나는 사람들 안에서 성령님의 세세한 움직임을 분별하는 일에 관한 것이다. 나는 나의 역할이 사람들이 신앙의 공식을 배우도록 돕는 것보다는 영적 힌트를 주는 것에 더 가깝다고 본다. 전자의 방식에서는 내가 대화를 통제하는 사람이 된다. 후자의 방식에서 나는 사람들이 하나님을 일별하게 하려고 노력하고, 사람들로 하여금 이미 일하고 계신 성령의 설득에 반응할 수 있게 한다.

애즈베리 신학교 교수 조지 헌터George Hunter는 우리 문화에서 복음 전도에 대한 간접적·창의적 접근이 직접적·논리적 접근보다 더 큰 가능성이 있다고 말한다. 직접적 접근은 갈등과 방어적 태도로 이어지곤 한다. 반면에 더 섬세한 접근은 상상을 유도하고 더 깊은 차원에서 사람들의 관심을 끌 수 있다. 헌터는 동아프리카 마사이족 사이에서 사역한 가톨릭 선교사 빈센트 도노반Vincent Donovan의 이야기를 인용한다. 도노반은 이렇게 말했다. "개신교 지도자들은 듣는 감각에만 의지하는 것처럼 보인다. 그래서 그들은 사람들에게 다가가고 가르치기 위해 설교와 가르침으로 주어진 말씀Word에만 거의 전적으로 의지한다. 반면 켈트족 가톨릭 신자들은 하나님이 사람들과 '말씀하시기' 위해 오감 전부를 사용하실 수 있다고 믿는다."[4]

대학의 파트타임 목회자이자 파트타임 조각가(그리고 온종일 내향적인 사람)인 나의 전 동료 제니퍼Jennifer는 자신의 예술 작업을 하나님께 드리는 경배이자 영적 교류의 수단으로 여겼다. 제니퍼의 예술은 그의 신앙 표현이기 때문에 그는 자신의 조각상이 하나님의 아름다우심과 다정하심에 관한 말 없는 간증이라고 믿는다. 물론 그는 자신의 예술이 사람들을 신앙으로 더 가까이 이끄는 이야깃거리가 되기를 희망하지만, 또한 사람들이 자신의 예술을 경험할 때 하나님을 경험하게 되기를 희망한다.

아시시의 성 프란체스코가 했다고 여겨지는 말이 하나 있다. "항상 복음을 전하라. 필요하다면 말로 하라." 이것은 내향적인 사람들이 예수님에 대해 침묵해도 된다는 허가증처럼 사용되지만 않는다면 꽤 현명한 이야기다. 우리의 기독교 간증이 언어 이상의 것이지만 언어를 전부 제거해서는 안 된다. 그러나 나는 하나님이 우리 삶 가운데 움직이시는 방식은 말을 넘어선다고 확신한다. 말로 표현하려는 우리의 시도는 궁극적 실재를 어설프게 전달할 뿐이다. 바울은 로마서 8:26에서 이렇게 확신한다. "성령께서도 연약한 우리를 도와주십니다. 어떻게 기도해야 할지도 모르는 우리를 대신해서 말로 다 할 수 없을 만큼 깊이 탄식하시며…간구해 주십니다"공동번역. 바울은 가장 면밀한 소통은, 심지어 하나님의 보좌 앞에서 발생하는 대화라 할지라도, 언어를 넘어서 움직인다고 말하는 것 같다. 우리는 복음을 전하고자 할 때 성령께서 설명 불가능한 방식으로 영향을 미치신다는 점을 기억해야 한다.

호스피스 병원 원목으로 일할 때 나는 말할 능력을 상실한 사람들을 주요 대상으로 사역했다. 그들은 의식이 있기도 했고 없기도 했다. 그러나 그들은 의식이 명료할 때조차 말을 할 수 없었다. 그들 곁에 처음 앉았을 때 나는 쓸모없는 존재처럼 느껴졌다. 목회자로서 나는 말을 해서 먹고살았다. 그 수단이 제거된다면 나에게 무엇이 남는가? 나는 그저 관찰자가 된 것처럼 느껴졌다. 나는 간호사처럼 이 사람들에게 '실제적인' 것을 줄 수 있기를 바랐다. 그러나 소통 불가능한 사람들과 함께하면서 나는 아주 흥미로운 패턴을 인식하기 시작했다. 세상을 떠날 때가 다가오면 환자들은 허공을 향해 손을 들어 올리곤 했다. 마치 다른 차원의 누군가가 그들을 환영하고 품에 안아 주는 것 같은 모습이었다. 그들은 여전히 이 타락한 세상의 공기를 마시고 있지만 또 다른 대기가 그들에게 열리고 있었다. 나는 이런 현상이 일어나기 시작할 때면 강력한 평안의 감각이 그 방을 감싼다는 것도 알게 되었다.

이런 상호 작용을 통해 나는 다른 방식으로 기도하기 시작했다. 내가 아는 비그리스도인들을 위해 기도할 때, 나는 하나님께 그들에게 복음에 관해 설명할 기회를 내게 달라고 기도하기보다는 하나님만 다가가실 수 있는 그들 삶의 자리에 함께해 달라고 그리고 하나님의 음성을 이해할 수 있는 그들 영혼의 영역을 향해 하나님께서 말씀해 달라고 기도드린다. 베키 피퍼트 Becky Pippert 는 이렇게 제안한다. "사람들이 우리를 통해 예수님의 사랑을 경험하게 해 달라고 하나님께 구할 때, 양으로 잴 수 없고 말로 쉽게 설명할 수 없는 일이 일어난다. 기도는 영혼에 일어나는 신비를 수반하기 때문이다."[5]

맥락

내향적인 사람에게 더 적합한 방식으로 복음 전도를 다시 정의하는 것조차 스트레스와 피로를 불러오는 일이 될 수 있다. 나는 신앙을 진지하게 받아들인 이래로 인생 대부분 동안 미약한 복음 전도자였다. 이것은 자기 부정이 아니다. 나는 복음 전도에 약하다는 말을 들었다. 대학 목회자로 사역하는 동안 두 명의 지도 목회자가 내가 가장 개선해야 할 영역으로 복음 전도 분야를 꼽았다. 그들은 내가 비그리스도인 학생들의 영역에 들어가 그들과 교류하고, 기숙사에서 구도자들을 위한 성경 공부를 시작하고, 사람들을 불신앙에서 신앙으로 이끄는 방법을 그리스도인 학생들에게 몸소 보여 주는 사역자가 되기를 바랐다. 서른의 X세대 그리스도인인 나 그리고 나와는 완전히 다른 세계관을 지닌 열여덟 살 밀레니엄 세대 사이의 삶의 격차를 극복하기 위해 애쓰는 일은 무척이나 힘들었다. 의미심장한 영적 대화를 주도하기에는 내게 남은 에너지나 배짱이 거의 없었다. 나에게 어색한 대인 관계의 문턱은 무척 높았다. 한 학기 동안 몇 번의 시도가 결실 없이 끝난 뒤에 나는 노력을 접었다. 헛되고 진이 빠지고 기가 꺾이는 느낌이었다. 나는 복음 전도의 가치에 대해서 가르칠수는 있었지만 그리고 복음 전도의 은사를 지닌 외향적인 동료 스태프가 학생들이 그의 복음 전도 경험담에 공감하지 못한다며 나에게 훈련반 지도를 맡기기도 했지만, 나에게는 그 모든 일을 계속할 추진력과 열정이 없었다.

그 시절 복음 전도자로서는 창피한 모습을 보인 이후, 나는 시한부 환자들과 그 가족을 돌보는 원목으로 일하게 되었다. 누구도 나에게 복음 전도에 관한 대화를 하라고 요구하지 않았다. 사실상 그 위치에서 누군가를 개종시키는 행위는 불법이기도 했다. 그러나 하루하루 나는 종교에 귀의하지 않은 사람들을 위해 기도했다. 그들은 자기 이야기를 들어 주고 감정적 부담을 견디도록 도와주는 나를 그들의 집으로 맞아들였다. 대화는 하나님, 영성 그리고 죽음 이후의 삶에 대한 질문으로 쉽게 이어졌다. 우리는 충만한 침묵 가운데 함께 앉아 있었고 초월적 신비의 문턱 앞에 섰다. 어느 날 밤, 한 가족의 아버지가 마지막 숨을 내쉴 때 나는 그 가족과 더불어 손을 잡고 기도하기 시작했다. 우리는 함께 거룩한 땅에 섰다.

극명하게 다른 사역 경험들을 통해 나는 내가 대학 사역을 할 때 잘못된 맥락에서 복음 전도를 시도했음을 알게 되었다. 나의 특성과 내가 관계를 형성하는 방법을 고려할 때 호스피스 사역은 내가 불신자들과 소통하기에 수월한 환경이었다. 이 말은 내향적인 사람이 대학 사역에 맞지 않다는 뜻이 아니다. 내가 아는 다른 내향적인 사람은 내가 실패했던 그 사역에 은사가 있어서 많은 대학생을 신앙으로 이끌었다. 그러나 복음 전도가 '성공'하기 위해서는 많은 부분이 우리 기질, 흥미, 은사와 맞는 맥락에 자리 잡는 일에 달려 있다.

내향적인 사람들이 복음을 나누기에 가장 자연스러운 환경은 일대일의 친구 관계일 것이다. 영적 질문을 던지는 사람들을 멀리에서 찾느라 우리가 가진 자원을 소진할 필요가 없다. 그 대신 우리 삶 가운데 이미 들어와 있는 사람들이 누구인지 그리고 하나님이 그들 가운데서 어떻게 일하시는지를 물어야 한다. 영적 친구 관계에서 우리는 우리 본연의 모습으로 복음을 나눌 자유가 있다. 피퍼트는 이 부분에 대해 단호하다. "하나님이 당신을 온전히 당신으로 만드시게 하라. 하나님이 주신 기질을 즐거워하라. 그리고 하나님의 목적을 위해 그것을 사용하라. 이것은 아무리 강조해도 지나치지 않다. 우리는 진정성이 있어야 한다. 우리가 자신이 아닌 누군가가 되려 한다면,

사람들은 그 사실을 바로 알아챌 것이다."⁶

　진정성 있는 복음 전도는 우리가 내향적인 사람으로서 가진 은사를 우리의 영적 우정에 적용하는 일을 수반한다. 예를 들면, 우리의 섬기는 행위는 예수님의 철저한 종 되심을 드러낸다. 우리의 끈기와 굽힘 없는 내적 용기는 하나님의 신실하심을 보여 준다. 우리의 긍휼은 가난한 자들을 위한 사랑과 하나님의 의에 대한 헌신을 의미한다. 우리의 깊은 신앙심은 우리가 관계를 나눌 수 있는 그리고 자비로 우리 삶에 섬세하게 임하시는 하나님을 드러낸다. 다시 말하지만, 우리의 경청하는 능력은 관계를 함양하고 하나님의 본성을 드러내는 강력한 도구다. 우리의 복음 전도 방식을 '경청의 복음 전도'라고 부를 수도 있을 것이다. 스스로를 그리스도인이라고 여기는 사람이 진실로 다른 사람의 이야기를 경청한다면, 예수님의 사랑에 대해 말하는 것만으로는 결코 전할 수 없는 방식으로 그분의 사랑과 긍휼을 전할 수 있다. 유진 피터슨은 경청의 본질에 대해 다음과 같이 성찰한다. "목회적 경청은 서두르지 않는 여유를 필요로 한다. 단지 5분일지라도 말이다. 여유는 시간의 양이 아니라 영의 능력이다. 이런 여유가 풍성할 때만이 사람들은 상대방이 정말 진지하게 자신의 이야기를 경청하고 있으며 자신의 존엄성과 중요성을 존중하고 있음을 알게 된다."⁷

　요즘 내가 복음 전도를 위해 대화하는 방식은 설교보다는 영적 지도와 더 비슷하다. 나는 질문을 던지고 기도하는 마음으로 경청한다. 그리고 한편으로 나는 신비를 인정하고 상대방을 하나님께로 이끈다. 내향적인 사람들이 내적으로 처리 과정을 거치기 때문에 우리는 판단하지 않는 자세를 보여 줄 수 있다. 그러면 다른 이들은 편안하게 자신의 삶을 우리에게 열어 줄 것이다. 내 친구 한 명은 나에게는 무엇이든—자기가 우주에서 온 외계인이라는 말이라도—이야기할 수 있을 것 같다고 말한 적이 있다. 그러면 나는 그 친구에게 이렇게 반응할 것이다. "음, 그 이야기를 계속해 봐."

다른 이들이 속도를 늦추도록 돕는 우리의 은사는 우리가 하나님의 본성을 증거할 때 중요하다. 이성적 논쟁은 당신의 세계관과 일치하는 삶의 방식에 비해 설득력이 떨어진다. 오늘의 문화에서 설득력 있는 변증가가 되려면, 우리는 현재 상태와는 다른 삶의 방식으로 그들을 초대해야 한다. 이미 바쁜 일에 짓눌린 세상을 향해 그리스도인이 되는 것이란 이미 과부하 상태인 일정에 더 많은 활동을 더하는 것이라고 알린다면, 그리스도인의 삶에 무슨 매력이 있겠는가? 서두르지 않고 천천히 성찰하는 삶의 방식을 보여 주는 내향적인 사람들은 "수고하고 무거운 짐 진 자들아, 다 내게로 오라. 내가 너희를 쉬게 하리라"(마 11:28)고 말씀하신 그분을 호소력 있게 대변한다.

우리의 영적 우정은 시간과 과정과 인내를 필요로 한다. 내향적인 사람들은 관계에 헌신할 때 피상적 한담이라고 생각하는 바를 빨리 지나쳐 진지한 대화로 바로 들어가려 한다. 그러나 이것은 분위기를 어색하게 만들 수 있으며, 신뢰를 구축하는 데 중요한 우정의 일반적 전개 과정을 너무 짧게 줄여 버릴 것이다. 우리가 사람들의 삶의 모든 것에 대해 관심을 보이지 않는 한 사람들은 우리를 그들 삶의 연약한 부분으로 들어서게 하지 않을 것이다. 그래서 친구 관계는 공통의 관심사를 나누는 일로부터 시작된다는 것 그리고 복음 전도를 시작하기에 알맞은 지점은 당신의 관심사를 중심으로 관계를 형성하는 것임을 기억하는 것이 중요하다. 그래서 물어야 할 중요한 질문은 '내가 좋아하는 일은 무언인가?' 그리고 '어떻게 다른 사람들을 이 일에 참여시킬 것인가?' 하는 것이다.[8] 우리는 좋아하는 일을 행할 때 에너지를 얻는다. 그리고 우리가 대개 사전에 경험한 것들에 대해 이야기하기 때문에 그것은 우리의 대화를 더욱 북돋운다.

공통의 관심사를 추구하는 일의 또 다른 요소는 더 절묘하다. 우리가 좋아하는 것을 추구할 때 우리는 하나님과 그분이 주신 선물을 기뻐하게 된다. 하나님의 선물을 즐거워할 때, 우리는 하나님이 우리 안에서뿐 아니라 주위 사람들 가운데서도 깊이 있게 일하심을 신뢰하게 된다. 우리가 성령의 움직이심에 맞추어져 있으면 하나님이 우리에게 보여 주시는 일이나 사람을 쉽게 받아들일 수 있다.

나는 20대 초반에 포도주 맛을 알게 되었는데 이는 캘리포니아 포도주 산지와 가까운 곳에 살아서 생긴 관심이었다. 의도치 않았으나 나는 포도주 산지에서 하나님에 관한 의미 있는 대화를 몇 차례 나누었다. 어느 포도 농장에 두 사람이 막대기 두 개 사이에 큰 과일 뭉치를 걸어서 나르는 그림이 걸려 있었다. 나는 그 그림이 이스라엘 정탐꾼들이 가나안을 정탐하고 돌아오는 모습을 예술로 표현한 것임을 알아차렸다(민 13:26). 내가 그 점을 언급하자, 우리는 곧 성경과 종교적 신앙에 관한 영적 대화로 나아갔다. 그리고 한 사람은 출애굽과 이스라엘이 약속의 땅에 들어간 이야기를 읽어 보겠다고 말했다. 게다가 포도주가 우리 문화에서 낭만과 풍족한 삶을 상징하기에 대화는 관계와 추억과 회한과 상실로 쉽게 이어진다. 성경이 포도와 포도원과 포도주라는 이미지로 채색되어 있다는 사실은 대화에 도움이 된다. 예수님은 포도나무와 가지를 통해 제자들의 정화refinement에 관해 설명하셨고(요 15:1-8), 빵과 포도주가 중심이 되는 성찬식 전통을 선포하셨다(눅 22:17-20). 그리고 그분은 항아리 속의 물을 결혼식 하객들이 결코 맛본 적 없는 최고의 포도주로 바꾸셨다(요 2:1-11).

자세히 들여다보면, 우리의 모든 흥미에는 은혜가 메아리친다. 우리의 열정을 이런 식으로 보는 것은 세상을 성례전적으로 보는 것이다. 그 세상은 보이지 않는 실재의 외적 표식들이 가득하다. 하나님과 창조 세계 사이의 연결은 죄로 인해 왜곡되었다. 예수님의 부활로 시작된 새로운 창조 세계는 우리의 감정과 사고를 다시 깨워서 창조주가 하신 일을 보게 한다. 음악과 미술은 말의 일상성 너머로 우리를 이끌고 말로는 닿을 수 없는 인간성의 차원을 보게 한다. 읽기와 쓰기는 우리를 하나님의 정신에서 나온 생각들의 존재 앞으로 데려간다. 팀 스포츠는 사람들을 하나 되게 하고 개인의 기여도를 넘어서는 공동체 정신을 만들어 내는 놀라운 힘을 지닌다. 야외 활동은 하나님의 영광을 보여 주고 우리의 연약함을 드러내는 세상의 다듬어지지 않은 원초적 장소로 우리를 안내한다. 환경을 지키는 청지기 일은 창조 세계를 지으시고 긴밀하게 관여하시는 하나님을 가리킨다. 공통 관심사를 중심으로 친구 관계를 발전시키면서, 우리는 이 모든 상징을 사용하여 친구들이 그 상징 뒤에 계신 하나님을 보도록 할 수 있다.

실천 단계

내향적인 사람들이 복음 전도에서 성공하도록 도와줄 몇 가지 제안이 있다.

1. **초점을 좁히라.** 너무 여러 사람에게 관심을 두지 말고 당신이 편안하게 느끼는 사람, 영적 호기심을 보인 사람 한두 명과의 관계를 세우는 일에 초점을 맞추라. 세세하게 단계를 나누어 접근하라.
2. **질문을 하라.** 답이 정해져 있지 않은 열린 질문은 관계를 함양하고 적절한 때에 사람들의 깊은 욕구를 드러내는 힘이 있다. 예수님은 사람들의 질문에 또 다른 질문으로 응대하곤 하셨다. 예수님의 질문은 사람들이 자신의 동기와 질문에 전제가 되는 가정에 대해 입을 열게 만들었다.
3. **시간을 요청하라.** 내향적인 사람들은 곤혹스러운 질문을 받았을 때도 시간을 요청하지 않는다. 구도자의 질문에 말을 더듬거리며 준비되지 않은 대답을 하는 대신 생각할 시간을 요청해야 한다. "잘 모르겠어요. 그러나 답을 찾을 수 있을 겁니다"라는 말은 완벽하게 타당한 대답이다. 복음 전도를 위한 만남뿐만 아니라, 나는 가장 일반적인 질문에 대해서도 답을 생각해서 준비해 놓을 것이다. 누군가가 물었을 때 대답할 수 있도록 말이다.
4. **전제를 받아들이지 말라.** 내가 가장 좋아하는 텔레비전 프로그램 "웨스트 윙" The West Wing: 미국 NBC의 드라마 시리즈. '웨스트 윙'은 백악관 건물 중 대통령 집무실이 있는 서쪽 별관이다—옮긴이에서 백악관 비서실장은 대

변인에게 결코 "질문이 전제하는 바를 받아들이지" 말라고 충고한다.[9] 때로 불신자들이 적대적 태도로 우리에게 와서 비난하는 질문을 던질 것이다. "당신은 어떻게 사람들을 정죄해서 지옥으로 보내 버리는 하나님을 믿을 수 있습니까?" 만일 우리가 하나님이 악당이라는 전제를 받아들인다면 우리는 방어적 입장에 서게 되고 대화의 주도권이 상대에게 넘어가 버린다. 그렇게 하는 대신에 우리는 그 질문을 재구성해야 한다. 예를 들면 이렇게 응대할 수 있다. "진짜 질문은 '어떻게 인간이 이렇게 아름다운 세상을 창조하신 하나님께 반항할 수 있었을까' 겠지요?"

5 **편안한 환경을 찾으라.** 영적 구도자를 위한 강좌 또는 성경 공부에 참여하거나 거기서 가르친다고 생각해 보라. 하나님에 관한 질문을 품은 사람들을 위한 온라인 게시판에 참여하거나 그런 종류의 대화를 위해 마련된 웹사이트를 만드는 일부터 시작할 수 있다. 다른 사람들의 의견을 부정하는 것이나 논쟁을 위해 논쟁하는 것 외에는 별다른 목적이 없는 토론 상황은 피하라.

6 **당신의 역할을 잘 알라.** 교회의 방대한 복음 전도 과업에서 모든 역할을 당신이 수행할 필요는 없다. 당신의 장점과 당신이 다른 이들에게 기여해야 하는 바에 초점을 맞추라. 가장 훌륭한 복음 전도는 공동체 안에서 이루어진다. 우리는 서로 다른 은사와 강점을 가진 신자들의 공동체의 일부다. 어떤 이들은 환대의 은사를 가졌고, 어떤 이들은 섬김의 은사를, 어떤 이들은 가르침의 은사를 가졌다. 건강한 공동체는 서로를 세우는 일뿐만 아니라 공동체 밖에 있는 이들을 위해서도 그들의 은사를 사용한다. 불신

자들과의 관계에서 다른 그리스도인들(특히 외향적인 사람들)과 동역하라. 그렇게 하면 불신자들은 하나님 사랑의 넓이와 깊이를 보게 될 것이다.

내향적인 구도자들

내향적인 사람들이 복음 전도가 제자도에서 필수적인 부분임을 납득하지 못한다 해도, 그들이 증인으로 살아가는 삶의 외향적 물살을 헤치고 나아가야 한다는 데 동의하지 않는다 해도 혹은 그들이 신앙을 나누는 내향적 방식이 있음을 받아들이지 않는다 해도, 이 한 가지 선언은 받아들일 것이다. **내향적 구도자들에게는 내향적 전도자들이 필요하다.** 이 말은 외향적인 사람들이 내향적인 사람들에게 설득력을 가지는 방식으로 복음을 전할 수 없다는 뜻이 아니다. 내향적 구도자들이 자기의 원래 모습대로 그리스도인의 삶으로 나아가는 일이 가능함을 이해해야 한다는 뜻이다. 그리스도인이 되는 것이 외향적인 사람이 되는 것과 같은 의미가 아님을 이해하는 일이 중요하다.

나는 케이시와 대화하면서 내향적인 사람의 복음 전도에 대해 큰 깨달음을 얻었다. 케이시는 대학에서 그리스도인 여성들에게 둘러싸여서 불안을 느꼈던 내향적인 사람이었다. 나를 만났을 때 그는 3년 전부터 이어진 회심 과정을 마친 상태였다. 케이시는 3년 동안의 신앙을 향한 여정에 대해 성찰했다.

내가 하나님을 알게 되는 과정에서 외향적인 사람 몇 명이 중요한 역할을 했던 만큼이나 (역설적으로) 각광받은 내향적인 사람들도 있었다. 내가 아는 외향적 신자들은 나에게 공동체 내에 자리를 마련해 주었다. 금요일 밤에 할 일을 제공하는 사회적 연결망 같은 것 말이다. 그러나 내게 영성만큼이나 중요한 것은 일대일로 나누는 대화와, 나에게는 앉아서 생각할 시간이 필요하다는 것을 이해해 줄 사람이었다. 내향적인 사람들은 나의 감정 에너지 수치를 지켜보다가 내가 필요로 할 때 내게 공간을 제공하곤 했다. 그들은 나에게 처리 시간을 충분히 주지 않은 채 개인(혹은 더 나쁘게는 다수의 사람들)에게 즉시 의사 표시나 대답을 하도록 하지 않고, 그 대신 내가 수첩에 그 메시지에 대한 반응을 적을 기회를 제공했다. 나는 사람들이 나에게 거는 기대에 대해 걱정하는 대신에, 예수님이 누구이신지를 관상할 수 있었다.

내향적인 복음 전도자들은 신앙이 평생의 여정임을 이해하고 그들의 내향적 동료들을 오랜 시간 품는다. 우정이 친밀해질수록 질문도 깊어진다. 우리는 깊이 성찰하는 내향적 구도자들을 만난다. 우리는 그들이 보이는 참여와 물러남의 리듬 그리고 교류와 고독의 리듬을 이해한다. 내향적 복음 전도자들은 하나님이 내향적 구도자들을 있는 모습 그대로 품으신다는 것을 확증한다. 그리고 우리는 내향적인 제자로서 예수님을 따르는 삶을 실제로 구현한다. 우리 문화가 영성에 점점 매료되면서, 내향적인 그리스도인들은 부활하신 예수님과의 관계에 근거한 인격적 영성으로 다른 사람들을 안내할 수 있게 되었다. 내향적 구도자들은, 진정성 있게 살면서 있는 모습 그대로의 우리를 기뻐하시는 하나님을 증거할 용기를 북돋우는 내향적인 그리스도인들을 간절히 원하고 있다.

교회 안의 내향적인 사람들

chapter 9

관객이 신비와 상징적 비현실성에 빠져들지 않으면,
그에게서 예사롭지 않은 종교적 경험에 필요한 마음 상태를 이끌어 내기란 쉽지 않을 것이다.

닐 포스트먼Neil Postman, 『죽도록 즐기기』*Amusing Ourselves to Death*, 굿인포메이션

교회 학교 시절부터 십수 년간 그 교회에 출석한 사람들이 예배당의 앞자리부터 4분의 3가량을 차지했다. 교회 학교 교실에서 청소년부 실로, 전통적 예배로, 현대적 예배로 그리고 일요일 저녁 대안 예배 모임에 이르기까지 시간이 흐르면서 교회 환경은 계속 변했다. 그러나 사람들이 앉는 방식은 변하지 않았다. 그들은 오랜 시간 가깝게 지낸 친구들 사이에 집에 있을 때처럼 편하게 앉았다. 예배당의 마지막 4분의 1가량 되는 좌석 몇 줄에는 혼자 있고자 하는 낙오자들이 한 자리나 두 자리씩 간격을 띄운 채 앉아 있었다. 이 사람들은 방문자이거나 최근 들어 교회에 고정적으로 출석하기 시작한 사람들이었다.

성찬 시간이 되자 목회자는 새로운 실험적 형태의 성찬식을 소개했다. 그는 주의 만찬이 개인의 행위가 아니라 예수님의 죽음의 의미를 함께 기념하는 공동 식사임을 설명했다. 성찬에 참여하기 위해 한 사람씩 앞으로 나오는 대신 사람들은 그룹으로 모여 함께 성찬을 기념하게 되었다. 목회자는 사람들에게 주변에 있는 사람들을 중심으로 구성원을 택하고, 그룹을 만들면 성만찬상으로 모이라고 말했다.

그 교회에 자주 출석했던 내향적인 친구 세라^{Sarah}는 뒤에서 두 번째 줄에 앉아 있었다. 목회자의 지시 사항을 듣고 그 상황에 극도의 불편함을 느낀 세라는 자리에서 일어나 예배당에서 나와 버렸다. 지금 세라는 안수받은 장로교 목회자다.

「크리스천 스탠더드」$^{Christian\ Standard}$의 2006년 기사는 이런 오싹한 시나리오를 제시했다.

다음 주 예배 시작에 다음과 같은 말을 듣는다고 상상해 보자.

환영합니다! 오늘 우리는 신령과 진정으로 주님을 예배합니다. 그러니 신발, 양말, 장신구를 벗어 버림으로 모든 짐을 내려놓읍시다. 이제 공동체에 새로 나온 사람에게 다가가서 안아 주세요. 계속하세요, 부끄러워하지 마세요. 실로 성경은 거룩한 입맞춤으로 서로 인사를 나누라고 말합니다! 이제 당신의 주머니와 지갑에 든 것을 전부 꺼내세요. 그리고 소모임을 만들어 그 내용물을 서로 살펴봅시다. 주변 사람들에게 마음을 여세요. 그들에게 당신의 두려움과 연약함을 이야기하세요. 그러면 당신은 그리스도인 가족의 사랑을 느낄 수 있을 겁니다.¹

이런 상황에서 내향적인 사람이라면 모두 움츠러들게 마련이다.

비록 글쓴이가 과장법을 쓰긴 했지만 그가 말하는 요점에는 정당한 사유가 있다. 복음주의 교회 예배의 관행은 몇몇 사람들에게 극도로 불편한 것이 될 수 있다. 심지어 그리스도와 그분의 사명에 전적으로 헌신하는 사람들에게도 말이다. 복음주의 전통에 속한 교회들 중 일부가 보여 주는 격의 없는 모습은 헌신과 환대에 대한 최선의 의도를 품은 채 내향적인 사람들을 배제할 수 있다. 내향적인 사람들에게 (특히 낯선 사람들과의) 인사와 나눔은 부자연스러울뿐더러 대개 고통스러울 수도 있다. 실제로 내가 인터뷰한 내향적인 사람들은 대개 예배 전의 어색한 교제 시간을 피하려고 일요일마다 교회에 늦게 나온다고 인정했다.

나는 연구 조사를 위해 다양한 교파에 속한 다양한 규모, 다양한 예배 형식의 교회 몇 곳에 가 보았다(물론 대부분 복음주의 전통에 속한 교회였다). 세련된 전문적 예배, 두운을 맞춘 대지 설교, 구도자들에 관한 관심으로 이름난 초대형 교회를 방문했다. 강단 뒤쪽이 연창으로 이루어져 샌게이브리얼산맥을 조망할 수 있는 작은 퀘이커교회에 출석하기도 했다. 또 전통적인 성공회교회, 저녁 예배Evensong, 묵상 중심의 떼제Taizé 방식 예배, 수없이 많은 장로교회에서 열리는 최근 방식들의 여러 예배, 청년들로 꽉 찬 세 종류의 대안 예배에 가 보았다.

내가 가장 혼란스러운 경험을 했던 곳은 6년 만에 교인 수가 네 배로 성장했다는 대형 교회였다. 교회 구성원의 대부분은 대학생이었고 나이는 20대 언저리였다. 나는 그때 서른 살이었고 따라서 나에게 친숙한 언어로 복음을 소통하는 예배를 기대하고 있었다. 우리는 마치 경비원이 손님 명단을 확인하고 차단 벨트를 열어 주기를 기다리는 사람들처럼 예배 시작 전에 문 앞에서 줄을 서서 기다렸다. 드디어 문이 열리고 나는 접이식 의자에 앉았다. 음악 소리가 쿵쾅거리고 색색의 조명이 번쩍거렸다. 이미지들이 떠다니고 벽마다 수많은 파워포인트 화면이 지나가면서 교회 소식을 알렸다. 청년들은 웃고 장난치면서 가벼운 대화를 나누었다. 나는 그 상황에 완전히 압도당했다. 그 자리는 조용한 침묵 기도를 위한 시간이 아니었다. 그곳은 록 콘서트장이었다. 예배가 시작되자 찢어질 듯한 전자 기타 소리에 사람들은 자리에서 박차고 일어섰다. 그다음 30분 동안 부산한 예배 환경에서 사람들은 손뼉 치고 춤추고 환호했다.

아주 긴 교회 광고 시간이 끝난 후 목회자가 희생적 사랑에 대해 설교하기 시작했다. 55분 후에 나는 완전히 지쳐 버렸다. 하지만 예배는 이제 반환점을 돌았을 뿐이었다. 그러다 설교가 끝나면서 나는 한 줄기 희망의 빛을 느꼈다. 예배실의 조명이 잦아들고 스크린이 검은색으로 바뀌었다. 전자 기타는 어쿠스틱 기타로 바뀌었으며 사람들은 고개를 숙였다. 마침내 조용해졌다! 예배 인도자는 지금이 무엇을 하는 시간인지 설명하고서 어떻게 기도해야 할지를 알려 주었다. 그런 후에 기도 제목 몇 가지를 제안했다. 그는 "아마 당신은 이렇게 느끼고 있을 겁니다"라는 말을 반복했다. "아마 당신은 지금 절망을 느끼고 있을 겁니다. 아마 당신은 지금 하나님이 당신을 용서하지 않으실 것이라고 느끼고 있을 겁니다. 아마 당신은 지금 하나님이 당신의 인생에 무엇을 원하시는지 확실하지 않다고 느끼고 있을 겁니다." 그리고 그는 그런 감정을 담은 성경 구절 몇 군데와 그런 감정과 씨름하는 이들을 위한 하나님의 말씀을 인용했다. 그다음에는 그리스도 안에서 우리가 용서받았다는 사실을 간단한 설교를 통해 다시금 확신시켜 주었다. 그리고 2초간의 침묵이 지나자 전자 기타 소리가 다시 튀어나왔다. 우리는 다시 의자에서 일어나 환호해야 했다.

두 시간 반 동안 이어진 예배 전체는 지속적으로 쿵쾅거리는 흐름의 언어로 채워졌다. 비록 예배 동안 언급된 말 중에 잘못된 것은 없었지만 나는 공허함과 약간의 어지러움을 느꼈다. 그때처럼 예배가 끝나고 간절히 낮잠을 자고 싶었던 적이 없었다.

내가 자료 조사를 하면서 발견한 역설은 내향적인 사람들이 열린 예배나 형식 없는 예배보다 전통적 예전을 따르는 예배에서 더 많은 자유를 느낀다는 것이다. 우리는 전통적 교회를 가득 채운 풍성한 상징들뿐 아니라 예전적 기도와 찬송의 깊이도 제대로 느끼곤 한다. 이런 교회에서는 예배 인도자가 감정을 표출하는 반응을 바랄 것 같다는 부담을 느끼지 않아도 된다. 전통적 교회에 출석하는 친구는 예전이 "하나님의 임재로 이끌어 주며" 이전에 다니던 초교파 교회보다 자신의 에너지를 덜 소모시킨다고 말했다.

어떤 내향적인 사람들은 감정을 조종한다고까지 느껴지는 최근의 예배 찬양과 그 반복되는 후렴구의 깊이 없음을 비판한다. 그들은 큰 음악 소리가 성령과의 내적 대화를 방해한다고 말한다. 은사주의 교회의 한 성도는 사람들이 예배 도중에 감정을 드러내면 목회자가 "진정 이 아침에 성령께서 움직이고 계십니다!"라고 선포한다면서 한탄한다. 이런 교회들은 두 손을 들고 무릎을 꿇고 춤을 추는 식의 즉흥적 신체 반응을 촉구하는 경향이 있다. 그렇게 되면 많은 내향적인 사람은 이런 식의 반응과 그들이 받는 관심에 불편함을 느낀다.

나는 내향적인 사람이 오만한 태도로 타인과 거리를 두고 검은 벽으로 둘러싸인 방음실을 선호하며 재미를 느낄 수 없는 우울한 사람이라는 고정관념을 강화시키려는 것이 아니다. 나는 내가 활동적이고 대인 관계에 자신 있는 내향적인 사람이라고 생각한다. 나는 콘서트나 활동적인 운동 경기를 즐기고 심지어 필요할 때는 군중 속에 있는 것도 즐긴다. 미식축구 시합에서는 낯선 사람과 하이파이브도 한다. 중요한 것은 우리가 예배를 드릴 때는 신비한 타자성으로 우리를 침묵 가운데 경외하게 하시는 하나님 앞에서 두려워 떨게 된다는 것이다. 침묵은 우리 마음으로 가는 길이다. 수 세기 동안 '성소'는 예배를 위한 거룩한 장소였을 뿐 아니라 피난민을 위한 안전한 항구이기도 했다. 내향적인 사람들은 교회로 가면 성소를 이 단어가 내포하는 모든 의미에서 갈망한다. 그리고 우리는 21세기 삶의 혼란스러운 산만함에서 달아난다. 우리는 피상적 관계, 시시껄렁한 의사소통, 우리가 사는 세상을 뒤덮는 지속적 소음으로부터 탈출하여 하나님의 사랑의 가장 깊은 곳에서 안식을 얻는다. 우리는 하나님의 음성을 듣기를 바란다. 그 음성은 승리의 외침보다는 속삭임으로 다가오시는 경우가 더 많다.

다행스럽게도 미국 기독교에서 교회들이 예배 환경을 콘서트 장소나 스타벅스처럼 보이도록 디자인하는 최근의 흐름은 지나가고, 이제 우리는 성소를 거룩한 장소로 여기는 위대한 전통으로 돌아섰다. 복음주의자들은 예전, 의식, 관상 기도, 침묵, 비언어적 예배 표현의 옛 형식들을 받아들이고 있다. 우리는 상징의 힘과 말이 다가갈 수 없는 장소로 침투하는 상징의 능력을 재발견하고 있다. 종교개혁 이래로 성상 및 성화에 대해 의심을 품었던 개신교도들은 최근 들어 예술과 이미지의 능력을 알고 그것들을 성소로 가져오고 있다. 우리는 청각뿐만 아니라 모든 인간 감각을 하나님을 예배하는 일에 사용하는 법을 배우고 있다.

나는 그림을 그리고 조각을 하며 신앙을 표현하는 사람들이 참여하는 예배에 가 본 적이 있다. 어떤 교회는 교인들이 만든 예술 작품을 벽에 배치했는데, 이는 성소를 장식하는 동시에 심오한 공동체 의식을 전해 준다. 어떤 교회에서는 말없이 성경 이야기를 전달하는 양초와 스테인드글라스 이미지가 밝은 조명과 움직이는 영상을 대체하기도 한다.

대학 목회자였을 때 나는 내향적인 학생들의 마음에 맞을 만한 예배 경험 여러 가지를 시도했다. 성금요일 예배에 우리는 예수님의 죽음이 가지는 의미의 각기 다른 측면을 중심으로 기도처들을 만들었다. 그 가운데 한 곳에는 나무 십자가와 무릎 꿇고 기도할 때 쓸 방석을 가져다 두었다. 물이 담긴 대야를 둔 곳도 있었다. 거기서 학생들은 손을 씻으며 자신의 세례를 기억할 수 있었다. 방 앞쪽에서는 학생들이 종이에 자기 죄를 적은 다음 그 종이를 또 다른 나무 십자가에 못 박을 수 있었다. 네 번째 기도처에는 양초로 불을 밝힌 성찰을 위한 성경 구절들이 마련되어 있었다. 또 다른 곳에는 세계 각지의 빈곤 지역에 사는 이들의 사진이 준비되어 있었다. 거기서 학생들은 기도하는 마음으로 타인의 고통을 줄이고자 하는 역할을 품을 수 있었다. 각 기도처를 도는 30분 동안 방 안에는 죄를 십자가에 못 박는, 잊을 수 없는 망치 소리만 울려 퍼졌다.

나는 지금 교회가 내향적인 사람들을 오냐오냐 대해야 한다고 말하는 것이 아니다. 나는 이미 소비주의에 빠진 교회 문화를 위해 또 다른 타깃층을 만들어 내고 싶지 않다. 우리는 예배를 외향적인 사람보다 내향적인 사람에게 더 맞추어서는 안 된다. 비록 내향적인 사람들이 느낄 불편함의 **정도**에는 주의해야 하지만, 내향적인 사람이 예배에서 불편함을 **느껴야만 하는** 순간들이 있다. 그러나 우리가 늘 편안함만을 느낀다면 우리 신앙은 정체될 것이다. 그리고 이는 외향적인 사람들에게도 마찬가지다. 우리의 예배 관행이 외향적인 사람들을 건전한 불편으로 이끈 적이 있는가?

내향적인 사람들은 긴장을 느끼게 하는 방식으로 하나님을 경험하도록 도전받을 필요가 있다. 그리고 타인을 향한 우리의 사랑이 성장하도록 도와주는 환경에 있어야 한다. 그리스도인의 삶이 결코 고립 상태에서 이루어지지 않음을 꾸준히 환기시켜 줄 무언가가 필요하기에, 우리는 교회에서 인사하고 교제하는 시간을 견디기 위해 계속 노력해야 한다. 다른 것은 몰라도, 나는 그 시간이 갖는 상징성에 대해 감사한다. 사실 나는 교회에서의 인사 및 교제 시간의 주된 문제는 내향적인 사람들이 그 시간을 불편하다고 느끼는 것이 아니라고 생각한다. 문제는 그 자리에 있는 누구에게나 그런 상황이 사회적으로 어색하다는 것이다. 당신이 누구건 단 몇 초 만에 의미 있는 상호 작용을 나누는 것은 불가능하다. 내가 교회에 제안하고 싶은 바는, 예배에 인사 및 교제 시간을 꼭 넣고 싶다면 그 시간을 가능한 한 간단하게 하라는 것이다. 사람들에게 "그리스도의 평화가 함께하기를!" 같은 인사말을 정해 주라. 이렇게 하면 내향적인 사람이 한담을 나누려고 애쓰지 않아도 된다. 사람들에게 바로 주변에 있는 사람들하고만 인사를 나누라고 권하라. 말하자면 이것은 예수님의 환영을 상징적으로 확장하는 것이지 교회의 소방 훈련이 아니다. 원하는 사람은 예배를 마친 후에 대화할 수 있다.

한편, 로이(5장을 보라)는 내향적인 사람들이 다른 사람들을 환영하는 자리에서 중요한 역할을 수행한다고 말해서 나를 놀라게 했다. 내향적인 사람들은 외부에서 공동체를 들여다보는 것이 어떤 것인지 알기 때문에 교회를 방문한 사람들과 공감할 수 있고, 위협적이지 않은 방식으로 그들에게 환대의 마음을 전할 수 있다.

나는 현재의 예배가 내향적인 사람들에게 그들의 삶과 관계와 예배 방식이 열등하다고 말하고 있음을 교회가 깨닫기를 소망한다. 어떤 면에서 인사 및 교제 시간은 손쉬운 비난의 대상일 수 있다. 그리고 교회 생활의 그런 측면에만 머물다 보면 우리는 그 아래 놓인 더 큰 문제들을 놓칠 수 있다. 제자도에 한 가지 형태만 있는 것이 아니듯, 예배에도 한 가지 방법만 있는 것은 아니다. 나는 동료 목회자들이 한 시간 길이의 설교는 회중 구성원 중 많은 이에게 부담스러울 수 있음을 납득하기 바란다. 그리고 조용한 방식으로 하나님과 소통하기를 원하는 사람들에게 개인 고백을 위한 2초의 침묵은 손 인사처럼 짧게 느껴질 수 있음을 이해하기 바란다. 사실상 예배의 균형을 이룰 때 내향적인 사람만 이득을 보는 것은 아니다. 외향적인 사람들도 말을 멈춘 사이에 하나님께 귀를 기울이는 법을 배울 것이고, "잠잠하고 신뢰하여야 힘을 얻을 것"(사 30:15)임을 더 잘 이해하게 될 것이다. 만일 조용한 성찰 시간을 일요일 아침 예배에 포함시키기가 불가능하다면, 내향적인 사람들이 끌릴 만한 다른 행사를 주중에 추가할 수도 있다.

교회 선택

성격 기질은 교회를 선택하는 일에서 중요한 고려 사항이다. 하지만 내향성은 자신에게 맞는 교회 환경을 찾는 일에서 고려해야 할 한 가지 요소일 뿐이다. 서로 다른 유형의 내향적인 사람들은 서로 다른 종류의 교회들에서 집 같은 편안함을 느낄 것이다. 어느 교회가 편안한 곳인지 찾는 것은 한 교회를 요구 조건 목록과 일일이 맞춰 보는 것보다 복잡하다. 특정 대상과 요구 조건을 하나하나 맞춰 보는 전략은 연인을 찾는 일만큼이나 교회를 찾는 일에서도 무용지물이다. 당신은 자기에게 잘 맞는 사람에 관한 완벽한 이미지를 갖고 있다고 생각할 수 있지만, 결국 그 이미지와는 완전히 다른 누군가에게 사로잡히고 말 것이다. 교회가 우리를 선택하는 법이다.

우리는 미국에 존재하는 다양한 교회들 중에서 완전히 편안하게 느낄 교회를 찾고 싶은 유혹을 받는다. 편안한 교회란 우리에게 성장이나 능동적 움직임을 요구하지 않는 교회다. 만일 그것이 우리의 목표라면, 우리는 우리의 성격이 집단 차원으로 반영된 교회를 찾으면 된다. 복음 전도가 불쾌하다면 그 주제에 대해 침묵하는 교회를 찾을 수 있다. 가난이나 환경에 대한 관심이 복음이 다루는 주제가 아니라고 생각한다면, 우리와 의견이 같은 교회를 쉽게 찾을 수 있을 것이다. 내향적인 사람인 우리가 익명으로 남아 각자의 예배 경험 안에 고립된 상태로 머물게 내버려 둘 교회를 원한다면, 멀리까지 갈 필요도 없다.

수년 전 나이 든 신사가 우리 교회를 방문했을 때가 기억난다. 그분은 예배 전에 네 사람이 각각 자기들을 소개했을 때 진심으로 화를 냈다. 자신은 예배 때 사람들의 눈에 띄지 않기를 바란다고 말이다. 나는 한편으로는 이 바람에 동의하며, 공동체 참여에 다양한 단계가 있음을 인정한다. 그러나 장기간에 걸친 익명성이 건강한 소속감이라고 생각하지는 않는다. 그리스도인의 삶 가운데서 우리는 자신이 이름 없는 존재가 **아니라는** 것을 기뻐한다. 하나님은 우리를 친밀하게 알고 계시며, 공동체 가운데 우리의 삶은 그 실재가 구현된 것이어야 한다.

하나 더, 만일 공동체가 우리에게 예수님의 환대를 베풀려 하지 않는다면, 그래서 우리로 하여금 유령처럼 예배에 나타났다가 사라지게 내버려 둔다면, 우리가 그 공동체를 통해 하나님의 사역에 참여할 길은 막힐 것이다. 우리는 교회를 찾을 때 그저 편안한 집 같은 교회를 찾는 것이 아니다. 우리의 본모습으로 하나님 나라 사역에 참여하고 섬길 수 있는 신자들의 모임을 찾는 것이다. 우리는 우리의 내향성을 축복하면서 동시에 우리에게 십자가의 길, 희생적 사랑의 길을 걷는 제자가 되라고 부르는 교회를 원한다.

사람들은 내향적인 사람들이 주로 깊이를 제공하는 교회에 끌릴 것이라고 말한다. 다른 기질적 요인들에 따라, 어떤 내향적인 사람들은 영성과 신앙심 차원에서 깊이 이해하는 교회에 끌릴 것이다. 그런 교회는 사람들이 개인 및 공동체 차원에서의 영적 훈련과 묵상적 성경 읽기에 헌신하기를 바라는 곳일 수 있다. 내향적인 친구 하나는 퀘이커교회가 침묵 가운데 하나님을 기다리는 일을 강조했기 때문에 그곳을 선택했다고 말했다. 다른 내향적인 사람들은 창의성과 상상력을 가치 있게 여기는 공동체, 미술과 음악을 예배의 중요한 형식으로 이해하는 교회에 끌릴 것이다. 또 다른 내향적인 사람들은 생각이 중요한 자리를 차지하는 정신적 삶에 초점을 맞추는 교회를 원할 것이다. 그들은 학문과 가르침을 가치 있게 여기고 연구하는 삶이 신앙의 삶이 될 수 있음을 이해하는 교회를 원한다.

내가 이야기해 본 내향적인 사람 대부분은 좀더 느리고 사려 깊은 속도로 움직이는 교회, 그리스도인의 삶을 중첩된 활동과 동일시하지 않는 교회를 높이 평가한다고 내게 말했다. 친구 캐시Kathy와 그의 남편은 그들이 최근에 다니던 교회를 떠난 이유에 대해 이렇게 썼다.

저희는 그 교회 목사님이 교회에 대해 품고 있는 비전과 맞지 않는다는 것을 깨달았습니다. 목사님은 그리스도인의 삶에 내향적 방식으로 접근하는 것에 대해 협조적이지 않았어요. 그분이 의도적으로 상처를 주려던 것은 아니었습니다. 하지만 목사님은 그리스도 안에서 성장하려는 사람들은 그분이 정한 활동에 참여해야 한다고 가르쳤어요. 만일 목사님이 말한 일을 행하지 않는다면, 그분은 더 큰 신실함으로 나아가야 한다고 당신에게 도전할 것입니다. 당신이 외향적이라면 그분이 강조하는 것들이 자연스럽게 다가오겠지만, 외향적인 사람이 아니라면 그것들은 재미없고 불쾌하고 어려운 일이 될 것입니다. 여기에는 그리스도께 순종하고 그 안에서 자라기를 추구할수록 목사님이 제안하는 모든 일을 하기 원할 것이라는 생각이 깔려 있습니다. 일주일에 한 번 세 시간짜리 셀모임에 참여하는 일이나 다수의 사람들과 함께하는 선교 여행에 합류하는 일 같은 것 말입니다. 그 교회에 놀라운 방법으로 그리스도를 섬기는 좋은 사람들이 많이 있다는 것을 우리는 알고 있었습니다. 그들의 활동이 목사님의 지시에 맞지 않는 경우가 많아서 목사님은 그들이 따라가는 놀라운 길을 보지 못합니다. 그분이 말하는 지시를 듣느라 우리는 무관심 속에서 퇴보하고 있었습니다.

강단에서 내향적인 사람의 기여와 삶의 방식에 대해 전하는 메시지는 우리가 회중 안에서 편안함을 느끼게 해 주는 중요한 요인이 된다. 내향적인 사람들은 핵심 지도자들 가운데 최소한 한 명이라도 내향적인 사람이 있을 때 더 편안함을 느끼곤 한다. 내가 다니는 교회의 목사님은 내향적인 분이다. 비록 목사님이 내향성에 대해 자세하게 논하는 일이 흔치 않더라도, 그리스도인의 삶에 대한 그분의 접근은 나의 입장과 공명한다. 복음 전도에 대해 설교할 때 목사님은 한 번에 한 명씩 주변 사람들에게 진정한 관심을 가지는 것이 중요하다고 강조한다. 매년 그분은 몇 차례씩 개인 기도 피정을 떠나며 다른 이들에게도 그렇게 하라고 격려한다.

이와 함께, 외향적 목회자들이 내향성의 가치를 받아들일 때 내향적인 사람들을 잘 이끌 수 있다. 이것은 매우 타당한 이야기다. 여기서 중요한 질문은 '지도자들이 나와 같이 행동하는가?'가 아니다. 오히려 질문은 '지도자들은 그리스도인의 삶에서 성격과 은사와 경험의 다양성을 인정하는가, 아니면 사람들을 신실함의 일정한 틀 안에 맞추려고 하는가?'가 될 것이다.

내향적인 사람을 환영하기

신앙 공동체 내의 많은 내향적인 사람들이 배제되거나 쫓겨났다는 느낌을 받으므로 교회는 내향적인 사람들을 환영하는 일에 의도적으로 단계를 마련해야 한다. 나는 그동안 어떻게 하면 우리 교회가 내향적인 사람들에게 다가갈 수 있을지에 대해 많은 내향적인 사람 및 외향적인 사람과 대화를 나누었다. 다음은 가장 좋은 제안 몇 가지다.

다르다는 것을 기뻐하라. 교회가 다양한 부류의 사람들이 함께한다는 것을 공개적으로 기뻐할 때 사람들은 진정성 있는 방식으로 자기들의 신앙 생활을 살필 것이다. 내향적인 사람들이 어딘가에 존재한다는 것을 인식하는 것만으로도 그들을 인정하는 좋은 출발점이 될 것이다. 매주 인사와 교제 시간 전에 우리 교회 목사님은 모두가 이런 관행을 편하게 여기지 않음을 안다고 말한다. 목사님이 자신이 내향적이며 예배에서 이 부분이 조금 어색하다고 이야기할 때 많은 이들은 다 안다는 듯이 고개를 끄덕인다. 그러나 목사님이 친밀한 그리스도인 공동체에 헌신하는 본을 보였기에 내향적인 사람들도 안전지대를 넘어 나아가도록 도전받는다.

예배를 위해 한자리에 모였을 때, 지도자들은 사람들이 서로 다른 방식으로 참여한다는 것을 분명히 표현할 수 있다. 어떤 이들은 외적으로 드러나는 방식의 헌신을 더 좋아할 것이다. 다른 이들은 내적 경험을 선호할 것이다. 어떤 이들은 흥겨워할 것이며, 어떤 이들은 홀로 관상을 할 것이다. 어떤 이들은 경청하거나 기도하고 다른 이들은 찬양할 것이다. 교회가 이런 차이들을 인식할 때 사람들은 자기 방식으로 드리는 예배와 다른 방식으로 드리는 예배 모두를 자유롭게 행할 수 있게 된다.

내가 사역했던 교회 한 곳은 사람들로 하여금 자기만의 고유한 은사와 열정을 발견하도록 돕는 정규 강좌를 열었다. 이 강좌는 영적 은사와 성격 유형을 평가하는 교육 과정을 활용했다. 그 강좌 덕분에 교회는 엄청난 규모의 평신도 사역을 진행할 수 있었다. 많은 내향적인 사람이 자신의 은사에 맞는 사역을 성공적으로 이끌었다. 오순절교회에 출석하는 어떤 사람은 그가 다니는 교회가 영적 은사에 초점을 맞추는 것에 감사한다고 말했다. 그로 인해 각 사람이 교회에서 가치 있는 역할을 수행한다는 것을 확인할 수 있기 때문이다.

덧붙여서 내향적인 사람들만의 모임을 가지는 것도 도움이 될 수 있다. 대학 목회자로 사역할 때 동료였던 외향적인 렉시Lexie와 내향적인 오드리Audrey는 '신앙과 친구들'이라는 소모임을 만들었다. 그 모임은 사람들과 관계를 형성하기를 원하지만 대인 관계 기술이 부족한, 부끄럼을 많이 타는 내향적인 사람들을 위한 모임이었다. 이 모임은 내향적인 사람들이 두려움을 크게 느끼는 모임에 가지 않고도 친구 관계를 형성할 수 있도록 해 주었다. 그리고 내향적인 사람들로 하여금 다른 상황에서도 자신감을 가지도록 도왔다. 그 모임은 매주 모여서 책의 내용이나 여러 주제를 놓고 토론했는데, 그러면서 사람들이 서서히 자기 이야기를 나누기 시작했다. 매주 모임에서 일대일로 토론한 열린 주제들은 이런 것들이었다. '당신 가족은 어떤 사람들입니까?' 그리고 '그리스도인 공동체에서 가장 좋아하는 것 혹은 가장 싫어하는 것은 무엇입니까?' 나는 그 모임에 가서 내향적 리더십에 대한 세미나를 인도했다. 그 형식은 그들로 하여금 싹트는 리더십 은사를 다른 상황에서였다면 아직 편하지 않을 방식으로 실행하도록 해 주었다.

리더십 선택을 재고하기. 나는 다양한 부류의 지도자들을 세우는 것이야말로 교회 문화를 변화시키는 가장 효과적인 방법이라고 확신한다. 7장에서 나는 리더십을 수행하는 다른 내향적인 사람을 보는 일이 공동체의 내향적인 사람들을 변화시킨다는 점을 다루었다. 이런 방법은 내향적인 사람들이 그들의 성격 특성이 지도자가 되는 데 결격 사유가 아님을 깨닫도록 확인하고 격려해 준다.

내향적인 사람들은 지도자팀이 매우 필요로 하는 균형을 가져다 준다. 그러므로 예배, 교육, 지도자 선발, 복음 전도, 환대를 행하는 교회의 다양한 팀과 위원회로 내향적인 사람들을 초대하라. 공동체에서 영적 지도에 대해 가르치고 그 분야에 관심 있는 사람들에게 훈련 프로그램을 제공하라. 사람들에게 경청하는 법과 함께 있는 법을 훈련시키라. 많은 교회가 활용하는 스데반 사역Stephen Ministry: 1975년 미국 세인트루이스에서 케네스 호크 목사가 시작한 평신도 돌봄 지도자 양성 사역—옮긴이은 특히 내향적인 사람들에게 적합할 것이다. 스데반 사역은 고통과 변화를 겪는 이들의 이야기를 일대일 관계에서 경청하는 방식으로 이루어진다.

마지막으로 모든 교회는 리더십에 관한 중요한 질문 몇 가지를 스스로에게 던져 보아야 한다. (1)잠재된 리더십을 파악하는 우리의 방식과 도구는 무엇인가? (2)우리는 어떻게 지도자들을 발굴하고 선택하는가? (3)우리가 리더십을 평가하는 안목은 외향성 편향적이지 않은가? (4)우리는 카리스마 있고 말을 잘하는 목회자만 찾고 있지는 않은가? (5)우리의 지도자들이 말하기만큼이나 경청에 능숙해야 한다는 점은 어느 정도의 중요성을 가지는가? (6)우리는 평신도 지도자를 택할 때 교회 활동에 가장 많이 참여하고 가장 인기 있는 사람들을 높이 세우고 있지는 않는가? (7) 우리는 다른 유형의 지도자, 곧 생각이 깊고 관상하기를 즐기는 사람들 그리고 몸소 본을 보여 이끄는 사람들에게 열린 태도를 갖고 있는가?

실험적 예배. 내향적인 사람의 영혼에 양분이 될 만한 예배를 위해 몇 가지 요소를 추가할 수 있다. 예배 순서에 진정한 침묵의 시간을 집어넣을 방법을 찾으라. '진정한'이라는 표현을 쓴 것은 잠깐의 형식적 정적은 공허한 행위일 수 있기 때문이다. 내가 아는 어느 교회는 설교 후에 매번 2분을 꽉 채워서 침묵 시간을 준다. 한 순서에서 다음 순서로 급하게 넘어가는 대신 예배 순서에 규칙적인 정적을 포함시키면 유익을 얻을 것이다. 침묵과 정적에는 거의 매번 설명이 필요할 수 있다. 그렇지 않으면 그 순서가 진행상 실수처럼 보여서 사람들이 어색해할지 모른다.

예배 시간 중에 '렉티오 디비나' 그리고 기도와 성경 읽기의 다른 관상적 형태를 실험해 보라. 말 없는 소통을 위한 창의적 기회들을 모색하라. 상징들을 예배의 중심으로 삼으라. 상상력을 활용하라. 시각과 촉각처럼 청각이 아닌 감각을 통해 전해지는 경험을 창출하라. 무엇보다 예술과 기도를 위한 장소와 어쿠스틱 음악을 예배에 도입하라. 내향적인 사람들이 예배를 마친 후에도 곱씹을 수 있는 열린 질문을 던지라. 외향적인 사람들이 불편하게 느낄 만한 요소를 예배에 포함시키라!

내향적인 사람 가운데 더 예민한 이들은 음악 소리가 크게 울리는 시끄러운 예배에서 불편함을 느낄 것이다. 그러니 교회가 이런 음악 스타일을 선호한다면, 적어도 예배 가운데 어느 정도의 다양성을 제공해야 한다. 더 좋은 것은 (정규 일요일 예배에 더하여) 다른 종류의 예배, 즉 더 조용하고 소규모의 튀지 않는 예배를 제공하는 것이다. 댄 킴벌Dan Kimball은 이렇게 말했다. "나는 빈티지페이스 교회의 예배 모임에 오는 사람들에게 어두운 환경이 매우 중요하다는 이야기를 거듭해서 듣곤 한다. 예배에 참석한 이들은 혼자 구석 자리에 있을 때 주변 사람들이 자기를 주시한다는 느낌 없이 자유롭게 기도할 수 있다."[2] 내가 아는 장로교회는 '혼합된' 스타일의 예배를 드리고 한 달에 한 번씩은 일요일 저녁에 찬양 예배를 드린다. 그 예배는 더 조용한 예전적 예배로 설교가 없을 때도 있다. 내가 한때 참석했던 성공회교회는 한 달에 한 번 떼제 예배를 드린다. 이는 프랑스의 떼제 공동체에서 유래한 것으로서 촛불을 켜 놓고 관상하는 예배다. 내향적인 사람들은 이런 예배 유형들을 통해 예배 전에 교제를 나누는 대신 기도하는 마음으로 곧장 성스러운 공간으로 들어가게 된다.

각종 프로그램과 행사의 재해석. 기도회는 교회의 여러 프로그램 가운데 가장 중요한 반면 참여하는 사람은 가장 적은 모임이다. 거기에 더하여 기도회 구성 방식은 가끔 교회에서 기도를 가장 많이 하는 사람들을 제외시키곤 한다! 나도 마찬가지다. 내게 감정적이고 즉흥적인 분위기에서 유창하게 말하고 대화를 주고받는 공개적인 기도 모임은 가장 두려운 것이다. 그러니 다른 기도회 형식, 즉 내향적인 사람들을 초대하는 기도회 형식을 시도해 보라. 경청 기도와 호흡 기도, 혹은 다른 창의적인 방식이나 고대 전통의 접근법을 도입하라. 새로운 교회 건물에 입당하기 전에 나는 기도회를 이끌면서 사람들로 하여금 기도하는 마음으로 종이에 그림을 그리고 글을 쓰게 한 뒤 그것들을 교회의 벽에 붙여 놓았다. 그것은 솔로몬 성전의 벽을 장식했던 그림과 부조(왕상 6:29)를 우리의 방식으로 재현한 것이었다. 나는 모인 사람들에게 그 건물을 이용할 사람들 그리고 그 건물에서 함께 예배드리고 싶은 사람들을 그려 달라고 요청했다. 그리고 그 사람들을 위해 조용히 기도해 달라고 요청했다. 조용히 드리는 기도가 끝난 후에는 10분 동안 통성 기도하는 것으로 모임을 마쳤다.

내향적인 사람들을 참여시키는 또 다른 방법은 참여의 수준을 다양화하는 것이다. 내향적인 사람들은 자기만의 방식으로 공동체에 들어가 즐겁게 참여할 자유가 필요하다. 큰 모임의 경우에 행사장 가장자리에 의자와 탁자를 두라. 그러면 사람들이 모임 장소에 머무르면서 개인적 대화를 나누거나 휴식을 취할 수 있다. 큰 사교 행사에 더하여 교류를 위한 소소한 자리도 마련하라. 예외 없이 관계를 형성하는 일만을 목적으로 하는 모임보다는 어떤 활동이나 독서 토론을 중심으로 모이는 소모임을 고려하라. 아니면 경청 기도나 단체로 진행하는 영적 분별 같은 다양한 종류의 관상 모임들을 시도해 보라. 소모임을 위한 훈련 프로그램이나 자료를 꾸준히 제공하되, 참여를 요구해서는 안 된다. 각 소모임이 종료되는 날짜를 정해 놓으라. 그렇게 해야 내향적인 사람들이 어색한 관계 형성 단계를 견딜 수 있고 모임이 끝나면 물러나서 성찰할 시간을 가질 수도 있다. 영적 훈련을 실천하는 데 초점을 맞춘 교회 수련회 또는 사람들이 24시간 함께 침묵하기로 약속하는 침묵 피정도 생각해 보라. '렉티오 디비나' 같은 관상 기도 강좌를 제공하라. 내향적인 사람들이 창의성과

종 된 자의 마음을 발휘하도록 뒤에서 섬길 기회를 제공하라.

개인 성찰 시간을 모임 순서에 포함시켜야 한다. 그래야 내향적인 사람들이 들은 내용을 소화해서 모임의 결정에 기여할 수 있다. 모든 모임이 열리기 며칠 전에 안건 목록을 작성하여 모든 사람에게 전달하라. 그리고 사람들에게 모임 후에 했던 생각을 정리하여 이메일을 보내 달라고 격려하라. 지성의 함양에 초점을 맞춘 프로그램을 제공하라. 성경을 그 자체의 문화적·역사적 맥락에서 깊이 있게 바라보는 고급 성경 공부반을 개설하라. 성경 본문을 개인과 현시대에 적용하기 위한 출발점으로만 삼는 행동을 피하라. 사람들에게 과제를 내주고 읽어야 할 분량을 정해 주라. 지역 학자들을 초청하여 신학과 변증학과 기독교 역사를 가르치는 강좌를 열라.

기술이란 혼합된 복이라는 점을 이해하기. 예배에서 기술은 훌륭한 도구일 수 있다. 특별히 인간의 여러 측면에 말을 거는 다감각 경험을 제공한다는 면에서 그렇다. 오늘날 교회들은 관상적 예배 환경을 창조하고 가장 일상적인 건물에서도 '성소'를 조성하기 위해 과학 기술을 어떻게 활용할지 방법을 찾아가고 있다. 언젠가 '돌아온 탕자'에 대해 설교하고 나서, 나는 그 비유를 그린 렘브란트Rembrandt의 작품을 스크린에 띄우고 사람들에게 침묵 가운데 그 그림에 대해 생각할 시간 몇 분을 주었다. 그 그림은 내가 했던 설교보다 훨씬 강력한 힘을 지녔다.

하지만 너무 많은 외적 자극은 내향적인 사람의 여과기에 과부하가 걸리게 하고 예배에 집중하지 못하게 할 수 있음을 유념해야 한다. 개인적으로 나는 설교자 뒤편에 화면으로 설교 요약본을 보여 주는 것을 좋아하지 않는다. 내가 보기에 그것은 설교를 향상시키는 것이 아니라 사람들의 주의를 산만하게 한다. 나의 뇌는 두 가지를 동시에 따라가는 것이 불가능하다. 마지막으로, 내향적인 사람들이 다른 이들과 교류하고 그들이 공동체의 일원임을 느낄 수 있도록 교회 홈페이지에 온라인 게시판을 만드는 것을 고려할 수도 있다.

* * *

교회가 내향적인 사람들에게 손을 뻗을 때 이는 교회가 그들에게 치유를 제공하는 것일 뿐만 아니라 교회 스스로를 치유하는 것이기도 하다. 내향적인 사람들은 확실히 엄청난 은사를 가지고 있다. 그리스도인 공동체는 구성원들 가운데 있는 내향적인 사람들의 능력을 활용함으로써 큰 유익을 얻는다. 그들의 사려 깊음, 영적 깊이, 긍휼, 삶의 느린 속도는 교회를 위한 영약靈藥이 되어 우리를 둘러싼 문화의 특징인 피상성과 실용주의와 떠들썩한 행위들에 대한 해독제 역할을 할 수 있다. 내향적인 사람과 외향적인 사람이 말뿐 아니라 실천으로 서로를 귀하게 여길 때 교회 사역의 깊이와 교회의 증거의 폭은 넓어질 것이다.

나가며

우리의 자리를 찾기

우리의 수도자 조상들은 고독 가운데로 물러났지만 외롭지 않음을 발견했다. 이리저리 움직이는 사막의 모래더미에서 그들은 교회 안에서 그들의 자리를 발견했다. 오늘날 기독교에서 소음과 과도한 행동은 우리를 질식시키려 위협한다. 그러나 우리는 우리 자신을 위해서뿐만 아니라 우리가 사랑하는 교회를 위해서도 우리의 자리를 찾아야 한다. 내향적인 사람들이 직면하는 장애물은 많다. 그러나 성장에 대한 우리의 소망은 생생하게 살아 있다.

   교회 안에서 자리를 찾기 위해 우리는 두 가지 움직임을 만들 것이다. 우리는 우리를 내향적인 사람으로 창조하신 하나님의 속삭이심을 듣기 위해 그리고 우리가 받은 은사를 발견하기 위해 사막 한가운데로, 고독의 깊이와 풍성함 가운데로 들어간다. 그리스도 예수를 통해 우리는 잘못된 정체성들에 대해 죽고 진정성 없는 행위를 멀리하게 된다. 그리고 우리의 삶의 방식을 존귀하게 여기고 생명과 에너지와 기쁨을 주는 훈련을 실천한다. 그러면서 우리의 기질을 즐거워하고 기뻐하는 방법을 배운다.

비록 내면으로 반복적으로 돌아오게 될지라도, 내면을 향한 움직임은 여정의 끝이 아니다. 또 다른 움직임은 타인을 향하고 공동체를 향하는 것이다. 우리는 궁극적으로 사랑의 삶으로 부름받았다. 그리스도 안의 우리의 본모습에서 진정한 사랑이 온다는 것을 알고, 하나님을 사랑하고 이웃을 내 몸처럼 사랑하는 길을 구해야 한다. 우리에게 주어진 은사에 대해 이야기하면, 어떤 때에 우리는 언어를 구사한다. 또 다른 때에는 기도하는 침묵과 성찰적 안식과 동정 어린 경청으로 본을 보일 것이다. 공동체 가운데로 들어가는 이런 움직임을 통해 우리는 이 모든 것이 그저 자기 자리를 찾으려는 우리에 관한 것이 아니라, 우리가 속한 곳과 우리가 타인에게 제공할 은사를 보여주시는 하나님에 대한 것임을 깨닫게 될 것이다.

* 성찰과 토론을 위한
질문

---

chapter 1   외향적 교회

---

1   예수님의 성격을 어떻게 묘사하겠는가? 만일 MBTI에 대해 알고 있다면, 예수님은 어떤 유형에 포함될까? 이런 작업이 당신에게 도움이 되는가, 그렇지 않은가?
2   당신이 속한 신앙 공동체 내에 외향성 선호가 있다고 보는가? 만일 그렇다면 어떤 이상이나 실천에서 그러한가?
3   만일 복음주의가 생각하는 사람보다 행동하는 사람에게 더 가치를 부여한다면, 긍정적이든 부정적이든 교회에 어떤 영향이 있으리라 생각하는가?
4   당신이 내향적인 사람이라면, 내면에만 초점을 맞추는 닫힌 모임을 가리켜 '내향적 교회'라고 말할 때 어떤 느낌이 드는가? 교회에 대한 이런 왜곡을 대신할 만한 다른 표현을 제안해 보자.
5   사막으로 들어가기로 한 수도자들의 결단에 대해 어떻게

생각하는가? 그런 바람에 공감할 수 있는가? 당신이 그런 식의 고독을 찾는다면 그 동기는 무엇이겠는가?
6 내향적인 사람들이 교회에서 이룰 수 있는 긍정적 변화는 무엇인가? 당신이 공동체에 제공할 수 있는 자산은 무엇인가?

chapter 2 내향성의 차이

1 지크문트 프로이트와 카를 융 중에서 어떤 심리학자가 당신에게 더 강한 영향력을 가지는가? 프로이트가 자기애와 내향성을 같은 것으로 본 것에 대해 어떻게 생각하는가?
2 내향성의 전형 가운데 당신이 직면하는 것 혹은 당신이 품고 있는 것은 무엇인가?
3 내향성을 (1)고독의 시간에 에너지를 얻는 것, (2)내적으로 처리하는 것, (3)넓이보다는 깊이를 선호하는 것, 이렇게 세 가지 특징으로 요약한다면, 당신의 삶에서는 어떤 모습이 나타나는가? 세 가지 속성 중에서 어떤 것이 당신을 잘 설명하는가?("우리 용어들을 정의하기"에서 "에너지 공급원"을 보라)
4 "내향적으로 창조되다" 부분에 대해 어떻게 생각하는가? 내향성의 생리학이나 뇌의 화학적 작용이 자신의 내향적 기질을 바라보는 관점에 어떤 영향을 끼치는가?
5 저자가 내향적이라고 말한 성경 인물들에 대해 어떻게 생각하는가? 더 추가할 만한 인물이 있는가?

6   하나님이 사람들을 일정한 틀 안에 가두려 하지 않으시며, 오히려 그들의 독특한 성격 가운데서 일하시고, 그들과 다른 이들 모두에게 복 주시기 위해 그들의 개별적 은사를 활용하신다는 것이 진실이라면, 당신은 여기서 소망을 발견하는가? 이것이 진실임을 삶에서 경험한 적이 있는가?

chapter 3   치유를 찾아서

1   당신이 자랄 때 가족들은 내향성에 대해 무엇이라고 말했는가? 그 말은 대체로 긍정적이었는가, 아니면 부정적이었는가? 그 사실은 당신에게 어떤 영향을 끼쳤는가, 혹은 끼치고 있는가?
2   라라와 마이크의 이야기에 공감하는가? 당신은 자기 의심이나 스스로의 한계에 대해 과도하게 보상하는 것이 있는가?
3   당신이 타인과의 관계에서 설정한 경계선은 지나치게 경직되어 있는가, 아니면 너무 유연한가? 그런 경향을 보이는 이유는 무엇이라고 생각하는가?
4   수줍음, 대인 관계에 대한 불안, 혹은 우울과 씨름하고 있는가? 만일 그렇다면, 그것을 치유하기 위해 무엇을 하고 있는가?(혹은 할 수 있는가?)
5   당신이 얼마나 내향적이든 당신의 궁극적 정체성은 혼자 있는 상태가 아니라 하나님 안에서 발견된다는 개념에 대

해 어떻게 생각하는가? 이런 개념은 당신의 삶에 어떤 의미가 될 것인가?

6 당신이 치유를 위해 거쳐야 할 내적 단계는 무엇인가? 내적 단계를 거친 후 취할 수 있는 외적 단계는 무엇인가?

7 외향적인 사람이 치유를 얻고 기독교 공동체에서 자리를 찾도록 당신을 도와준 적이 있는가? 만일 그렇다면, 그들은 어떻게 이런 일을 했는가? 치유를 얻고 무언가 기여할 수 있도록 당신이 도와줄 만한 사람들이 있는가? 만일 있다면 당신은 어떻게 그 일을 할 것인가?

8 어떻게 하면 피곤하고 공허할 때조차 당신을 통해 일하시는 하나님을 신뢰할 만큼 성장할 수 있는가? 과거에 그런 경험이 있었는가?

chapter 4 내향적 영성

1 성 베네딕투스는 이렇게 말했다. "침묵의 중요성에 근거하여, 선이나 거룩이나 교훈을 주는 대화를 위한 것이라 해도 흠 없는 제자들에게 말할 기회가 자주 주어져서는 안 된다." 이런 극단적 표현을 어떻게 생각하는가? 베네딕투스는 왜 그런 식으로 침묵을 강조했겠는가? 우리도 그렇게 해야 하지 않는가?

2 현대 과학 기술이 우리의 주의를 산만하게 하고 우리를 갈

라놓는 방식에서 나타나는 부작용은 무엇인가?

3 관상적 영성에서 어떤 점에 마음이 끌리는가? 당신에게 관상적 영성은 낯선 개념인가? 그것에 대해 의구심이 드는가?

4 세상이 당신을 당신 자신과 분리시킨다고 느낀다면, 당신의 파편들이 모든 곳에 흩어져서 세상에서 자신을 잃었다고 느낀다면, 당신은 자기 정체감을 회복하기 위해 무엇을 할 수 있는가? 현재 당신은 자신을 잃은 느낌에 대해 어떻게 반응하고 있는가?

5 당신이 보기에 단순히 혼자 있는 것과 고독의 차이는 무엇인가? 진정한 고독을 어떻게 실천할 수 있는가? 그 일에 집중하지 못하게 방해하는 요소는 무엇인가?

6 당신의 삶에 존재하는 크고 작은 리듬은 무엇인가? 당신은 몸과 영혼의 연결에 얼마나 주의를 집중하고 있는가? 당신은 어떤 삶의 리듬에 더 집중하고 싶은가?

7 이 장에서 다룬 훈련들 가운데 어느 것을 가장 실천하고 싶은가? 그 이유는 무엇인가?

8 삶의 규칙에 포함시킬 만한 요소로는 무엇이 있겠는가? "삶의 내향적 규칙" 부분에서 나온 질문들을 깊이 생각해 보라. 기쁨, 에너지, 하나님과 타인에 대한 사랑을 찾기 위해 하루 혹은 일주일의 생활을 어떻게 계획하겠는가?

chapter 5　내향적 공동체와 관계

1　내가 사람들을 알기를 바라고 사람들이 나를 알기를 바라는 보편적 욕망이 존재하지만, 얇은 감정적인 일이 아니라 지성적인 일이라는 저자의 탄식에 공감하는가? 어째서 그런지 말해 보라.

2　공동체에 대한 성경의 강조를 다룬 부분에서 당신은 어떤 도전을 받았는가? 당신은 어떤 부분에서 오늘날 문화의 개인주의적 관점에 굴복하도록 유혹받고 있는가?

3　당신이 출석하는 교회는 소속감과 참여에 대해 어떻게 생각하는가? 당신은 교회의 생각에 동의하는가? 당신이 생각하는 공동체에 대한 신실한 참여는 어떤 형태인가?

4　당신의 삶에서 "내향적 소용돌이"의 패턴을 발견한 적이 있는가? 잠시만이라도 공동체 바깥으로 나가고자 하는 욕구에 대해 당신은 어떻게 반응하는가? 다른 이들은 이런 행동 패턴에 대해 어떻게 반응했는가?

5　공동체의 내향적인 사람들이 가진 은사 가운데 어떤 것이 당신을 잘 설명한다고 생각하는가? 당신은 그 은사 가운데 어떤 것을 함양하기 원하는가? 다른 이들을 복되게 하기 위해 그 은사나 또 다른 은사를 어떻게 사용할 수 있겠는가?

6　공동체에 참여하기 위한 제안 가운데 가장 유용했던 것은 무엇인가? 관계를 형성하고 공동체의 일원임을 더 깊이 느끼기 위해 당신이 행할 수 있는 실천적 단계는 무엇인가?

7   질문을 던지는 일이 관계를 형성하는 데 도움이 된다면, 당신이 듣기 원하는 질문은 무엇인가? 더욱 깊은 단계에서 타인을 아는 일에 도움이 되는 좋은 질문 목록을 적어 보자.
8   "관계의 함정들"(밀착과 일방적 관계) 가운데 어느 것에 가장 공감하는가? 더 건강한 관계를 위해 당신이 실천할 수 있는 단계는 무엇인가?
9   갈등에 대해 어떻게 반응하는가? 갈등에 대한 당신의 반응은 어디로부터 유래한 것인가? 건설적인 방식으로 갈등을 다루기 위해 당신은 무엇을 할 수 있는가?
10 당신의 삶에서 과학 기술은 어떤 식으로 부정적 영향을 끼치는가? 사람들과의 관계와 타인을 위한 헌신이 더욱 깊어지도록 과학 기술을 어떤 방식으로 사용할 수 있는가?

chapter 6   내향적인 사람이 지도자가 될 수 있을까?

1   당신은 지도자에게서 무엇을 구하는가? 당신의 교회는 지도자에게서 무엇을 구하는가?
2   미국 문화는 왜 외향적 지도자들을 더 칭송한다고 생각하는가? 당신도 외향적 지도자가 더 나은 지도자가 되리라 생각하는가?
3   "리더십의 '이상적' 성향"의 "슈퍼스타" 부분에서 다룬 목회자들에 대한 기대 목록에 대해 어떻게 생각하는가? 당신

도 목회자가 이룰 수 있다고 여기는 비현실적 기대를 가지고 있는가? 당신은 공동체가 지도자들에게 가하는 압박을 완화하는 데 어떤 도움을 줄 수 있는가?

4 "5단계 리더십"이 전통적 리더십 모델보다 더 효과적임을 입증하고 있다고 생각하는가? 그렇게 생각하는(또는 생각하지 않는) 이유는 무엇인가?

5 리더십을 다루는 성경 구절들 가운데 어느 것이 부각되어 보이는가? 리더십을 설명한 그 부분에서 당신은 어떤 도전을 받는가? 어떻게 하면 당신은 그런 사람 혹은 지도자가 될 수 있는가?

6 "학습하는 조직"과 "의미 부여" 부분은 어떻게 내향적 지도자들에게 새로운 문을 열어 줄 수 있다고 보는가? 당신의 리더십에 그 훈련을 통합시킬 방법이나 당신의 교회가 그것을 실천하게 도울 방법이 보이는가?

7 테레사 수녀, 마틴 루서 킹, 조나단 에드워즈의 예에서 누가 당신의 관심을 끄는가? 당신이 더 알고 싶은 인물은 누구인가? 내향적 성향인 위대한 신앙인을 더 알고 있는가?

chapter 7   본래 모습으로 지도자 되기

1 만일 모세의 입장이라면 당신은 하나님의 부르심에 어떻게 응답할 것인가? 당신은 그 과업에 대해 저항할 것인가, 아

니면 받아들일 것인가?

2 내향적 지도자들이 숨고 싶은 유혹을 받는다고 생각하는가? 만일 그렇다면 당신은 어디에 숨고 싶은가?

3 지금껏 지도자로 섬겨 왔다면, 당신은 내향적인 사람들이 사역을 위해 치러야 할 대가가 있다고 여기는가? 무엇이 당신이 견디도록 도와주었는가? 당신은 어떻게 자신의 힘이 아닌 하나님의 능력으로 사역에서 성장할 수 있는가?

4 당신은 사역을 하는 와중에 자기 관리에 신경을 쓰는가? 당신이 선택한 자기 관리 방법에서 중요한 단계들은 무엇인가? 당신이 소홀히 한 자기 관리 요소들은 무엇인가?

5 당신은 대중 연설을 즐기는가, 아니면 두려움을 느끼는가? 이 영역에서 당신의 강점과 약점은 각각 무엇인가?

6 지도자는 그가 이끄는 사람들에게 그의 강점뿐 아니라 약점도 보여야 한다는 점에 대해 어떻게 생각하는가? 그렇게 생각하는(또는 생각하지 않는) 이유를 이야기해 보라. 지도자들은 당신에게 어떻게 본을 보였는가?

7 영적 지도 사역이 내향적인 사람들이 타고난 은사와 잘 맞는다는 것이 참이라고 깨달은 적이 있는가? 그 사실에서 어떤 점이 인상적인가?

8 다른 사람들을 교회 사역을 위해 구비시키는 일에 집중하는 리더십 모델을 보거나 실천한 적이 있는가? 이런 체제가 갖는 장점과 단점은 무엇인가?

9 당신의 교회는 팀 리더십을 실천하는가? 당신에게 가장 자

연스럽고 활력을 주는 리더십 역할이나 위치는 어떤 것인가? 당신은 외향적인 사람들과의 동반 관계에서 어떤 점이 흥미롭거나 위협적이라고 느끼는가?
10 앞의 질문들에서 다룬 것 외에 당신이 이 장에서 중요하다고 여기는 부분이 있는가? 만일 있다면, 당신은 당신의 삶과 리더십에서 그것을 어떻게 실행할 수 있는가?

chapter 8 내향적인 사람의 복음 전도

1 '복음 전도'라는 단어를 들으면 즉각적으로 어떤 느낌이 드는가? 복음 전도에 대해 떠오르는 이미지는 무엇인가?
2 당신에게는 신앙을 증거하려는 동기가 충분한가? 무엇이 당신이 다른 사람에게 예수님에 대해 말하는 것을 가로막는가?
3 "함께 신비를 탐험하기" 전략에는 어떤 강점과 약점이 있는가?
4 "영적 힌트를 주는 것"이라는 개념은 당신이 느끼는 압박을 어느 정도 경감시켜 주는가? 하나님이야말로 사람들을 신앙으로 이끄는 장본인이심을 신뢰하면서, 다른 이들에게 하나님을 가리켜 보일 수 있는 창의적 방법은 무엇인가?
5 당신은 어떤 상황에서 영적 대화를 나누는 것이 가장 편안한가? 어떤 상황이 가장 불편한가?

6 불신자들이 어떤 면에서 당신을 인정한다고(혹은 인정할 것이라고) 생각하는가? 당신은 하나님의 본성을 드러내는 일에 그 은사를 어떻게 사용할 수 있는가?
7 당신의 관심사는 무엇인가? 당신은 어떻게 다른 이들과 그것을 나누어서 영적 대화를 위한 의미 있는 기회를 얻는가?
8 "내향적 구도자들에게는 내향적 전도자들이 필요하다"라는 개념에 대해 어떻게 생각하는가? 케이시의 이야기는 어떻게 당신으로 하여금 내향적 동료들과 당신의 신앙을 나누도록 동기를 부여하는가?

chapter 9 교회 안의 내향적인 사람들

1 당신의 교회가 드리는 예배는 내향적인 사람이 친밀감을 느낄 만한가? 어떤 면에서 그들은 환영받고 있음을 경험하거나, 낯설고 불편함을 느끼겠는가?
2 내향적인 사람들 가운데 많은 이가 현시대의 예배 형식보다는 전통적 예전에서 자유를 경험한다는 진술이 당신의 경험과 일치하는가? 그렇게 생각하는(또는 생각하지 않는) 이유를 말해 보라.
3 이제까지는 잘 몰랐으나 앞으로 경험하고 싶은 예배의 요소가 있는가? 그 요소가 당신에게 안전지대에서 나오도록 도전하더라도 말이다.

4   내향적인 사람들은 공동체 바깥에 있는 것이 무엇을 의미하는지 알기 때문에 다른 이들을 환영하는 일에서 중요한 역할을 수행할 수 있다는 데 동의하는가? 어떻게 당신은 본래 모습에 충실한 상태로 새로 온 사람들에게 다가갈 수 있는가?

5   당신은 지금 출석하는 교회를 왜 선택했는가? 그것은 당신의 기질에 근거한 결정이었는가? 어떤 맥락에서 당신은 당신의 성격을 반영하면서 그 이상을 요구하지는 않는 공동체에 참여하고 싶은 유혹을 받는가?

6   당신의 교회는 내향성 그리고 삶과 예배의 내향적 방식에 대해서 어떤 메시지를 전달하는가? 당신이 속한 교회의 목회자는 한 사람이 그리스도인으로서 살아가면서 본모습에 충실할 수 있는 다양한 길이 있음을 인정하는가?

7   당신의 공동체에서는 어떻게 내향적인 사람들의 장점이 변화를 촉발하는 영향을 미칠 수 있는가?

8   당신은 어떻게 교회로 하여금 내향적인 사람들을 품고 용납하는 긍정적 변화를 일으키도록 도울 것인가? 당신은 내향적인 동료 신자들을 어떻게 대변할 수 있는가?

주

확대개정판 서문

1 서론의 몇 문단은 내가 Susan Cain의 웹사이트에 올린 글들에서 가져왔다. Adam S. McHugh, "The Gifts of Introversion", *Quiet Revolution*, September 1, 2015, www.quietrev.com/the-gifts-of-introversion을 보라. 허락하에 사용했다.

chapter 1   외향적 교회

1 Susan Howell, "Students' Perceptions of Jesus' Personality as Assessed by Jungian-Type Inventories", *Journal of Psychology and Theology* 32, no. 1 (2004): pp. 50-58.

2 Susan Cain, *Quiet: The Power of Introverts in a World That Can't Stop Talking* (New York: Broadway Book, 2013), p. 4. 『콰이어트』(알에이치코리아).

3 Marti Olsen Laney, *The Introvert Advantage* (New York: Workman, 2002), p. 54. 『내성적인 사람이 성공한다』(서돌).

4 David Myers, *The Pursuit of Happiness* (New York: Harper, 1993), 앞의 책, p. 6에서 인용. 『마이어스의 주머니 속의 행복』(시그마북스).

5 Jonathan Rauch, "Caring for Your Introvert", *Atlantic*, March 2003, www.theatlantic.com/magazine/archive/2003/03/caring-for-your-introvert/302696. 때로 당신이 너무 오랫동안 무언가를 참았다면, 그것을 뱉어 내기도 해야 한다. 그러나 내향적인 사람들이 겪는 어려움을 여성이나 아프리카계 미국인들처럼 역사적·사회 체제적으로 억압된 집단과 동일시하려 하지는 말자.

6 Alan L. Hammer and C. R. Martin, *Estimated Frequencies of the Types in*

the United States Population, 3rd ed. (Gainesville, FL: Center for Applications of Psychological Type, 2003). 또한 Laurie Helgoe, Introvert Power (Naperville, IL: Source books, 2008), p. xxi를 보라.

7   Cain, Quiet, p. 4.

8   이 책에서 나는 미국 문화와 복음주의 교회 문화를 두루 살핀다. 이러한 관찰이 모든 문화와 교회에 적용되지는 않을 것이다. 어떤 나라의 문화는 내향적 가치관을 수용하고 리더십과 집단 역학에 내향적인 사람들을 위한 여지가 더 많다. 몇몇 교회 전통이 많은 내향적인 사람을 환영하는 것처럼 말이다. 일본 문화와 내향성에 대해 다룬 Helgoe, Introvert Power, pp. 57-64를 보라.

9   Richard Beck, "A Walk with William James, Part 8: Introverts in the Imago Dei?", Experimental Theology, June 19, 2007, http://experimentaltheology.blogspot.com/2007/06/walk-with-william-james-part-8.html.

10 Thomas Howard, interviewed in "Thomas Howard and the Kindly Light", IgnatiusInsight.com, October 2004, www.ignatiusinsight.com/features/thoward_intrvw_oct04.asp.

11 Cain, Quiet, pp. 21-22.

12 Mark Noll, The Rise of Evangelicalism (Downers Grove, IL: InterVarsity Press, 2003), p. 89.

13 D. L. Moody, Os Guinness, Fit Bodies, Fat Minds (Grand Rapids: Baker, 1994), p. 38에서 인용.

14 Guinness, Fit Bodies, p. 56.

15 Henri Nouwen, The Way of the Heart: Desert Spirituality and Contemporary Ministry (New York: Harper Collins, 1991), p. 54.『마음의 길』(두란노서원).

16 Mark Noll, The Scandal of the Evangelical Mind (Grand Rapids: Eerdmans, 1994), p. 12.『복음주의 지성의 스캔들』(IVP).

17 Eugene Peterson, The Contemplative Pastor (Grand Rapids: Eerdmans, 1989), p. 49.『목회자의 영성』(포이에마).

18 John Stott, "The Lord Christ Is a Missionary Christ", Urbana Student

Missions Conference 1976 address, Urbana, IL, http://s3.amazonaws. com/urbana.org/general_session_audio/urbana-76-john.stott-the. lord.christ.is.a.missionary.christ.mp3.

19   Richard Halverson, *The Timelessness of Jesus Christ* (Ventura, CA: Regal Books, 1982), pp. 98-99.

20   C. John Miller, *Outgrowing the Ingrown Church* (Grand Rapids: Zondervan, 1986), p. 33.

21   Eddie Gibbs, *Leadership Next* (Downers Grove, IL: Inter Varsity Press, 2005), p. 84.

chapter 2   내향성의 차이

1   두 명의 노련한 심리학자가 말한 내향성의 특성에 대한 통찰을 더 얻으려면 다음을 보라. Marti Olsen Laney, *The Introvert Advantage* (New York: Workman, 2002); Laurie Helgoe, *Introvert Power* (Naperville, IL: Sourcebooks, 2008).

2   다른 짝들은 직관(N)과 감각(S), 사고(T)와 감정(F), 수용(P)과 판단(J)이다.

3   Helgoe, *Introvert Power*, p. xxi.

4   Otto Kroeger, Janet M. Thuesen, and Hile Rutledge, *Type Talk at Work* (New York: Dell, 2002), p. 11. 『유능한 팀장은 팀원의 성격을 읽는다』(더난출판사).

5   나는 이 세 가지 범주들을 Laney, *Introvert Advantage*, pp. 19-35에서 가져왔다.

6   J. R. R. Tolkien, *The Fellowship of the Ring*, Lord of the Rings (Boston: Houghton Mifflin Harcourt, 2012), Kindle ed. 『반지의 제왕 1: 반지 원정대』(아르테).

7   Susan Cain, *Quiet: The Power of Introverts in a World that Can't Stop Talking* (New York: Broadway Book, 2013), p. 10.

8   Kroeger, Thuesen, and Rutledge, *Type Talk at Work*, p. 97.

9   이 목록은 Laney, *Introvert Advantage*, pp. 29-30와 The Virginia Association for the Gifted newsletter, Fall 1999, http://vagifted.org/index.htm에서 가져

왔다.

10 이 부분은 큰 맥락에서 다음의 자료들로부터 가져와 묘사했다. Laney, *Introvert Advantage*, pp. 61-94; Debra L. Johnson, John S. Wiebe, Sherri M. Gold, Nancy C. Andreasen, Richard D. Hichwa, G. Leonard Watkins, and Laura L. Boles Ponto, "Cerebral Blood Flow and Personality: A Positron Emission Tomography Study", *American Journal of Psychiatry* 156 (February 1999): pp. 252-257의 긴 부분에서 뽑아 왔다.

11 Cain, *Quiet*, p. 124.

12 Laney, *Introvert Advantage*, p. 69.

13 앞의 책, p. 71.

14 Cain, *Quiet*, p. 133.

15 Laney, *Introvert Advantage*, pp. 84-85의 매우 유용한 표를 보라.

16 역설적이게도 은사를 가진 사람의 대다수는 내향적인 사람들이다. 그리고 IQ가 160 이상인 사람들의 75퍼센트가 내향적인 사람이다. Lesley Sword, "The Gifted Introvert", *High Ability*, accessed January 24, 2017, http://highability.org/the-gifted-introvert를 보라.

chapter 3   치유를 찾아서

1 Marti Olsen Laney, *The Introvert Advantage* (New York: Workman, 2002), p. 53.

2 Laurie Helgoe, *Introvert Power* (Naperville, IL: Sourcebooks, 2008), p. 10.

3 Laney, *Introvert Advantage*, p. 226.

4 Earle C. Page, *Following Your Spiritual Path* (Gainesville, FL: Center for Applications of Psychological Type, 1982), 수업 자료.

chapter 4 내향적 영성

1   St. Benedict, "Of Silence", in *The Rule of St. Benedict*, trans. Boniface Verheyen (Atchison, KS: St. Benedict's Abbey, 1949), chap. 6.

2   Henri Nouwen, *The Way of the Heart: Desert Spirituality and Contemporary Ministry* (New York: HarperCollins, 1991), p. 45.

3   앞의 책, p. 46.

4   Nicholas Carr, "Is Google Malting Us Stupid?", *Atlantic*, July-August 2008, p. 57.

5   이 두 문단은 내가 *Unresolved Tensions* 사이트에 올린 블로그 글을 다듬은 것이다. 내가 모든 긴장 문제를 해결한 이래로 이 글은 더 이상 볼 수 없다. Adam S. McHugh, "Cell Phones and Disintegration", *Unresolved Tensions*, August 6, 2007.

6   Richard Rohr, Aaron Cline Hanbury, "The Mysticism of Prayer", *Relevant*, September-October 2016, www.rclcvantmagazine.com/god/mysticism-prayer에서 인용.

7   Ronald Rolheiser, *The Shattered Lantern: Rediscovering a Felt Presence of God* (New York: Crossroad, 2004), p. 23.

8   Nouwen, *The Way of the Heart*, p. 26.

9   Christiana N. Peterson, "Maybe Tomorrow I Will Be a Mystic Mom", *Image Journal*, November 23, 2015, www.imagejournal.org/2015/11/23/maybe-tomorrow-i-will-be-a-mystic-mom.

10 Jeannette A. Bakke, *Holy Invitations* (Grand Rapids: Baker, 2000), pp. 22-23.

11 Shane Claiborne and Jonathan Wilson-Hartgrove, *Becoming the Answer to Our Prayers* (Downers Grove, IL: Inter Varsity Press, 2008)를 보라. 『행동하는 기도』(IVP).

12 St. Patrick에 관한 모든 인용은 Thomas Cahill, *How the Irish Saved Civilization* (New York: Anchor Books, 1996), pp. 101-119에서 가져왔다.

chapter 5   내향적 공동체와 관계

1   Susan Cain, *Quiet: The Power of Introverts in a World That Can't Stop Talking* (New York: Broadway Book, 2013), p. 226.

2   Joseph Myers, *The Search to Belong: Rethinking Intimacy, Community, and Small Groups* (Grand Rapids: Zondervan, 2003), p. 16.

3   Henri Nouwen, *The Way of the Heart: Desert Spirituality and Contemporary Ministry* (New York: HarperCollins, 1991), p. 53.

4   앞의 책, pp. 53-54.

5   Meyers, *Search to Belong*, p. 43.

6   Nouwen, *The Way of the Heart*, pp. 33-34.

7   Adam S. McHugh, *The Listening Life* (Downers Grove, IL: InterVarsity Press, 2015). 『경청, 영혼의 치료제』(도서출판CUP). 본서보다 훨씬 재미있는 책이다.

8   Marti Olsen Laney, *The Introvert Advantage* (New York: Workman, 2002), p. 9.

9   Paul D. Stanley and J. Robert Clinton, *Connecting: The Mentoring Relationships You Need to Succeed in Life* (Colorado Springs: NavPress, 1992), p. 41. 『인도: 삶으로 전달되는 지혜』(네비게이토).

10   Otto Kroeger, Janet M. Thuesen, and Hile Rutledge, *Type Talk at Work* (New York: Dell, 2002), p. 147.

11   Archibald Hart, *Coping with Depression in the Ministry and Other Helping Professions* (Nashville: W Publishing, 1984), p. 148. 『우울증이 목회사역에 미치는 임상적 연구』(생명의말씀사).

12   Eddie Gibbs, *Leadership Next* (Downers Grove, IL: InterVarsity Press, 2005), p. 144. 『넥스트 리더십』(쿰란출판사).

13   Shane Hipps, "The Spirituality of the Cell Phone", (설교, Mars Hill Bible Church, Grand Rapids, March 30, 2008).

14   Andrew Sullivan, "I Used to be a Human Being", New York, September

18, 2016, http://nymag.com/selectall/2016/09/andrew-sullivan-technology-almost-killed-me.html.

chapter 6   내향적인 사람이 지도자가 될 수 있을까?

1   Marti Olsen Laney, *The Introvert Advantage* (New York: Workman, 2002), p. 54.

2   Leonard Holmes, "Great Presidents Are Stubborn and Disagreeable", *About.com*, September 4, 2000, http://mentalhealth.about.com/library/weekly/aa090400a.htm.

3   Susan Cain, *Quiet: The Power of Introverts in a World That Can't Stop Talking* (New York: Broadway Book, 2013), p. 48.

4   Richard Daft, *The Leadership Experience*, 2nd ed. (Mason, OH: South-Western, 2002), p. 122. 『리더십 이론과 실무』(한경사).

5   Carmen Nobel, "Introverts: The Best Leaders for Proactive Employees", *Harvard Business School Working Knowledge*, October 4, 2010, http://hbswk.hbs.edu/item/introverts-the-best-leaders-for-proactive-employees.

6   Mary Evertz, "Charm Takes Over in Tampa", *St. Petersburg Times*, November 11, 1999, http://sptimes.com/News/111199/JFK/Kennedy_charisma_over.shtml.

7   Daft, *Leadership Experience*, p. 18.

8   Wilfred H. Drath and Charles J. Palus, *Making Common Sense: Leadership as Meaning-making in a Community of Practice* (Greensboro, NC: Center for Creative Leadership, 1994), p. 5.

9   J. Oswald Sanders, *Spiritual Leadership* (Chicago: Moody Press, 1967), p. 71. 『영적 지도력』(요단출판사).

10   Rick Warren, *The Purpose Driven Church* (Grand Rapids: Zondervan, 1995), p.

213. 『목적이 이끄는 교회』(디모데).

11 Roy M. Oswald and Otto Kroeger, *Personality Type and Religious Leadership* (Herndon, VA: Alban Institute, 1988), p. 28. 『MBTI로 보는 다양한 리더십』(죠이선교회).

12 George Barna, *The Power of Team Leadership* (Colorado Springs: WaterBrook, 2001), p. 4.

13 앞의 책, p. 5.

14 Noble, "Introverts."

15 Jim Collins, *Good to Great and the Social Sectors* (New York: HarperCollins, 2005), p. 11. 『좋은 조직을 넘어 위대한 조직으로』(김영사).

16 앞의 책, p. 39.

17 앞의 책, p. 38.

18 Peter F. Drucker, *The Essential Drucker* (New York: HarperCollins, 2001), p. 269. 『프로페셔널의 조건』(청림출판).

19 Peter Senge, *The Fifth Discipline* (New York: Currency Books, 1990). 『학습하는 조직』(에이지21).

20 Chris Argyris, "Teaching Smart People How to Learn", *Harvard Business Review*, May-June 1991, pp. 5-6.

21 Drath and Palus, *Making Common Sense*, p. 5.

22 앞의 책, p. 4.

23 Scott Cormode, *Making Spiritual Sense: Christian Leaders as Spiritual Interpreters* (Nashville: Abingdon, 2006), p. 11.

24 Daft, *Leadership Experience*, p. 140.

25 Elaine Aron, *The Highly Sensitive Person* (New York: Broadway Books, 1996), p. 18. 『타인보다 더 민감한 사람』(웅진지식하우스). Aron은 내향적인 사람에 대해 직접 언급한 것이 아니라 "매우 민감한 사람들"에 대해 언급한 것이다. 매우 민감하다는 말이 모든 내향적인 사람에게 맞지는 않을 것이다. 그러나 두 집단 사이에는

의미 있는 교집합이 형성되어 있다.

26 Del Jones, "Not All Successful CEOs are Extroverts", *USA Today*, June 7, 2006, www.usatoday.com/money/companies/management/2006-06-06-shy-ceo-usat_x.htm.

27 "Pastors Feel Confident in Ministry, but Many Struggle in their Interaction with Others", *Barna*, July 10, 2006, www.barna.com/research/pastors-feel-confident-in-ministry-but-many-struggle-in-their-interaction-with-others.

28 Mother Teresa, *Mother Teresa: Come Be My Light*, ed. Brian Kolodiejchuk (New York: Doubleday, 2007), p. 65.

29 Keirsey.com은 "Guardian Portrait of a Protector (ISFJ)", Keirsey.com, accessed February 7, 2017, www.keirsey.com/temperament/guardian-protector/에서 테레사 수녀를 ISFJ로 분류했다.

30 Kolodiejchuk, *Mother Teresa*, p. 77.

31 앞의 책, p. 20.

32 앞의 책, p. 164.

33 David J. Garrow, *Bearing the Cross* (New York: Qyill, 1999), p. 37.

34 앞의 책, p. 41.

35 "Attack on the Conscience", *Time*, February 18, 1957, http://content.time.com/time/subscriber/article/0,33009,809103-9,00.html.

36 Garrow, *Bearing the Cross*, p. 58.

37 John Gillies, *Historical Collections of Accounts of Revival* (Edinburgh: Banner of Truth, 1981), p. 352. 『18세기의 위대한 영적부흥』(솔로몬).

38 Jonathan Edwards, "Memoirs of Jonathan Edwards", in *The Works of Jonathan Edwards*, vol. 1 (Edinburgh: Banner of Truth, 1834), p. xxxix.

39 Jonathan Edwards, John Piper, *God's Passion for His Glory* (Wheaton, IL: Crossway Books, 1998), p. 44에서 인용. 『하나님의 열심』(부흥과개혁사).

40 Jonathan Edwards, *A Jonathan Edwards Reader*, ed. John E. Smith, Harry S. Stout, and Kenneth P. Minkema (New Haven, CT: Yale University Press, 1995), p. 293.

chapter 7   본래 모습으로 지도자 되기

1   Roy M. Oswald and Otto Kroeger, *Personality Type and Religious Leadership* (Herndon, VA: Alban Institute, 1988), p. 30.
2   앞의 책, p. 31.
3   Mother Teresa, *Mother Teresa: Come Be My Light*, ed. Brian Kolodiejchuk (New York: Doubleday, 2007), p. 74.
4   Archibald Hart, *Coping with Depression in the Ministry and Other Helping Professions* (Nashville: W Publishing, 1984), 18.
5   공식적으로 나는 MBTI에서 판단(J)보다는 수용(P) 쪽에 약간 더 가깝다.
6   Henri Nouwen, *Reaching Out: The Three Movements of the Spiritual Lift* (New York: Doubleday, 1975), p. 52. 『영적 발돋움』(두란노).
7   Marti Olsen Laney, *The Introvert Advantage* (New York: Workman, 2002), p. 69.
8   Susan Cain, "Public Speaking for Introverts, Tip #1 (Courtesy of Malcolm Gladwell)", *Quiet Revolution*, accessed January 26, 2017, www.quietrev.com/public-speaking-for-introverts-tip-1-courtesy-of-malcolm-gladwell/.
9   David Day, Jeff Astley, and Leslie J. Francis, eds., *Reader on Preaching: Making Connections* (Surrey, UK: Ashgate, 2005), p. 272.
10 앞의 책, p. 267.
11 이 주제에 대한 나의 생각은 Shane Hipps, *The Hidden Power of Electronic Culture* (Grand Rapids: Zondervan, 2005)를 통해 명확해졌다.
12 Henri Nouwen, *The Way of the Heart: Desert Spirituality and Contemporary*

Ministry (New York: HarperCollins, 1991), p. 63.

13 Jeannette A. Bakke, *Holy Invitations* (Grand Rapids: Baker, 2000), p. 19.

14 내가 쓴 *The Listening Life*의 7장은 이 주제에 관한 것이다. 그 장은 가장 쓰기 어려운 부분이었다. 그러나 내가 쓴 글 가운데 가장 중요한 것이기도 하다. Adam S. McHugh, "Listening to People in Pain", in *The Listening Life* (Downers Grove, IL: InterVarsity Press, 2015)를 보라.

15 George Barna, *The Power of Team Leadership* (Colorado Springs: Water-Brook, 2001), p. 71. 『팀 리더십 파워』(청우).

16 Otto Kroeger, Janet M. Thuesen, and Hile Rutledge, *Type Talk at Work* (New York: Dell, 2002), p. 96.

chapter 8 내향적인 사람의 복음 전도

1 Rick Richardson, *Reimagining Evangelism* (Downers Grove, IL: InterVarsity Press, 2006), p. 17. 『스타벅스 세대를 위한 전도』(IVP).

2 앞의 책, p. 69.

3 Ronald Rolheiser, *The Shattered Lantern: Rediscovering a Felt Presence of God* (New York: Crossroad, 2004), p. 55.

4 George G. Hunter III, *The Celtic Way of Evangelism* (Nashville: Abingdon, 2000), p. 74. 『켈트 전도법』(올리브나무).

5 Rebecca Manley Pippert, *Out of the Saltshaker and Into the World* (Downers Grove, IL: InterVarsity Press, 1999), pp. 110-111. 『빛으로 소금으로』(IVP).

6 앞의 책, p. 109.

7 Eugene Peterson, *The Contemplative Pastor* (Grand Rapids: Eerdmans, 1989), p. 21.

8 Richardson, *Reimagining Evangelism*, p. 68.

9   내가 가장 좋아하는 것은 처음 네 시즌이다. 나는 아직도 Sam Seaborn이 시즌 4에 드라마에서 하차했다는 사실에 화가 난다. Rob Lowe는 샌타바버라에 사는데, 나는 해변에서 한 번 그를 본 적이 있다. 멋진 경험이었다.

chapter 9   교회 안의 내향적인 사람들

1   Mandy Smith, "The 'IN' Crowd: Ministering with Introverts in Mind", *Christian Standard*, June 29, 2006, http://christianstandard.com/2006/01/cs_article-207.

2   Dan Kimball, *The Emerging Church* (Grand Rapids: Zondervan, 2003), p. 136.

옮긴이 강신덕은 서울신학대학교에서 기독교 교육을 전공하고 밴쿠버 리젠트 칼리지에서 제자도를 공부했다. 기독교대한성결교회 총회본부에서 다양한 성경공부 교재 만드는 일에 헌신했으며, 현재는 샬롬교회 책임목사로 사역하면서 토비아선교회에서 순례자들을 위한 성경적 묵상 콘텐츠들을 만들고 있다. 저서로는 묵상집 『기도하며 함께 걷는 예수의 길』 『기도하며 함께 걷는 바울의 길』 『기도하며 함께 걷는 갈릴리의 길』 『기도하며 함께 걷는 이방의 길』 등이 있다.

내향적인 그리스도인을 위한 교회 사용 설명서

초판 발행_ 2022년 7월 18일
초판 3쇄_ 2023년 5월 25일

지은이_ 애덤 맥휴
옮긴이_ 강신덕
펴낸이_ 정모세

펴낸곳_ 한국기독학생회출판부
등록번호_ 제2001-000198호(1978.6.1)
주소_ 04031 서울시 마포구 동교로 156-10
대표 전화_ (02)337-2257 팩스_ (02)337-2258
영업 전화_ (02)338-2282 팩스_ 080-915-1515
홈페이지_ http://www.ivp.co.kr 이메일_ ivp@ivp.co.kr
ISBN 978-89-328-1941-9

ⓒ 한국기독학생회출판부 2022

책값은 뒤표지에 있습니다.
무단 전재와 복제를 금합니다.